SOUVENIRS

DU

MARQUIS DE VALFONS

PARIS. IMPRIMERIE DE PILLET FILS AINE
RUE DES GRANDS-AUGUSTINS, 5.

DIX-HUITIÈME SIÈCLE

SOUVENIRS

DU

MARQUIS DE VALFONS

VICOMTE DE SEBOURG

COMTE DE BLANDÈQUES, BARON D'HELESMES
LIEUTENANT GÉNÉRAL DES ARMÉES DU ROI
Commandeur de l'ordre de Saint-Louis, gouverneur du fort de l'Écluse.

1710-1786

PUBLIÉS PAR SON PETIT-NEVEU
LE MARQUIS DE VALFONS

PARIS

E. DENTU, LIBRAIRE-ÉDITEUR

LIBRAIRE DE LA SOCIÉTÉ DES GENS DE LETTRES
13, PALAIS-ROYAL, GALERIE D'ORLÉANS.

1860

Tous droits réservés.

NOTICE

La famille de Valfons est originaire d'Italie ; elle porta d'abord le nom de Mathei, qui fut traduit en celui de Mathieu, conformément à l'édit de 1539, statuant *que tous les arrêts seraient délivrés en langage maternel français et non autrement;* plus tard une ordonnance royale rétablit l'appellation primitive.

Les membres de cette famille ont rempli de hautes fonctions dans la magistrature et dans l'armée ; ils ont été honorés de commissions importantes, députés de la noblesse et représentants aux États du Languedoc, revêtus des premières charges consulaires, officiers généraux, pourvus de plusieurs gouvernements et dignitaires des ordres royaux.

Pour ne pas étendre inutilement cette notice, nous prendrons la généalogie de la maison seulement au père de l'auteur de ces mémoires. Né en 1680, il fut conseiller du Roi, lieutenant particulier de la sénéchaussée de Nîmes, député des États du Languedoc, président de chambre des Grands Jours du Gévaudan et premier consul de la ville de Nîmes.

Il épousa Antoinette de Fabre, fille du seigneur de Besouce et petite-fille du comte de Chazelles, et en eut six enfants auxquels il donna, à défaut d'une grande fortune, l'éducation la plus solide et une direction avantageuse. Tous répondirent dignement à ses soins.

L'aîné, Louis de Mathei de Valfons, marquis de La Calmette, devint président à mortier au parlement de Metz; le second est celui dont nous publions les souvenirs; le troisième, le marquis de Massillan, fut commissaire général de la marine; le quatrième, le marquis de Fontanille, aide de camp du maréchal de Belle-Isle et chevalier de Saint-Louis; le cinquième, l'abbé de La Calmette, vicaire général de l'archevêché de Cambrai; et le dernier, l'abbé de Valfons, prieur de Florac.

Cette diversité de noms entre les fils d'un même père était fréquente dans la noblesse; mais ce qui constitue un privilége plus rare, c'est que, par une faveur spéciale et en récompense de services éminents, le titre de marquis s'étendait également à tous les héritiers du nom.

Revenons à notre auteur : Charles de Mathei de Valfons naquit à Nîmes en 1710, et fut élevé à Paris au collége des Jésuites; pourvu dès son enfance, selon l'usage, d'une lieutenance de cavalerie, il prit à dix-sept ans possession de cet emploi et ne tarda pas à faire bonne figure à la cour et dans la meilleure compagnie.

Il passa rapidement par tous les grades, se distinguant toujours par une activité infatigable, une grande sûreté de coup d'œil et accompagné d'un bonheur tel, que constamment placé aux postes les plus périlleux, et ayant eu jusqu'à quatre chevaux tués sous lui dans une seule affaire, il ne reçut jamais aucune blessure.

Il suivit avec éclat toutes les grandes guerres du règne de Louis XV; et rappelé souvent à la cour en mission ou dans l'intervalle des campagnes, il dut à son mérite et aux avantages de sa personne des succès de tous les genres.

Distingué du Roi et des ministres, aide de camp favori du maréchal de Saxe et des généraux en chef, devenu fréquemment un peu plus que l'ami de belles et grandes dames, il justifia ces préférences par l'élévation de ses sentiments et sa réserve dans des relations délicates, comme il assura son prompt avancement par une bravoure signalée et une merveilleuse intelligence de la guerre.

Colonel des grenadiers royaux à trente-quatre ans, chevalier de Saint-Louis et maréchal de camp à trente-huit, il mourut lieutenant général et cordon rouge, comptant soixante ans de services, ayant assisté à vingt-six siéges et à six grandes batailles.

On comprend tout ce qu'un homme aussi avantageusement doué et placé dans de telles conditions a dû accomplir et observer pendant le cours d'une existence largement remplie, et ce qu'il eût pu réunir de documents curieux et de révélations piquantes sur l'époque féconde où il a vécu.

Malheureusement, soit que le temps ou la volonté de tout dire lui ait manqué, il ne nous a laissé que des récits trop souvent séparés par des lacunes considérables, tandis que sa correspondance volumineuse, que des raisons de convenance ne nous permettent pas de publier, prouve qu'il a passé sous silence une foule d'épisodes et d'anecdotes dont la plupart eussent augmenté considérablement l'intérêt de ce volume.

Quelques cahiers de ses notes ont été communiqués à des écrivains militaires, qui en ont fait un utile emploi. Quant à la partie plus intime, jamais elle n'est sortie des mains des héritiers.

Rien de tout cela n'était évidemment destiné à être imprimé, et le caractère en quelque sorte confidentiel de certains détails, où figurent des noms connus ou même célèbres, a éloigné longtemps toute idée de publicité. L'obligation imposée par beaucoup d'auteurs de mémoires de ne les faire paraître qu'à une date déterminée après leur mort, bien que n'ayant point été formulée par M. de Valfons, a été jusqu'ici une loi de bienséance pour sa famille; mais aujourd'hui que près d'un siècle a passé sur les faits qu'il a racontés en témoin impartial et sincère, la réserve la plus scrupuleuse ne peut s'offenser de quelques indiscrétions peut-être un peu vives, mais sans préjudice pour les personnes dont elles dévoilent les faiblesses.

Il serait donc superflu de défendre la mémoire de l'auteur de tout reproche de scandale ou de médisance. Le temps où il a noté ses impressions est une des périodes de notre histoire dont les grandes actions peuvent le plus faire excuser les vices élégants. Ce qu'un homme de goût a écrit alors pour lui seul se disait tout haut, dans le meilleur monde, et se produisait publiquement au théâtre et dans les livres sans blesser aucune susceptibilité.

La société n'était peut-être pas pour cela pire que la nôtre, mais elle manifestait autrement sa perversité. Les gens de cette cour si décriée et cependant si brave, si fière, si française, qui restera le type d'une distinction à jamais perdue, vivaient au grand jour, même la nuit, et ne s'effarouchaient pas d'aventures qui, pour être de nos jours plus mesquines et plus secrètes, ne sont évidemment ni moins fréquentes, ni moins répréhensibles.

En voilà assez pour justifier la liberté de langage et les confidences inoffensives de M. de Valfons. Témoin de grands mouvements militaires, il constate avec bonne foi la part que chacun y a prise sous ses yeux, mêlant loyalement les critiques à l'éloge; complice de trop d'infidélités conjugales et de quelques intrigues politiques ou galantes, il avoue sans réticence, comme sans vanité, ce qu'il a fait en bien comme en mal.

D'ailleurs si M. de Valfons eut, comme presque tous les gentilshommes de son siècle, une jeunesse un peu volage, cette dissipation passagère, encouragée par l'exemple et compensée par de mâles vertus, ne le détourna nullement des devoirs de la famille.

Fils respectueux et tendre, bienfaiteur assidu de ses frères et de ses neveux, il épousa mademoiselle d'Esclaibes, vicomtesse de Sebourg, très-riche héritière alliée aux plus illustres familles de Flandre, et dont il prit les titres et qualités.

Il fut dès lors plus généralement désigné sous le nom de vicomte de Sebourg, fit encore quelques campagnes qui lui valurent de nouvelles distinctions et vint ensuite se fixer à Paris, partageant sa vie entre les obligations de son rang et l'emploi de son crédit au bien-être de tous les siens.

Il mourut en 1786, n'ayant survécu que deux mois à sa femme dont il hérita, et légua la totalité de ses biens à ses neveux et nièces : le marquis de Valfons, maréchal de camp et chevalier de Saint-Louis; le comte de Valfons, capitaine de cavalerie, qui fut massacré aux Carmes en 1792; la marquise de Broglie; la comtesse de Rotalier; la comtesse de Narbonne-Lara et la baronne de Pages.

Le manuscrit que nous reproduisons exactement est écrit en entier de sa main sans une seule rature, ce qui explique certaines négligences de rédaction qu'il eût été facile de faire disparaître, mais en risquant d'altérer le caractère d'originalité d'un style sans prétention.

Nous avons dit que ces pages n'embrassaient pas la suite régulière des événements contemporains; nous devons avouer aussi qu'ils nous ont paru trop étendus en plusieurs endroits, et nous avons cru devoir supprimer bon nombre de rapports et de commentaires stratégiques, notamment deux longues relations de la guerre de Bohême et de la campagne de 1760.

M. de Valfons, qui ne cessa de remplir avec son zèle accoutumé des fonctions importantes dans ces expéditions, en raconte tous les incidents à un point de vue exclusivement technique et militaire. Ces détails, dont la précision révèle l'homme de guerre consommé, offrent un intérêt trop spécial, et s'écartent d'ailleurs complétement du ton général de ces mémoires.

Dans un autre ordre d'idées, nous avons éliminé scrupuleusement les révélations d'une nature désobligeante pour les familles qu'elles désignent, ne laissant subsister que les noms dont la notoriété est suffisamment établie pour n'avoir à redouter aucune atteinte nouvelle.

Il nous reste à demander grâce pour les erreurs qui peuvent avoir échappé à nos patientes investigations, surtout en ce qui concerne les noms de personnes et de lieux. L'écriture large et rapide de notre aïeul est très-souvent illisible, et il cite un grand nombre de personnages français ou étrangers, d'officiers, de châteaux, de villages, d'habitations et de cours d'eau, au sujet desquels nous avons infructueusement compulsé les dictionnaires historiques et biographiques, les annuaires, mémoires, cartes et plans.

Parfois aussi un nom se trouve écrit de diverses façons en différents endroits, voire dans un seul ouvrage, témoin précisément celui de l'auteur, qui, dans l'*Histoire de Maurice de Saxe*, par le baron d'Espagnac, devient successivement : Valfon, Valfons, Valfond, Valfonds et même Walfons, comme dans l'une des deux lettres de l'illustre maréchal que nous avons reproduites avec leur orthographe capricieuse.

On sait avec quelle négligence et quelle incertitude les noms propres ont été écrits de tout temps, même dans les actes authentiques; il a donc fallu s'en tenir à la probabilité ou à l'à peu près, lorsqu'il a été également hasardeux de deviner ou de choisir; cependant, si ce livre a la bonne fortune d'une seconde édition, nous ferons de nouveaux efforts pour faire disparaître ces incorrections [1].

1. Signalons dès maintenant quelques fautes d'impression : Pages 1, 5, 17, M. de Flaccourt pour de Flacourt. Page 132, d'Etiolles pour d'Etioles. Page 107, Grammont pour Gramont. Page 112, Haguembach pour Hagenbach. Page 152, La Vauguyon pour Lavauguyon. Ces noms sont écrits régulièrement en d'autres endroits de l'ouvrage.

SOUVENIRS

DU

MARQUIS DE VALFONS

I

SOMMAIRE.

1710. Premières années. — 1719. Arrivée à Paris. — Le collége des jésuites. — 1721. Lieutenance dans la cavalerie. — 1727. Entrée au régiment de Piémont. — M. de Maulevrier, colonel. — Angers. — Aventures galantes. — 1729. Lille. — Fête pour le mariage du Dauphin. — 1731. Gravelines. — Leçon de discipline militaire. — M. de Flaccourt. — Calais. — 1732. Verdun. — Aventures galantes. — Le mariage mystérieux. — Le fils de famille, postillon. — Le maréchal de Berwick. — 1733. Siége de Kehl. — La tranchée. — Le duc de Noailles. — Le chocolat. — L'opération du Saint-Esprit. — Fredlingen. — Les pillards déguisés. — Le jardinier du couvent. — Le dragon à cheval sur une vache. — Campagne au bord du Rhin. — 1734. Commission de capitaine. — Levée d'une compagnie à Nîmes. — Belfort. — Odieuse séduction. — L'amant substitué. — Semestre. — Mort du père de l'auteur. — Derniers soins. — L'humanité récompensée. — Les Camisards. — Entrevue du maréchal de Villars et de Jean Cavalier. — Mort de Rolland. — Le château de Castelnau.

Je suis né en Languedoc, où résidait ma famille. Mon père, qui avait été élevé à Paris, appréciant la supériorité de l'éducation qu'on y reçoit, me fit partir très-jeune pour le collége des jésuites, où se trouvait déjà mon frère aîné; j'y arrivai à la fin de l'année 1719, et j'eus pour condisciples les fils des plus grandes maisons du royaume. En 1721 un de mes oncles, major de cavalerie et ami du comte d'Évreux, obtint pour moi une lieutenance dans la cavalerie de la Régence.

Au mois de juin 1727 j'entrai avec mon grade dans le régiment de Piémont, alors à Montauban. M. de Maulevrier, qui en était colonel, me reçut à merveille, et quelques mois après me conduisit à Bordeaux, puis à Bayonne, où je ne restai que peu de temps. En 1728 je suivis M. de Maulevrier dans ses terres, où je passai l'hiver. Il y vivait en grand seigneur, mais fort tristement.

Au printemps je fus rejoindre mon régiment à Angers.

Une demoiselle jeune et charmante eut pour moi le même goût que j'avais pour elle. Notre timidité mutuelle sauva sa vertu. Un peu plus tard, une jeune fille avec laquelle on me trouvait une ressemblance singulière, m'aima par amour-propre. Elle était plus âgée que moi et sûrement plus expérimentée. Après maintes conversations galantes, elle me donna rendez-vous dans sa chambre, mais ce ne fut que pour m'assurer de sa sagesse. Huit jours après, nouveau rendez-vous : bien que mes instances fussent plus vives et ses refus plus faibles, je sortis sans être plus heureux que la première fois, et dépité de ma sottise. Enfin, à un troisième rendez-vous, je trouvai sa porte entr'ouverte; elle-même était endormie. Ce sommeil réel ou simulé m'encouragea. Elle se réveilla ou plutôt feignit de se réveiller, n'ayant plus qu'à m'adresser des reproches qui, sans doute, n'eussent pas été bien sévères. Quoi qu'il en soit, je pris la fuite, redoutant sa colère, et bien qu'elle m'écrivît de revenir chez elle, je n'osai plus la revoir.

———

Avant de quitter Angers je ramenai un jour à son logis une demoiselle de condition à laquelle je faisais la cour. Au moment de nous séparer, elle me dit, tenant la porte d'une main : « Adieu, vous êtes un joli enfant, mais par trop enfant; quand ailleurs des demoiselles aimables et faites pour être prévenues vous préviendront, profitez-en. » J'entendis et voulus profiter. Elle me ferma la porte au nez, en éclatant de rire. J'appelai vainement; c'était continuer ma maladresse : on me laissa là.

———

Je partis pour Lille, où trois mois après mon arrivée une femme, éprise de l'un de mes amis, vint le chercher pour le mener à son château; mais afin que leur voyage n'eût pas l'air d'un enlèvement, mon ami me réserva le rôle de son écuyer; on nous emballa dans un très-bon carrosse, et nous arrivâmes dans une terre charmante, où tout était plaisir.

Une amie de la maîtresse du château, madame d'A***, que j'avais vue à Lille et à laquelle je me flattais de n'être pas indifférent, vint la voir et passa quelques jours chez elle. Son goût pour moi subsistait, elle m'agaça ; sa facilité et sa jeunesse faisaient tout son mérite ; j'avais plu, il fut aisé de réussir. Je passai deux mois fort agréablement dans la meilleure compagnie du monde. Il fallut ensuite retourner à Lille et y reprendre les tristes occupations de la garnison.

Au mois de septembre 1729 il y eut une fête admirable pour la naissance de M. le Dauphin ; M. le duc de Boufflers fit tout ce que son zèle pour le Roi et sa magnificence personnelle purent lui inspirer. Depuis le Gouvernement jusqu'à la grande place, on dressa des tables où les gens du peuple mangèrent et burent successivement pendant plusieurs heures, chacun d'eux ne quittant sa place que pour la céder à un autre.

La garnison était composée de huit mille hommes. Chaque soldat, cavalier ou dragon, reçut de la libéralité du duc une livre et demie de viande, deux livres de pain et un pot de bière. Le soir on fit partir un très-beau feu d'artifice après lequel on retourna au Gouvernement, où trois cents femmes de qualité de la province trouvèrent un excellent souper avec plus de deux mille officiers de différentes garnisons. Tout fut terminé par un bal et de belles illuminations.

Je restai à Lille jusqu'au mois d'août 1730, et fus passer six mois dans ma famille, que je quittai en mars 1731, pour aller rejoindre mon corps à Gravelines. La garnison était composée du deuxième bataillon de Piémont et du régiment de Lorraine-Infanterie. M. de Flacourt, officier aussi sage que plein de mérite, m'apprit jusqu'à quel point on devait se confier à l'esprit de subordination du soldat vis-à-vis de l'officier. On vint lui dire pendant qu'il dînait que sa compagnie des grenadiers de Piémont et celle de Lorraine, ayant eu une dispute, avaient couru aux armes ; tous les officiers sautèrent sur leur épée : « Non, messieurs, s'écria-t-il, cela n'est pas nécessaire. » Et s'adressant à moi : « Valfons, prenez votre canne et faites rentrer les grenadiers. »

M. de Flaccourt, par son sang-froid, me donna la foi et la confiance. J'arrivai au quartier où régnait le tumulte. A la simple voix d'un jeune officier tout rentra dans le devoir ; les soldats de Piémont, à qui je parlai d'abord, obéirent sur-le-champ ; ceux de Lorraine les imitèrent sans insister. Le calme rétabli, je retournai en rendre compte à mon commandant, qui me dit : « J'ai voulu vous montrer à quel point l'autorité du Roi, placée même dans de jeunes mains, doit être respectée ; ce n'est que quand on a l'air d'en douter que le soldat ose y manquer. »

―――

Je quittai Gravelines au mois de septembre 1731, pour aller à Calais, où je passai l'hiver et l'été suivants. Au mois de septembre 1732, le régiment que je suivais partit pour Verdun ; tous les officiers de l'état-major étant absents, je fus chargé, seul, de la discipline, et c'est à cette première épreuve que je dois le zèle et le goût que j'ai mis depuis à mon métier.

Je ne m'occupais pas cependant au point de sacrifier entièrement les moments destinés au plaisir. Il y avait une demoiselle jeune, aimable, que tous désiraient pour sa figure et ses talents ; mais ses caprices et sa gaieté décourageaient ceux qui avaient été les plus empressés. Je me hasardai à causer avec elle, et au bout de quinze jours je lui dis que je ne voulais pas me rendre plus longtemps importun : « Rien de moins difficile, me répondit-elle ; je suis fort aise de vous voir, mais j'ai la bonne foi de vous dire que vous ne me plairez jamais. »

Un aveu si sincère fut mon congé. Je cessai pendant quelque temps d'aller chez elle ; à ma première visite, je la trouvai seule dans son salon ; après avoir causé un instant, je me hasardai à vouloir l'embrasser, mais me repoussant de la main, elle m'atteignit à la lèvre. Ce coup, tout léger qu'il fût, me fit un peu saigner ; je m'essuyai sans humeur avec mon mouchoir, et lui contai mille fadeurs sur mon sang répandu :

« Eh bien ! dit-elle, je réparerai tous vos maux. » Et elle m'apprit, en se jetant à mon cou, que le temps de l'indifférence était passé. Il vint du monde, la conversation fut générale ; je trouvai cependant le moyen de lui demander un rendez-vous.

« Soyez demain, à six heures du soir, sur le haut de l'esplanade, près de la citadelle. »

Bien que le lieu fût très-mal choisi, je n'insistai pas, trop impatient du succès; j'étais dès cinq heures à mon poste, malgré un vent très-sec et un froid glacial; il en était sept, la faction devenait longue; je me crus mystifié, et j'étais sur le point de partir, lorsque j'aperçus assez près de moi une femme qui, en s'approchant, me dit à demi-voix :

« Que ne fais-je pas pour vous, et quels risques je cours pour vous obéir! »

Les transports les plus vifs furent ma réponse. L'instant de mon premier succès fut celui de sa fuite; elle avait pris un vêtement de sa femme de chambre pour n'être point reconnue, était sortie pour une minute de chez une amie qui habitait une maison à côté, et c'est ce moment précieux qu'elle m'accorda.

Dans la suite, plus éprise, elle me donna des rendez-vous chez elle; je traversais les appartements pendant le souper, et son retour me payait de toutes mes peines. Nos plaisirs furent courts et notre imprudence nous sépara. Un soir j'étais dans sa ruelle; sa mère, venant fouiller une armoire, la trouva si interdite, que cette confusion et cet embarras lui donnèrent les soupçons qu'elle n'avait pas eus jusqu'alors. Elle chercha partout et finit par me découvrir; son saisissement fut si grand qu'elle tomba évanouie en jetant son bougeoir ; je la fis revenir :

« Ah ! monsieur, vous avez perdu ma fille.

— Non, madame, je suis ici à son insu, et elle n'a jamais voulu consentir à rien.

— Qu'au milieu de mes malheurs je serais heureuse si cela était !

— Rassurez-vous, madame, je ne reviendrai plus, je vous promets la discrétion la plus exacte sur cet événement, mais j'exige que vous n'en disiez pas un mot à votre mari. »

Elle promit tout, alla chercher les clefs d'une porte d'écurie qui donnait sur une rue déserte, et me permit de sortir.

Malheureusement elle couchait dans le même lit que son mari, qui, la sentant trembler par suite de son premier saisissement, la força à lui en dire la cause ; elle eut cette faiblesse ; il se leva en fureur et pensa tuer sa fille. Au point du jour il la mena dans un couvent, d'où elle m'écrivait des lettres si désespérées que je trouvai des expédients pour l'aller consoler même derrière les grilles.

―――

La ville était très-galante ; il y arrivait toujours quelque aventure. Un jour, rentrant chez moi à une heure après minuit, je fus arrêté en chemin par un officier de la garnison de Metz : « J'ai besoin de vous, me dit-il d'un air effrayé. » Par vanité je ne pus le refuser, et le suivis en l'interrogeant jusque dans une petite rue détournée; alors il me dit, en me montrant une échelle appuyée à une fenêtre : « Monsieur, en montant là, vous me sauvez la vie et verrez dans un instant tout le bien que vous avez à y faire. »

J'avoue que je fus un peu contrarié de sa prière, et si je n'avais craint qu'il ne me soupçonnât de timidité, je ne serais jamais monté. Je trouvai la fenêtre entr'ouverte; une femme qui tenait un mouchoir sur la bouche d'une jeune personne me fit signe de me taire, en me montrant une porte vitrée, que je jugeai être celle de la chambre de la mère; la jeune demoiselle, après les plus grandes douleurs, supportées pendant une heure dans un profond silence, accoucha en me disant : « Aujourd'hui je vous dois la vie, car j'allais me tuer; demain, je vous devrai l'honneur; trouvez-vous à dix heures devant la grande porte qu'on vous indiquera, j'ai essentiellement besoin de vous; j'invoque votre probité. » Je promis tout et descendis de l'échelle avec la sage-femme qui emportait l'enfant; nous l'escortâmes chez elle.

Pendant toute la route je fus en danger d'être étouffé par mon officier, qui criait à tue-tête et à éveiller toute la ville : « Que je suis heureux, personne ne le saura ! » Il m'indiqua l'endroit où je devais me rendre le lendemain; j'y fus exact et très-étonné d'y trouver la jeune accouchée de la veille, coiffée en cheveux, et accompagnée de sa femme de chambre; elle s'acheminait vers l'église. Je blâmai son imprudence. « Elle est nécessaire

1.

pour mes parents, me répondit-elle. » Au milieu de la messe elle fut excédée de faiblesse et faillit se trouver mal. Je la ramenai chez elle, où tout a été ignoré. Les deux amants se sont mariés depuis ; ma complaisance et mes soins ont été payés par le bonheur dont je sais qu'ils jouissent.

Un vieux lieutenant-colonel de cavalerie, fort riche, voyageant en poste dans sa chaise pour gagner Metz, sa garnison, trouva de la physionomie à son jeune postillon, à qui dans le chemin il fit plusieurs questions dont l'intérêt redoublait à chaque réponse : il reconnut en lui son fils, qui, à l'âge de neuf ans, ayant fui la maison paternelle, avait été recueilli par la maîtresse de poste de Verdun, et sans dire ni son nom ni son état, vivait là depuis dix ans et était devenu postillon ; son père le croyait mort depuis longtemps et se crut trop heureux dans le moment de pouvoir lui pardonner sa fuite et les larmes qu'il lui avait fait verser.

Le maréchal de Berwick arriva à Verdun pour rassembler l'armée qui devait se porter en Alsace et au bord du Rhin ; nous en faisions partie, et on nous dirigea quelque temps après sur nos cantonnements.

J'assistai au siége de Kehl en septembre 1733. Aux premiers coups de canon, je sentis que de mon zèle et de mon application dépendait ma fortune. M. le duc de Noailles, depuis maréchal de France, commandant la tranchée, demanda un officier major pour porter ses ordres ; je fus nommé ; il voulut savoir si un ouvrage avancé était revêtu ; je m'offris et pris tout de suite un sergent et quatre grenadiers avec lesquels je me glissai devant toute la garde de tranchée attentive à mon action, car au commencement d'une guerre tout paraît merveilleux. Quoique très-jeune, je mis autant de précaution que d'audace pour moi et ma petite troupe : je vis très-bien ce que je désirais connaître, et le fis remarquer au sergent des grenadiers.

A mon retour, je rendis compte au duc de Noailles de mon excursion, l'assurant que l'ouvrage était revêtu, les fossés secs, mais larges et profonds, très à l'abri d'un coup de main. Sa surprise fut d'autant plus grande, que l'ingénieur en chef d'une place voisine l'avait assuré que ce n'était qu'un ouvrage en terre, fait à la hâte et qu'on pouvait emporter sur le champ. Si on l'avait cru, nos grenadiers y auraient péri sans succès. Le duc de Noailles me remercia, me loua beaucoup et me prédit que je serais un jour major-général.

Deux heures avant la nuit, arriva un détachement de la gendarmerie à pied, qui, par zèle, avait demandé à monter la tranchée et prétendait, à cause de la distinction de ce corps, avoir le premier poste. M. le duc de Noailles, qui voulait ménager les gendarmes, m'ordonna de les placer à la droite, ce que je fis. En les quittant, je leur dis : « Messieurs, vous ferez bien d'approfondir la tranchée[1], vous y êtes trop à découvert; voilà des pelles et des pioches. » On m'écouta en ricanant; mais à l'entrée de la nuit la garnison commença à faire un feu très-vif, et ces messieurs cherchèrent, en travaillant avec beaucoup de vivacité pour s'enterrer, à réparer un temps qui plus tôt eût été plus utilement employé.

La nuit était fraîche; le duc de Noailles, auprès de qui j'étais assis, me prêta une de ses redingotes. J'allai un instant à la queue de la tranchée, où je trouvai un feu entouré d'officiers et de travailleurs; on me fit place avec des marques de respect qui m'étonnèrent moins, lorsque je m'aperçus que c'était aux insignes de l'ordre du Saint-Esprit placés sur la redingote du duc de Noailles que je devais et ma place et ces hommages. Je revins à mon premier poste auprès du duc, qui, une heure avant le jour, céda au sommeil. J'allais en faire autant lorsqu'un garçon d'office me dit : « Monseigneur, voilà votre chocolat bien moussé et de bonnes rôties. »

Je bénis l'honnête garçon qui me traitait si bien et si poliment. J'en profitai, je pris le meilleur chocolat, et il partit. Le grand jour venu, M. le duc de Noailles demanda son chocolat, très-étonné du retard; on va chercher le garçon d'office, qui jure que

---

[1]. Vauban emploie souvent cette expression dans ce même sens de creuser davantage. *(Note de l'éditeur.)*

monseigneur l'a pris et a mangé les rôties du meilleur appétit. J'étais sorti lorsqu'on fut l'appeler, ne me souciant pas d'assister à son interrogatoire. Je quittai la redingote qui avait fait mon bonheur, toujours par l'opération du Saint-Esprit. J'allai faire quelques tours dans la tranchée, et ne revins qu'après qu'on eut cherché, mais en vain, à prouver au duc qu'il avait pris son chocolat.

A l'examen de la brèche, le duc de Noailles voulait la faire attaquer, quoique les officiers d'artillerie la trouvassent encore trop escarpée ; mais le duc soutenait que c'étaient là celles qu'on emportait le plus aisément, parce que la garnison, trop confiante, n'était pas sur ses gardes. Cependant, M. le maréchal de Berwick n'en jugea pas ainsi, et deux jours après la place capitula.

Chaque régiment eut sa destination : la nôtre fut d'aller former un camp sous les ordres du chevalier de Givry, dans le bas de la plaine de Fredlingen, pour construire un pont sur le Rhin, protégé par Huningue. Ce corps était composé des régiments de Piémont, de Lyonnais et d'Angoumois, ayant pour colonels MM. de Maulevrier, le duc de Retz et le duc de Fleury. On avait porté dans le haut de la plaine un poste de cinquante dragons à cheval du régiment de Beaufremont. Le capitaine avait détaché en avant quinze hommes et un lieutenant, qui, pour la sûreté du poste, étaient entourés de vedettes.

Nous vîmes sortir du village de Fredlingen plusieurs paysans menant par la bride leurs chevaux, chargés d'un sac et allant au marché. Les vedettes crièrent : « Qui vive ! » On répondit : « *Guter friend!* » qui veut dire *bon ami;* mais lorsque les paysans crurent avoir dépassé les premiers postes, ils jetèrent leurs sacs, leurs blouses de toile, leurs chapeaux et montèrent à cheval : c'était des hussards déguisés : ils sabrèrent et enlevèrent le petit poste. Le capitaine monta vite à cheval pour secourir sa petite troupe ; mais il n'était plus temps, et il fut trop heureux d'en sauver le reste en se retirant vis-à-vis six cents hussards du général Pétrache qui débouchèrent du village.

Nous passâmes la nuit dans l'ouvrage à corne destiné à couvrir la tête du pont qu'on allait construire. Les nuits étaient longues et froides, nous entourions le feu. On proposa aux grenadiers de raconter quelques histoires pour amuser leurs camarades et les empêcher de dormir. Un grand jeune homme de vingt-deux ans, aussi beau que bien fait, grenadier d'Angoumois, s'en chargea. « Vous savez, dit-il, que je suis fils d'un riche notaire de Bordeaux. Mon père avait un jardin très-soigné par un bon jardinier ; je causais souvent avec lui, je l'aidais en m'amusant, au point que j'aurais pu gagner ma vie à ce métier. La maison de ville de mon père était près d'un couvent de religieuses, où il y avait de fort jolies pensionnaires et un très-beau jardin; je voulus mettre à profit mon talent, je me déguisai et me proposai au vieux jardinier pour garçon; je fus accepté et introduit au milieu de ces jeunes brebis. En moins de quatre mois j'en grugeai trois charmantes, et comme ici personne n'est de Bordeaux et que nous en sommes assez éloignés, je les peindrai et les nommerai. » Et le voilà qui, avec un ton de gentillesse et de gaieté, peint et décrit son bonheur de la façon la plus intéressante. Personne ne dormit, pas même un aide-major du régiment, frère d'un conseiller au Parlement de Bordeaux, qui, me voyant rire comme un fou, me dit : « Vous ne seriez pas si gai à ma place; ce sont trois de mes cousines que ce gaillard vient de nommer; leur nom et leur portrait, tout est exact; il est vrai qu'il y en a déjà deux très-bien mariées, il portera le même bonheur à la troisième. »

La maraude fut si multipliée et si cruelle, que M. de Givry lui-même monta un jour à cheval pour imposer aux soldats; je l'accompagnai. Nous courûmes toute la journée; la nuit venue, nous traversions un bois fort clair, lorsqu'un dragon de Beaufremont nous aperçut. J'étais à quelques pas de M. de Givry qui cria : « Qui vive ! » Le dragon n'hésita pas et répondit : « Dragon d'ordonnance. »

Il passa trop près de moi pour que je ne visse pas

sa présence d'esprit, qui le sauva. Le drôle était à pied menant en lesse une vache, sur laquelle il sauta au Qui vive ! de son général, et continua sa route comme s'il eût été sur son cheval.

———

Dans ce même camp, nous reçûmes une ordonnance qui prescrivait de former un quatrième bataillon. La cour laissait les colonels maîtres du choix des officiers. M. de Maulevrier me dit qu'une nouvelle compagnie me ruinerait; qu'il avait fait un accommodement pour moi avec un vieil officier qui demandait sa retraite, et que moyennant sept mille francs j'aurais une compagnie bien plus solide que celles qu'on allait lever. Cet arrangement, qui me parut avantageux, pensa me perdre en me retardant. Tous mes jeunes camarades, dont dix de mes cadets, partirent pour leurs différentes destinations.

———

Le mauvais temps nous força de lever notre camp et de nous cantonner dans de gros villages sur la rive gauche du Rhin. J'étais à Piessen, à une demi-lieue de Neuf-Brisach ; le service s'y faisait très-exactement ; le général Pétrache avait un corps de six mille Autrichiens sur la rive droite, et feignait par beaucoup de marches et de contre-marches de vouloir passer le fleuve pour nous surprendre. Nous avions beaucoup de patrouilles.

Une nuit, plusieurs dragons, arrivant successivement au galop, nous assurèrent que les ennemis avaient passé le Rhin au-dessus de nous. M. de Flaccourt, ancien et bon militaire, qui avait fait toute la guerre de la succession, commandait alors le régiment.

Il fit marcher et porter sur la chaussée les grenadiers, soutenus par le premier bataillon posté dans les haies et les premières maisons; le second bataillon borda tout le front; le troisième à la droite le long du Rhin, les piquets sur la place, pour se porter où besoin serait; les équipages, chargés fort promptement, furent envoyés avec escorte sur les glacis de Neuf-Brisach; on fit faire des communications entre les bataillons, et sur-le-champ on envoya de tous côtés des patrouilles commandées par des officiers intelligents, afin de n'être pas surpris. La sagesse et le sang-froid de M. de Flaccourt donnèrent à tous cette confiance qu'inspirent toujours l'habileté et la bonne disposition; ça été une bonne leçon pour toute ma vie. D'autres dragons, plus instruits que les premiers, nous apprirent que c'étaient des pêcheurs dans leurs barques qui avaient occasionné l'alerte; on nous fit rentrer au jour.

L'inquiétude de nos généraux nous fit parcourir les bords du Rhin et souvent passer les nuits au bivouac; enfin, la veille des Rois, en 1734, on nous renvoya excédés à Schélestadt, où je reçus une lettre de M. de Maulevrier; il me mandait combien il était fâché que mon marché pour une ancienne compagnie eût manqué : l'officier s'était dédit;

mais heureusement un des nouveaux capitaines avait, en se mariant, renvoyé sa commission ; il m'en faisait passer une, et je trouverais l'ordre à mon quartier assemblé à Nîmes. Devant être rendu à Belfort le 1er avril, je n'avais pas un moment à perdre, ayant à peine cinquante jours pour faire deux cents lieues ; néanmoins je partis, marchant nuit et jour, et arrivai à Nîmes cinq jours après.

On avait levé dans cette ville dix nouvelles compagnies pour différents régiments : je ne pus que glaner. Ma famille se prêta à tout, me donna de l'argent, et M. le marquis de La Fare, lieutenant-général commandant de la province, ordonna au commissaire des guerres de me passer complet lorsque j'aurais quarante hommes. Il prolongea mon séjour jusqu'au 1er avril. Ces secours me furent de la plus grande utilité ; je persuadai à mes recrues de ne prendre que la moitié de leur argent, et de se contenter d'un billet pour le reste de la somme. Ils consentirent à cet arrangement, et le 1er avril je partis avec mon lieutenant, mon sous-lieutenant et quarante hommes, dont plus de vingt excellents soldats.

Ma mère, toujours bonne et tendre, m'avait donné deux chevaux et deux mulets. Tout arriva à bon port à Belfort, où je trouvai le quatrième bataillon. Mes camarades furent très-étonnés qu'en si peu de temps j'eusse pu faire autant de chemin et former une compagnie; nous nous occupâmes à instruire et à discipliner nos nouveaux soldats. Les anciens bataillons nous avaient fourni de bons officiers majors, d'excellents sergents et de bons caporaux. Ce nouveau bataillon était composé à miracle; il y avait beaucoup de jeunes gens fort aimables, et j'y retrouvai neuf élèves des jésuites de Paris; la gaieté la plus suivie remplissait nos journées.

Le corps donna un bal aux dames de la ville. Une jeune demoiselle qui n'avait plus de mère, et menée par sa tante, attira tous les regards comme tous les suffrages; malheureusement son choix tomba sur un de nos capitaines, grand garçon, bien fait, d'une figure agréable, les plus belles dents du monde; il dansa beaucoup avec elle et finit par lui demander la permission d'aller la voir chez son père. Elle y consentit avec cette bonne foi et cette naïveté qui ne se trouvent que dans la première jeunesse. Le père, homme très-poli et qui adorait sa fille, sachant toute l'attention que le capitaine avait eue pour elle, le reçut à merveille; en peu de temps, cet officier sut si bien se plier au caractère du maître de la maison, qu'il en devint comme le fils; la jeune personne s'enivrait d'autant de son amant, dont l'extérieur était aussi aimable que le fond en était léger, cruel, indiscret et sans principes.

Il ne se souciait point des femmes et plaisait davantage, parce que, maître de tous ses mouvements, il se guidait suivant l'occasion et toujours de sang-froid au fond de l'âme ; il affectait à l'extérieur la plus vive tendresse et la plus grande obéissance. C'était un ennemi trop dangereux pour une jeune fille de dix-sept ans. La pauvre enfant, grâce à son éducation et à sa sagesse, résista pendant trois mois : l'amour la fit succomber ; la confiance d'un père crédule la laissa trop souvent seule avec son amant ; il profita de l'obéissance aveugle qu'une jeune personne a toujours pour celui à qui elle a tout sacrifié, et exigea d'elle de venir chez lui.

« Vous allez souvent chez votre tante, vous y soupez et couchez quand vous voulez, une seule domestique vous y mène, et vous rentrez souvent le matin sans être accompagnée ; je loge dans la maison à côté de celle de votre tante, il vous est bien aisé, vers neuf ou dix heures du soir, à la nuit close, de feindre de retourner chez votre père ; je n'ai point d'hôte, seule dans ma maison vous y serez maîtresse, de mon âme comme de votre liberté.

— Oh ! non, dit-elle, c'est impossible, je vous ai déjà trop accordé, sans hasarder encore de me perdre à jamais par une démarche aussi folle.

— Mais votre tante ne voit votre père que tous les quinze jours ; il croira que vous aurez couché chez elle comme à votre ordinaire.

— Je vous en prie, ne me parlez plus d'un projet aussi impraticable. »

Son amant, ou plutôt son cruel séducteur, voyant que ses prières et sa feinte tendresse échouaient, changea de ton, menaça de ne jamais la revoir, de prendre le public pour confident. Que peut la timide innocence vis-à-vis des stratagèmes d'un libertin sans cœur? la pauvre enfant n'avait que des pleurs et l'amour le plus naïf. Quelle faible défense ! Elle tint bon, cependant ; il partit furieux et la laissa huit jours sans la voir et dans la crainte d'être déshonorée par l'indiscrétion de l'homme qu'elle aimait uniquement.

Un cœur sans expérience conseille souvent mal ; le sien lui dicta la lettre la plus tendre; elle priait son amant de revenir, pour se consulter et chercher ensemble les moyens de se revoir. Il revint avec ce sérieux feint si terrible pour une jeune fille affolée. Elle voulut plaider, et on ne l'écouta pas :

« Ou vous viendrez chez moi, ou je ne vous verrai de ma vie. »

Quelque cruel que fût l'arrêt, on aimait trop pour ne pas obéir.

« Guidez mes pas, dit cette chère enfant, il ne me reste que des craintes, je n'ai plus de volonté que la vôtre, quelque injuste et quelque dangereuse qu'elle soit. »

On convint du moment, et trois jours après elle était dans la chambre de son amant ; il la reçut avec une joie et une ivresse apparentes qui lui firent oublier une démarche aussi risquée. Les terreurs de la prudence firent bientôt place à l'amour. A huit heures du matin, habillée comme si elle venait de chez sa tante, elle rentrait chez son père, qui ignora tout. Cette première escapade se passa à merveille ; le succès l'enhardit ; il fallut bien moins la presser pour un second rendez-vous.

Elle s'y accoutuma et revint une douzaine de fois dans l'espace de deux mois ; le bonheur l'accompagnait, elle n'avait été vue de personne ; le père et la tante étaient dans la plus grande sécurité. Mais l'amant était déjà las et tellement, que m'ayant confié son aventure, il m'offrit de la partager.

Malgré ma jeunesse et les plus vifs désirs pour l'objet offert, dont la beauté et la jeunesse méritaient un autre possesseur, j'eus horreur de la proposition et répétai mille fois à son auteur qu'il agissait fort mal ; que s'il ne voulait plus de sa maîtresse, il devait la traiter loyalement et lui rendre en bons procédés le sacrifice qu'elle avait fait pour lui : il insista. Je voulus un moment feindre d'accepter, pour éclairer cette malheureuse jeune fille et la tirer de ce guet-apens ; mais j'avoue que la crainte de ne pouvoir résister à des tentations trop séduisantes m'arrêta. Je me contentai d'engager le suborneur à suivre d'autres sentiments et à jouir discrètement d'un bonheur aussi rare ; car sa maîtresse avait tout ce qui plaît.

Il parut se rendre à mes réflexions et me dit en riant :

« Je ne vous ai tenu ce propos que pour juger de votre caractère. »

Nous nous séparâmes. Mais à deux jours de là un de mes camarades, avec qui j'étais très-lié, moins scrupuleux et plus libertin, regarda cela comme une bonne aubaine ; tout fut arrangé ; je ne le sus qu'après, car j'aurais combattu cet odieux complot.

Depuis son abominable projet, l'amant avait recommandé à sa victime de garder le plus profond silence, et avait pris l'habitude de la quitter de temps à autre sous divers prétextes. Il y avait dans la chambre un cabinet avec une porte vitrée, couverte en dedans d'un rideau de taffetas ; ce fut là que mon camarade fut placé et put assister sans être vu au coucher de la malheureuse et belle enfant, alors sans crainte et sans défiance.

Le bourreau, car je ne puis donner de nom assez vil à celui qui avait ourdi cette infamie, vint la joindre après avoir éteint la lumière. Une demi-heure après il sortit, et fut bientôt remplacé par son misérable complice.... Femmes du monde, vous ne vous y seriez point trompées ! et tout au plus auriez vous feint de ne pas voir la vérité. Au point du jour, pendant que la jeune fille dormait d'un profond sommeil, l'amant rentra, et à huit heures sa maîtresse regagna la maison paternelle, ignorant le trafic dont elle était victime, et plus que jamais heureuse de l'amour de celui qui la trompait si indignement ; cette scène incroyable s'est renouvelée huit ou dix fois.

La veille de notre départ, qui était la dernière, mon camarade voulait prendre à la jeune fille une petite bague qu'elle ne quittait jamais et lui en donner une à lui pour l'instruire, avant de partir, d'une chose qui, bien qu'étant très-réelle, avait l'air d'une fable ; la crainte de la mettre au désespoir l'en empêcha. Nous partîmes tous sans que la jeune personne eût reconnu son erreur. La singularité de cet événement, de la plus exacte vérité dans toutes ses circonstances, m'a engagé à le rapporter ; mais comme il faut que le crime ne reste point impuni, l'officier qui avait séduit et livré la crédule enfant eut, l'année suivante, une mauvaise affaire avec un ingénieur, qui le tua. Il avait trop répandu sa première aventure pour être regretté. La pauvre abandonnée eut un fils, dont elle a cru pleurer le père, qui peut-être vit encore.

―――

Je pris un semestre et retournai dans les terres de mon père ; j'y jouissais du bonheur d'être au sein de ma famille ; mais une maladie qui survint à mon père le força de regagner la ville ; j'y eus, pendant quarante jours, une douce et triste occupation, ce fut de le veiller. Il s'était si fort accoutumé à mes soins, que ses gens lui paraissaient tous maladroits. L'affection donne des forces et rend plus utile ; je ne m'y refusai pas et passai les vingt dernières nuits à son chevet, où son ami l'évêque de Nîmes[1] venait très-souvent. Dans ses derniers moments, après que mon père eut répondu avec autant de dévotion que de fermeté aux prières des agonisants, tout le monde

1. Jean-César de la Parisière, successeur de Fléchier.
(*Note de l'éditeur.*)

sortit; je m'aperçus d'un mouvement de ses yeux et d'une plus grande pâleur sur son visage; je pris de l'eau des Carmes, et le soulevant, je lui dis :

« Mon père, ce n'est qu'une faiblesse, votre médecin, très-habile, espère toujours de vous.

— Ne me flattez pas, mon enfant, je ne désire pas la vie, Dieu m'a fait une trop grande grâce de me donner le temps d'être disposé à paraître devant lui. Je crois, avec sa miséricorde, y être préparé; peut-être dans un autre temps serais-je moins heureux. »

Ce furent ses dernières paroles; il expira dans mes bras. Il possédait toutes les vertus : né avec autant d'esprit qu'on en peut avoir, l'éducation du collége Louis-le-Grand, à Paris, et les meilleurs maîtres y avaient ajouté tout ce que l'art peut y faire. Chargé de plusieurs commissions, aussi difficiles qu'honorables, de la part du Roi, il s'est acquitté de toutes à la satisfaction de son maître, constatée par des pensions et des honneurs. Des lumières très-étendues, une fermeté inaltérable, une probité souvent tentée, mais toujours intacte, faisaient le fond de son caractère. Après son dernier soupir je sonnai : à l'instant la chambre fut remplie des membres de la famille et de nos gens. Ma mère, qui adorait son mari, fit des extravagances dictées par la plus cruelle douleur. Je la fis enlever de dessus son corps, où elle s'était précipitée, et après trois heures ses parents obtinrent d'elle qu'elle irait chez son père, à la campagne. Elle n'y consentit qu'après m'avoir fait promettre que je garderais le corps à vue, pendant trente-six heures. Je lui ai tenu sévèrement parole, malgré tout ce que cette tâche avait de pénible. Au bout de ce temps-là nous escortâmes le convoi de mon père jusqu'à sa terre principale, où il avait désiré être inhumé; le chemin était couvert de gens à qui il avait rendu service, et de ses paysans qui le regrettaient beaucoup; mes larmes lui ont rendu l'hommage le plus sincère.

Je passai l'hiver à réparer les pertes continuelles que je faisais à ma compagnie. On avait mis après le siége de Philipsbourg le régiment de Piémont à Spire, où malheureusement était l'hôpital de l'armée. Le mauvais air saisit tous nos jeunes soldats qui y périrent. Je perdis de ma seule compagnie vingt-sept hommes. Chaque lettre que je recevais me mettait dans la plus grande affliction, à laquelle s'ajoutaient la cherté et la difficulté de remplacer tant de pertes en si peu de temps. La bonté de ma mère et sa générosité y pourvurent; je lui cachais mon chagrin pour ne pas augmenter les siens; mais sa tendresse l'éclaira, et, devinant ma gêne, elle n'hésita pas à envoyer secrètement sa toilette d'argent chez un orfèvre; elle en eut mille écus, qu'elle me donna avec plus de plaisir que je n'en eus à les recevoir.

Elle était encore belle comme le jour, et sa physionomie reflétait l'image de son âme; elle aimait uniquement ses enfants; pour eux rien ne lui a jamais coûté, au point qu'un jour M. de La Fare, son ami, commandant en Languedoc, la voyant avec une mise fort simple à une fête qu'il donnait, lui dit :

« Madame, vous vous en rapportez à votre jolie mine.

— Non, monsieur, mais la parure de mes enfants me tient lieu de diamants. »

Nous l'entourions alors et étions très-bien mis. Elle plaisait à tous par les grâces de sa beauté et surtout par son désir de rendre service, et fut très-utile à l'époque où les maréchaux de Montrevel et de Villars, commandant en Languedoc, les troubles qu'occasionnaient les camisards avaient mis la province en combustion. Elle eut un jour la récompense de sa vertu compatissante. Allant d'une terre de son père à celle de son mari et traversant un chemin détourné entre des montagnes dans une chaise à deux, avec sa femme de chambre et un seul laquais, elle fut arrêtée par plusieurs hommes embusqués qui, le fusil haut, ordonnèrent au postillon de descendre. Un d'eux s'approcha de la portière, et la regardant avec surprise :

« Ah! madame, à quoi vous exposez-vous? que je suis heureux d'être ici pour vous sauver l'honneur et la vie, vous devant moi-même l'un et l'autre : regardez devant vous! »

C'étaient cent cinquante camisards armés couvrant une grande assemblée de huguenots qui se faisait tout près de là. Ma mère reconnut dans ce libérateur un de ses anciens porteurs qu'on avait arrêté faisant la contrebande, et qui eût été pendu sans la protection du maréchal de Villars, obtenue par elle. Cet homme l'escorta jusque dans la plaine, près de son château, en bénissant mille fois son étoile de l'avoir mis à même de lui prouver si utilement sa reconnaissance. Il la quitta en la priant de n'être plus si imprudente. Elle nous racontait souvent ces détails pour nous former le caractère et nous montrer qu'on gagne toujours à être humain et à secourir les malheureux.

Ce fut chez elle, dans un cabinet de son appartement à Nîmes, que se fit l'entrevue du maréchal de Villars et de Cavalier, qui, simple fils d'un boulanger, était à dix-huit ans à la tête des protestants révoltés. Il avait tant de crédit sur les siens, que la cour eut la complaisance de traiter avec lui pour que tous les camisards rentrassent dans le devoir, et lui accorda un brevet de colonel ; il ne parvint pas à amener une soumission complète, mais du moins sa capitulation désorganisa le parti. Sa troupe ayant refusé de le suivre, il déserta et prit du service en Hollande, d'où il conduisit un régiment en Espagne et prit part à la bataille d'Almanza. Il a été employé ensuite dans l'armée anglaise et est mort major-général et gouverneur de l'île de Jersey. Il était de petite taille, frêle et blond ; mais son énergie et son fanatisme suppléaient à tout.

Après le départ de Cavalier, Rolland, le second chef des camisards, homme violent et intraitable, avait essayé de continuer la lutte contre l'autorité du roi; M. de Villars, qui voulait en finir, mit à sa poursuite ses meilleurs officiers, avec deux compagnies de dragons. Rolland, réduit bientôt à un petit nombre de partisans, traqué de partout, fut trahi par un des siens, tandis qu'il s'oubliait à un rendez-vous galant au château de Castelnau. On essaya de le sauver en lui ouvrant une porte qui donnait sur la campagne. Mais toutes les issues étaient cernées, et comme les officiers voulaient le prendre vivant, il se défendit avec la fureur du désespoir, jusqu'à l'instant où un dragon l'abattit d'un coup de fusil. J'ai vu souvent, étant dans la propriété de mon père, proche de ce lieu, la chambre où couchait cet homme redouté et le gros arbre auquel il s'était adossé pour vendre chèrement sa vie.

Ce château de Castelnau est sur une colline de la rive gauche du Gardon, à mi-chemin en allant d'Alais à Nîmes. Il est fortifié et très-bien conservé pour son âge, car la tradition du pays rapporte qu'il fut dévasté il y a de cela neuf cents ans par des seigneurs du voisinage; et un gros mur en bosse dont on voit encore de bons restes, a fait juger qu'il avait dû être bâti en premier lieu du temps des Visigoths. Il est de la forme d'un carré inégal flanqué de quatre tours. Les corps de logis renferment une cour intérieure avec une seule poterne, qui est garantie par une herse et un machicoulis.

Il y avait dans le plus haut étage d'une des tours une sorte de moulin à vent dont la meule était mise en mouvement par une roue de forme particulière posée à plat dans l'intérieur de la tour : huit petites fenêtres percées de biais tout à l'entour du mur donnaient entrée au vent, de quelque côté qu'il lui plût de souffler, et ainsi la meule pouvait tourner et le moulin fonctionner par tous les vents, ce qui devait être utile pour n'aller point au dehors s'approvisionner de pain pendant les siéges.

Un puits très-profond creusé dans le roc à l'intérieur de la cour fournissait de l'eau très-pure à la garnison, qui avait ses logements dans trois galeries l'une sur l'autre. Les murs sont d'une bonne toise d'épaisseur, défendus en plusieurs endroits par des machicoulis et couronnés d'un chemin de ronde avec un parapet garni tout autour de merlons et de créneaux. Il n'est pas étonnant que ce château si bien fortifié ait été vivement disputé dans toutes les guerres du Midi. C'est du reste un lieu très-plaisant, avec de beaux sites, bien boisé, en fort bon air, et quand le ciel est pur, on voit de la terrasse jusqu'à soixante clochers et un grand nombre d'habitations [1].

---

1. Le château de Castelnau fut acquis en 1500 et est encore aujourd'hui possédé par la famille Boileau, qui remonte au célèbre Étienne Boileau, issu de race noble et prévôt de Paris en 1256. La révocation de l'édit de Nantes envoya en exil ou en captivité les seigneurs de Castelnau, alors zélés protestants. Pendant leur absence le château servit fréquemment de poste défensif et de refuge aux camisards, et il a échappé à la révolution, les habitants s'étant réunis pour le défendre, et ayant seulement bouché les interstices des créneaux qu'ils avaient ordre de détruire. Le marquis de Valfons actuel hérite de cette propriété par suite du mariage de son père avec une demoiselle de Boileau de Castelnau. (*Note de l'éditeur.*)

II

SOMMAIRE.

1735. — Voyage de Nîmes à Spire avec une compagnie recrutée. — L'aubergiste récalcitrant. — Bergensheim. — Les Russes sur le Rhin. — La fille du bailly de Spire. — 1736. Valenciennes. — Voltaire et madame du Châtelet. — M. de Saint-Maurice et le Roi colonel. — Mademoiselle de Sebourg. — Promesse de mariage. — Longwy. — M. de Visé. — Anecdote sur Louis XIV. — Bal masqué à Valenciennes. — 1739. Metz. — M. de Belle-Isle. — Réflexion d'une comédienne. — Retour en Languedoc. — M. de Richelieu. — Sa réception à Montpellier. — Ressemblance de l'auteur avec le duc de la Trémouille. — Bénéfices de ce hasard. — Voyage de Montpellier à Paris avec le duc de Richelieu. — Séjour à Lyon pour sa maladie. — 1740. Landau. — Strasbourg. — Le comte de Broglie. — Amitié de la comtesse. — Inquiétude et précautions de la maréchale de Villars, sa mère. — Le kalender. — Le comte Dufour, prince royal de Prusse. — Son séjour incognito à Strasbourg. — Aventures galantes. — Les deux sœurs. — Le château de Saverne. — Hospitalité du cardinal de Rohan. — Sept cents lits. — La dame et l'officier. — Les chasses. — L'abbé de Ravennes. — Le pied sous la table. — M. de Brau, intendant d'Alsace. — Organisation de campagne. — Occasion perdue. — 1741. Départ pour la Bohême.

Je partis au mois de mars 1735 avec vingt-sept hommes de recrues, un sergent, quatre valets, trois chevaux et deux mulets, pour faire les deux cent trente lieues qui séparent Nîmes de Spire. Quelque secours que m'eût donné ma famille, j'étais effrayé de la dépense que m'allait occasionner tant de monde ; j'ose dire que mes soins, ma peine, mon activité, tout m'aida, au point d'accomplir ce voyage à souhait. Mes deux mulets portaient tous les havre-sacs de mes soldats. Un laquais monté partait la veille pour acheter de la viande à la boucherie et nous faire préparer à dîner au lieu indiqué. Il passait outre tout de suite pour aller à la couchée commander le souper et faire le logement chez le bourgeois. Ce logement était la seule chose que le Roi eût accordée.

Je partais à quatre heures du matin, après avoir fait manger la soupe à mes soldats ; à six heures, au premier village, ils avaient un morceau de pain et un coup d'eau-de-vie ; à dix heures, un bon dîner avec une soupe, une bonne portion de viande, du pain à discrétion et une bouteille de vin pour trois hommes. Nous nous reposions jusqu'à une heure après-midi ; au bout de deux heures de marche, on donnait de l'eau et du vin et un morceau de pain ; à six heures du soir nous arrivions au gîte. La soupe était alors sur la table avec de bons gigots et de la salade ; chacun avait sa demi-bouteille, et quand elle ne suffisait pas, j'accordais quelques bouteilles de supplément, mais avec réserve. Je laissais jaser une heure, j'envoyais tout le monde au lit, je fermais la porte, soupais moi-même, et avant de me coucher je faisais ma ronde pour voir si tout était selon mes volontés. Le besoin de sommeil qu'avaient les hommes après de longues marches leur ôtait l'envie de courir.

A trois heures du matin j'étais levé, habillé ; je voyais soigner mes chevaux, manger la soupe, et nous repartions. Quand la journée paraissait trop longue et qu'il restait encore quelques lieues à faire, je mettais pied à terre ainsi que mon laquais et faisais monter sur mes chevaux ceux qui étaient les plus las. Je leur racontais des histoires étant à pied au milieu d'eux, et, comme on dit, nous trompions le chemin.

Tout alla à merveille jusqu'à Vienne, où comptant les dépenses avec l'hôte, il me demanda beaucoup plus que je n'avais payé chez les autres aubergistes. Je rabattis quelque chose sur son mémoire. Il feignit de s'en contenter ; mais lorsque tout mon monde fut parti, il s'avança hardiment, et je vis sur-le-champ sa femme, la servante et deux valets d'écurie arriver sur moi pour me saisir. L'homme me dit avec arrogance :

« A présent que nous sommes seuls, vous payerez ce que je vous ai demandé. »

Sans hésiter, je le pris au collet, et tirant mon épée dont je lui appuyai la pointe sur l'estomac, je dis à sa femme et à ses valets que j'allais le tuer si on faisait un pas. Ce coquin, plus pâle que la mort, leur cria de rester où ils étaient ; sa femme se jeta à genoux, me demandant la vie de son mari, lui-même m'ouvrit la porte de l'écurie, où était mon cheval, et qu'il avait fermée d'abord. Je me rendis aussitôt chez l'exempt de la maréchaussée, dont j'avais toujours soin en arrivant de me faire indiquer le logement en présence de mes soldats, afin de leur imposer. Celui-ci ne fut point surpris de l'insolence de mon hôte, qu'il alla prendre avec deux cavaliers pour le mener en prison ; je lui dis qu'il suffirait de l'y laisser vingt-quatre heures. Je me débarrassai ainsi de cette canaille sans avoir été forcé de blesser personne.

J'arrivai à Lyon, où M. Périchon, prévôt des marchands, connu par son esprit, sa politesse et le secours constant qu'il donnait aux troupes, me rendit un très-grand service en faisant mettre sur le coche d'eau de Lyon à Châlons toute ma recrue ; je pourvus amplement à leur subsistance ; nous y prîmes quarante-huit heures de repos qui délassèrent mes soldats, et j'envoyai à terre mes chevaux et mes mulets déchargés et libres de leurs fardeaux. Nous repartîmes tous gaiement de Châlons et arrivâmes enfin à Spire, au bout de dix-sept jours, sans qu'il me manquât personne ; cela a été l'opération la plus pénible de ma vie et la plus utile.

Ma compagnie se trouva complète, et d'une bonne espèce d'hommes. On nous laissa jusqu'au 20 mai à Spire, et de là nous fûmes campés et cantonnés à un gros village nommé Bergensheim, où nous passâmes tout l'été. Les régiments d'Artois et de Brie étaient de la brigade ; ce fut cette année que les Russes, au nombre de six mille, parurent pour la première fois sur le Rhin, à l'armée du prince Eugène. Ils essayèrent d'emporter une redoute gardée par un détachement de Richelieu, mais ils furent repoussés. M. le duc d'Enghien commandait un corps de trente-cinq mille hommes ; il tenait le plus grand état. On avait par imprudence placé les magasins de foin trop près de la rivière ; les Prussiens, alliés des Autrichiens, campés à la droite du Rhin, tirèrent plusieurs obus pour les brûler ; nos canonniers leur répondirent, et pendant ce temps-là toute l'armée déblaya le foin et le transporta en lieu sûr.

Au mois d'octobre tout ce corps se porta sur la Moselle, aux ordres de M. de Belle-Isle. Après l'affaire de Clesen on nous renvoya en cantonnement pour l'hiver dans trois gros villages, Rooth, Laken et Kervaller ; ce sont de véritables petites villes sous le rapport de la propreté des bâtiments ; c'est dans le dernier que je fis la connaissance du bailli de l'évêque de Spire, gentilhomme riche qui occupait le château, où il vivait à merveille.

Pendant notre visite de corps, je m'approchai de sa fille aînée, qui était fort jolie, et lui balbutiai quelques mots d'allemand, car on n'avait pas encore dit un mot de français.

« Vous pouvez parler votre langue, me dit-elle, je l'entends, mais ne veux la parler que pour vous. »

Je fus flatté de sa préférence, je la cultivai, et elle me fit passer un hiver très-agréable.

Nos quartiers étaient bons, on nous y fit une pension très-honnête qui me mit fort à mon aise. Le moindre secours est si utile à qui en fait un bon usage ! La paix se fit en 1736, et nous partîmes pour Valenciennes, où j'arrivai le 11 mai.. J'y soupai le même soir chez le vicomte de Sebourg, gentilhomme très-aimable; le comte de la Marck, lieutenant-général, cordon bleu, commandait la ville. M. de Séchelles en était intendant, et y rassemblait toutes les femmes de la province et tous les jeunes colonels des environs; Voltaire y vint avec madame du Châtelet; sa maison ne désemplissait pas; il y avait toujours d'excellents soupers et souvent des bals nombreux, très-parés, où l'on donnait de beaux concerts. M. de Saint-Maurice était lieutenant de Roi; je causais souvent avec lui parce qu'il me racontait des traits de Louis XIV, dont il avait été premier page; plus tard il fut placé en qualité de major dans le régiment du Roi. Un jour qu'il précédait dans sa marche ce corps, qui devait camper à Maintenon, il vint rendre compte au Roi qui, le tirant à part, lui dit :

« Saint-Maurice, ne répondez pas au roi, mais à votre colonel, sommes-nous bien complets ?

— Oui, sire.

— Beaux et bien tenus ?

— Oui, sire, je puis assurer à mon colonel que le régiment du Roi est fait pour passer en revue sous les yeux de Sa Majesté.

— Tant mieux, car nous avons bien des envieux. »

La veille de mon départ de Valenciennes pour Longwy, soupant près de mademoiselle de Sebourg, chez son père, elle me dit :

« Il est donc très-décidé que vous partez demain ?

— Oui, il faut bien s'y déterminer, malgré mes regrets. »

J'avais beaucoup vécu avec elle; je lui avais fait ma cour très-assidument. Mais sa sagesse m'avait toujours maintenu quand j'avais voulu hasarder quelques propos de tendresse. Le moment était pressant, nous allions nous séparer, et son embarras redoublait.

« Quoi ! ne pouvez-vous pas nous donner quelques jours de plus ?

— Non, cela est impossible.

— Eh bien ! sachez ce qui se passe dans mon âme, et ce que je vous ai caché avec tant de peines et de soucis : je suis trop touchée de vos soins pour ne pas vous dire combien je vous aime, et je vous donne ma parole d'honneur que je n'aurai jamais d'autre mari que vous. »

Bien qu'elle m'eût écouté avec complaisance, je ne croyais pas avoir fait autant de progrès sur son cœur. Je voulus rester pour lui témoigner toute ma reconnaissance :

« Non ; vous ne devez cet aveu qu'à la certitude de votre départ ; si vous restiez, je ne vous verrais plus ; j'exige aussi que vous ne m'écriviez jamais.

— Quoi, après des engagements aussi forts ?

— Oui, car ils sont honnêtes ; je veux bien un jour

être votre femme, mais jamais je ne serai la maîtresse de personne.

— Eh bien ! lui dis-je, mettons que vous n'ayez rien dit ; je vous rends une parole que je ne puis accepter, vous êtes aussi libre qu'auparavant. »

Elle m'assura s'en tenir à son premier propos et s'éloigna. Je partis avec un vrai regret de n'avoir pas été plus tôt instruit [1].

J'arrivai à Longwy ; M. de Visé, ancien capitaine aux gardes, en était gouverneur ; il y vivait très-bien, et me caressait beaucoup. Je questionnais souvent son expérience ; il me parlait de Louis XIV et me montrait combien il était toujours Roi. Lorsqu'il se promenait dans les jardins de Marly, ses officiers de garde se mêlaient avec les courtisans pour le suivre ; aucun étranger n'y paraissait sans sa permission ; un jour il aperçut au bout d'une allée du monde venant à lui ; il demanda qui c'était : on lui dit que les ambassadeurs hollandais profitaient de la permission qu'il leur avait donnée de voir les jardins :

« Visé, dit-il, passez devant moi. »

Et entrant un moment dans la charmille, il ôta ses gants à franges de soie, donna un coup de peigne à sa perruque, remit des gants à franges d'or qu'il por-

---

1. Dix-sept ans après, M. de Valfons épousa mademoiselle de ebourg (*Note de l'éditeur.*)

tait dans sa poche; puis se redressant et plaçant bien sa tête :

« Il faut être toujours sur ses gardes vis-à-vis des étrangers. »

J'allai voir, à Longwy, le tombeau d'un de mes grands oncles paternels, qui en avait été gouverneur après avoir eu le régiment de la marine. Brigadier en 1678, gouverneur en 1684, cordon rouge à l'institution de l'ordre, mai 1693, il était mort en septembre de la même année. C'était un très-brave militaire, qui, entre autres actions à la guerre, avait si bien défendu Hagueneau, que les ennemis avaient été forcés d'en lever le siége. Je rendis, dans le fond de mon cœur, hommage à ses vertus, et demandai à Dieu la grâce de l'imiter.

Le propos de mademoiselle de Sebourg me trottait dans la tête ; elle était aimable, fille de qualité et pouvait être un jour très-riche ; je proposai à un de mes camarades d'aller passer le carnaval à Valenciennes. Nous y arrivâmes à pied, laissant nos chaises dans le faubourg, pour n'être pas remarqués. Nous descendîmes à notre ancien logement où l'hôtesse me raconta tout ce qui s'était passé depuis mon départ ; le maître à danser m'enseigna une nouvelle contredanse, faite du jour et apprise par les dames de la ville. Nous entrâmes au bal de l'intendance, masqués de la même façon et de manière à ne pouvoir être reconnus. La nuit fut délicieuse. Je tarabustai tout le monde dont je savais l'histoire secrète, assurant que je passais ma vie avec ces dames qui, pour m'éprouver, voulurent me faire danser la nouvelle contredanse ; je m'en acquittai mieux qu'elles ; enfin, à huit heures du matin, je me démasquai, au grand étonnement de tous ; on ne concevait pas comment j'avais pu me déguiser huit heures de suite. Au bout d'une quinzaine de jours, je retournai à ma garnison. Mademoiselle de Sebourg, redoutant les conséquences de son premier aveu, avait évité toute conversation particulière pendant mon séjour.

En 1739, nous allâmes à Metz, où je passai l'été. J'y fis ma cour à M. et à madame de Belle-Isle, qui y avaient le plus grand état. Les travaux pour les fortifications rassemblaient une armée dans cette ville. J'y voyais souvent une comédienne aussi jeune que jolie ; avant de me décider à prendre un semestre je voulus consulter son goût pour moi. Elle me demanda vingt-quatre heures pour réfléchir. Le lendemain elle me dit :

« Je vous avoue que, réflexions faites, un jeune militaire point riche et une fille de mon état se ruineraient à passer un hiver ensemble ; nous ne pouvons nous voir tout au plus que pendant l'été. »

Je retournai alors en province, chez ma mère, où je menai une vie très-retirée jusqu'au passage du duc de Richelieu, qui venait commander pour la première fois en Languedoc ; il soupa à l'évêché ; je ne voulus pas me mettre à table pour être plus à portée de lui faire ma cour ; je l'avais vu à l'armée ; il ne cherchait qu'à plaire, et y réussissait à coup sûr. Au premier mot que je lui dis, son accueil fut charmant, la joie qu'on avait de le voir se peignait dans tous les yeux ; il voulut l'augmenter encore par ses caresses et sa coquetterie naturelle.

« Vous êtes bien jeune pour ne pas souper, me dit-il.

— Monsieur le duc, répondis-je, on soupe tous les jours, et les instants de se rapprocher de vos bontés sont très-courts. »

Alors, éloignant sa chaise et me faisant place auprès de lui :

« Mettez-vous là, je le veux. »

Et tout de suite il me fit mille questions. A la fin du souper il me dit :

« Vous viendrez à Montpellier m'aider à faire les honneurs d'un bal que j'y donne jeudi prochain ; madame de Richelieu sera arrivée, je vous présenterai ; elle vous recevra bien, car vous ressemblez parfaitement au duc de la Trémouille, qui est son parent et qu'elle aime beaucoup ; du reste, vous ne devez pas l'ignorer, on a dû vous le dire souvent. »

Je fus à Montpellier, où il me reçut avec bonté et me mena aussitôt à la toilette de madame de Richelieu, qui, de la meilleure foi du monde, me prenant pour son cousin, me dit :

« Voilà une belle plaisanterie, de changer de nom et d'uniforme ! Et pourquoi ne m'avez-vous pas dit à Paris la galanterie que vous me faites de venir aux Etats? »

M. de Richelieu m'accabla de bontés et m'ordonna de n'avoir pas d'autre maison que la sienne.

———

Il est vrai que la ressemblance était si parfaite, qu'il m'est arrivé souvent des choses uniques, mais toujours très-agréables. J'étais un dimanche à la messe à Orléans, où mon régiment venait de remplacer celui du duc de la Trémouille : une demoiselle très-jolie, qui se trouvait près de moi, me regarda fort attentivement, devint très-pâle et finit par se trouver mal ; on l'emporta ; le hasard voulut que, logeant dans la même maison que le jeune duc, on me remit une lettre dont le commencement était :

« Mon cher duc,

« Il y a bien de la cruauté à vouloir me surpren-
« dre ; vous avez été témoin de l'état où m'a mise
« votre première vue. Ne me jouez donc plus de
« pareils tours et venez réparer tout le mal que vous
« m'avez fait.... »

J'allai la désabuser ; mais, admirable effet de l'illusion ! la chimère de la ressemblance tourna en réalité ; ma vanité en souffrit un peu, mais je fus moins battu et plus heureux que Sosie.

———

Je revins à Montpellier, où je restai une partie du temps des États, entouré des bontés de madame la duchesse et de M. le duc de Richelieu, qui y mit le comble en me proposant de l'accompagner dans le voyage qu'il allait faire à Paris ; j'en fus fort aise ; il descendit à Lyon chez l'intendant, où la fièvre le prit et l'obligea de s'arrêter quelques jours ; il ne vit personne que moi, et je passais des heures délicieuses à l'entendre conter quelques anecdotes de sa vie. Sa santé rétablie, nous reprîmes le chemin de Paris. Arrivé à son hôtel, il redoubla de caresses et m'offrit son crédit ; je le quittai, pénétré de la plus vive et la plus juste reconnaissance.

———

J'allai chez un de mes camarades logé à l'hôtel de Bourbon, et qui m'y avait retenu un appartement. Le lendemain, pour être plus libre et jouir uniquement de l'Opéra, dont j'étais affamé, il me proposa de dîner dans l'hôtel même, qui n'était occupé que par des militaires ; nous descendîmes dans la salle à manger, où nombre d'anciens officiers étaient déjà assis à l'entour de la table ; j'étais très-bien mis et fus fort surpris de leur vivacité à se lever et d'une contenance respectueuse trop marquée pour mon rang.

Comme j'ôtais mon épée et plaçais mon chapeau,

je es entendis dire entre eux : « Que vient donc faire ici M. le duc? aurait-il eu la complaisance de vouloir dîner avec l'officier de son régiment qui l'accompagne, il est assez poli pour cela. » Ils se rangèrent tous pour me faire place ; mon camarade les désabusa en convenant de l'extrême ressemblance qui avait si fort surpris madame de Richelieu à Montpellier. Ce fut la conversation du dîner. Le lendemain matin, j'envoyai chercher le meilleur cordonnier de Paris; c'était par hasard celui de M. de la Trémouille ; en me prenant mesure il me regarda vingt fois et me dit :

« C'est incroyable ! vous avez la même mesure que M. le duc. »

Je ne répète ces petites circonstances que pour prouver combien la ressemblance était exacte.

J'allai à Villepreux voir M. de Maulevrier, colonel du régiment où j'étais ; il s'y ruinait à faire bâtir un très-beau château, sur un tout petit fief, dans le parc de Versailles. A la fin du dîner je lui demandai un congé pour le mois de mai ; il me l'accorda sous condition que je n'irais pas à Valenciennes. Cette exception me déplaisait beaucoup, car c'était précisément là que je voulais aller ; mais pendant son séjour dans cette ville, M. de Maulevrier avait fait une cour assidue à mademoiselle de Sebourg, et très-irrité qu'elle m'eût préféré, sans égard pour la différence des grades, il voulait en tirer cette petite vengeance ; j'en fus affligé, mais je partis pour Valenciennes, où je pouvais rester jusqu'au premier juin, qui était la fin du semestre. En arrivant, je fis part de mes regrets à M. de Séchelles, ami intime de M. de Belle-Isle ; il me dit :

« Je vais réparer la mauvaise humeur de votre colonel, en demandant à M. de Belle-Isle la permission de vous laisser ici. »

La réponse tarda peu, et fut telle que je la souhaitais. Je ne rejoignis mon corps à Metz que le 1ᵉʳ juillet. M. de Maulevrier, ne pouvant contredire son supérieur M. de Belle-Isle, qui lui avait fait la politesse de l'avertir de cette prolongation, feignit d'en être content et n'osa m'en témoigner son regret.

Je passai la plus grande partie de l'hiver de 1740 à Landau, où je jouis des amusements de la garnison. J'allai encore à Valenciennes pour le carnaval. Il me semblait que c'était le chemin de partout. M. de Séchelles m'y recevait toujours bien et y procurait de grandes distractions dont je profitais. Le régiment fut envoyé à Strasbourg, où je le rejoignis. M. le maréchal de Broglie y commandait à une garnison nombreuse. Je faisais trop souvent et trop chèrement la partie de la maréchale, qui jouait bien et très-heureusement. La confiance que les officiers du régiment avaient en ma façon de jouer, me fit trouver beaucoup d'associés : je les ruinai tous.

L'ascendant de la maréchale était toujours le plus fort.

———

Le comte de Broglie, aujourd'hui maréchal, était alors à Porentruy, avec quelques compagnies de grenadiers, pour faire rentrer dans l'obéissance les sujets de l'évêque, qui avait imploré contre eux le secours de la France. La comtesse de Broglie était restée à Strasbourg. Jeune, aimable, gaie, elle ne voulait que plaire et s'amuser, sans autres vues. Je fus assez heureux pour trouver de l'indulgence dans sa politesse ; elle voulait causer souvent avec moi, et me permit d'aller à sa toilette, voir le plus beau teint du monde. L'habitude a l'air de l'affection, et l'affection suivie ressemble fort à l'amour aux yeux du public ! Mais je rends l'hommage le plus sincère à madame de Broglie ; elle était respectable à tous égards, et n'a pas vis-à-vis de moi, malgré toutes les apparences, le plus petit reproche à se faire ; nous nous aimions beaucoup parce que nous étions très-jeunes et très-gais ; elle était sûre de moi, et me disait souvent :

« Ah çà ! nous allons beaucoup causer, mais je parlerai toujours, car j'ai mille choses à dire. »

La maréchale s'impatienta de notre bonheur et de notre causerie ; j'étais toujours à table auprès de la comtesse, surtout le soir, et souvent nos rires trop suivis importunaient la maréchale, très-aigre de son naturel. Il y avait au milieu de la table un grand surtout qui l'empêchait de nous voir. Elle ordonna à son maître d'hôtel de le supprimer, ce qui lui permettait de nous surveiller et de nous contenir.

Je dis au maître d'hôtel que son service n'avait plus bon œil depuis l'enlèvement du surtout.

« Eh! monsieur, je le vois bien, mais madame la maréchale n'en veut plus, je ne sais pourquoi.

— Mais, dit la comtesse, pourquoi ne le remplacez-vous pas par quelques dormants, pâtés ou croquantes! »

Et dès le soir on mit de ces pièces au milieu de la table, et nous les détruisions, forçant tout le monde à en manger. L'économie de la maréchale en fut déconcertée. Le maître d'hôtel fut grondé, le grand surtout remis, et nous de rire derrière cet abri du succès de notre expédient.

Notre amitié devint si intime et si vive que madame de Villars, mère de la comtesse, qui idolâtrait sa fille et ne vivait que pour elle et pour Dieu, au demeurant pleine d'esprit et de pénétration, crut voir sa fille exposée à un danger fait pour la perdre. Elle en jugeait ainsi d'après le public et les propos de plusieurs de mes camarades, jaloux de la préférence dont j'étais l'objet. Elle me pria donc un jour de passer dans sa chambre, et me dit avec l'effusion d'un cœur pénétré et qui s'ouvre malgré lui :

« Vous connaissez, monsieur, ma tendresse pour ma fille : elle est au delà de toute expression; Dieu m'en punit par mes frayeurs. Elle est sage, et de sa vie, sur cet article, elle ne m'a donné le moindre chagrin; mais quand on voit sans cesse l'homme qui plaît, que devient-on ? Oui, monsieur, ma fille a pour vous une amitié inquiétante pour moi ; je vous demande en grâce de la voir moins souvent, de vous livrer moins à l'attrait de causer avec elle. »

En me parlant ainsi, elle cherchait par la vivacité de ses regards à pénétrer ce qui se passait dans mon âme. J'aurais voulu qu'elle y pût lire ; elle y eût trouvé de l'honnêteté, la plus tendre amitié pour sa fille, point d'amour, et peut-être quelques désirs passagers, effet de ma jeunesse plutôt que de la tentation.

« Il faut, madame, lui dis-je, que vous ayez bien de la confiance en ma probité pour m'apprendre le prétendu secret de madame votre fille. Si, cachée près de nous, vous aviez entendu nos conversations les plus intimes, vous seriez rassurée, je vous le jure avec la sincérité que je me dois à moi-même ; il n'y a que de la gaieté et de l'amusement dans le cœur de madame de Broglie ; jusqu'à ce jour, pas une de ses expressions n'a révélé le moindre goût pour moi ; l'amour porte avec lui un sérieux qui ne ressemble point à notre joie.

— Mais, monsieur, l'amour prend toutes les formes ; je serais la femme la plus heureuse si votre langage était aussi vrai qu'il est convenable. »

Cependant elle feignit de se laisser persuader ; mais je voyais toujours un fond d'inquiétude ; elle me répéta :

« Je ne serai tranquille qu'en vous voyant plus rarement ensemble.

— Ce sera bien pis, madame ; moins on nous verra d'intelligence dans le monde, plus on sera porté à nous supposer d'accord pour nous réunir en particulier. »

Je la laissai dans l'embarras du doute et de l'indécision. Elle avait grand tort, car, je le déclare, la comtesse était sage, mais elle n'était point heureuse, souvent tracassée dans le sein de sa famille et au désespoir de n'être pas à Paris, ce qu'elle me prouva par sa réponse à un de ses gens qui, devant moi, lui demanda son congé sans autre motif que l'envie de retourner à Paris :

« Votre congé pour partir d'ici? vous ne l'aurez que quand on me donnera le mien. » Et puis en riant : « Ils disent que c'est si cher de vivre à Paris! je consens à ne leur coûter que quatre sous par jour : un cervelas et un petit pain, en faut-il davantage? »

Elle m'avait choisi pour confident, et souvent ses embarras et ses petites tracasseries intérieures étaient le sujet de longues conversations que nous finissions toujours par égayer.

J'avais lu dans une relation de voyage qu'aux Indes il y a une sorte de religieux appelés kalenders, qui courent le pays avec une sonnette à la main, s'arrêtant vis-à-vis des portes et demandant à être introduits dans les maisons pour y raconter des histoires extraordinaires dont on leur paye le récit. Je me procurai une sonnette et eus la patience d'apprendre au fils de la comtesse qui n'avait que trois ans, deux histoires bien simples ; on lui fit un habit de kalender, et avec sa petite sonnette il vendait et débitait son petit conte pour une dragée. Ces plaisanteries amusaient sa mère, qui me témoignait toujours sa reconnaissance de mon attachement. Les envieux ne me rendirent pas service au retour de son mari, dont la vanité était très-scandalisée qu'on trouvât sa femme aimable. Ce fut le premier motif de sa haine pour moi.

C'est à cette époque qu'étant à l'auberge fameuse de Strasbourg, nommée le Corbeau, j'y jouais avec madame de Schomberg, qui, venant de Paris, passait pour aller en Saxe dans des terres qu'elle possédait près de Dresde; je l'avais vue à Paris dès ma plus tendre enfance. On annonça trois étrangers qui venaient d'Allemagne : l'un s'appelait le comte Dufour. En s'approchant très-poliment, ce dernier dit :

« Madame, quoique je n'aie pas l'honneur d'être connu de vous, je sais trop votre nom pour ne pas vous offrir mes hommages; j'arrive de Bohême; j'ai trouvé à Nuremberg ces messieurs, avec qui je continue ma route. »

Madame de Schomberg, répondant à ces politesses, offrit des siéges. Nous cessâmes de jouer. En commençant à causer, le comte Dufour parlait avec esprit et vivacité, et surtout avec une facilité dans les expressions françaises qui n'avaient rien d'un étranger. Il éternua, et aussitôt ses deux compagnons de voyage se mirent sur pied avec empressement et d'un air très-respectueux. Il ne put s'empêcher de sourire, et leur fit signe de la main de se rasseoir, ce qui me donna à penser, et je mis plus de réserve dans mes questions. Un moment après, Thech, le maître de l'auberge, passant derrière moi, me dit :

« Monsieur, ce comte Dufour est le prince royal de Prusse, qui voyage incognito avec deux de ses courtisans. »

Je compris alors l'énigme de la contenance respectueuse que je venais d'observer ; le comte me pria de souper avec lui ; j'étais engagé avec madame de Schomberg, qui très-poliment lui proposa de partager notre repas. Je lui demandai s'il comptait séjourner pour voir Strasbourg, m'offrant à lui servir de guide, et je l'invitai à dîner pour le lendemain, ce qu'il accepta.

En arrivant il avait envoyé demander s'il n'y avait pas quelques officiers de la garnison au café. Le hasard fit que Coincy et deux autres ayant dîné longuement, prenaient du café ; ils crurent que c'était quelque nouvelle débarquée qui cherchait pratique. Un peu en pointe de vin, ils acceptèrent l'aventure et suivirent le garçon de l'auberge, qui les conduisit chez madame de Schomberg, où ils furent très-étonnés de me voir. Le comte Dufour se leva, et, prenant congé de madame de Schomberg, il dit à ces messieurs : « Je suis flatté de votre complaisance et vous prie de me la continuer en montant pour souper. »

Je le suivis jusque sur l'escalier et dis à Coincy :

« Mettez des précautions; on assure que ce prétendu comte Dufour est le prince royal de Prusse. »

Leur souper se passa gaiement; le comte ne cessa de questionner Coincy, plus en état de répondre que ses camarades, car il était aide-major. En sortant de table il fut convenu que le lendemain matin on irait voir monter la garde et ensuite à l'inspection de deux bataillons de Piémont pour visiter leur linge et autres nippes.

Le comte Dufour n'était pas encore couché que je m'étais déjà rendu chez M. le maréchal de Broglie pour lui dire ce que j'avais vu et ce que m'avait dit l'hôte de l'auberge, renseigné malgré le silence des gens du comte; M. le maréchal envoya M. de Laigle, neveu de la maréchale, pour offrir au noble étranger un logement chez lui et tout ce qu'il pouvait désirer. Le comte Dufour fut très-fâché de ce message, craignant d'être reconnu, et remercia M. de Laigle alors colonel d'Enghien, qui le laissa coucher.

Le matin, Coincy le mena sur la place où défilait la garde, et il fut très-étonné de voir le peuple s'assembler autour de lui; un soldat déserteur prussien, engagé dans nos troupes, quittant son rang, était venu se prosterner à ses pieds en criant :

« Sire, je vous demande ma grâce !

— Vous vous trompez, dit le comte Dufour très-embarrassé; je ne suis point le roi de Prusse; mais si je le suis je vous accorde ce que vous demandez. »

Ce malheureux soldat faisait des extravagances de joie, la foule augmentait; Coincy emmena le comte aux autres bataillons, et ensuite à l'arsenal, où il témoigna sa surprise de voir à la porte de la fonderie cent pièces de canon de bronze de vingt-quatre qu'on venait d'y couler; de là il parcourut les remparts et la citadelle, dont les fortifications lui furent montrées par Du Portail le fils, ingénieur. On lui fit remarquer dans l'intérieur de la citadelle les statues des rois bienfaiteurs. Il dit : « Oui, il y a beaucoup de rois, mais il est bien difficile de l'être réellement et d'en remplir tous les devoirs. » Il revint à l'auberge, toujours suivi par la foule.

Le maréchal de Broglie et M. de Brau, intendant d'Alsace, depuis garde des sceaux, tinrent un conseil où ils eurent d'abord envie de lui donner une compagnie de grenadiers sous prétexte d'une garde d'honneur, mais en effet pour s'assurer de sa personne en attendant le retour d'un courrier qu'on allait expédier: heureusement ils ne s'arrêtèrent point à cette idée. M. le maréchal renvoya M. de Laigle demander au roi de Prusse, dès que son état ne fut plus douteux, l'heure à laquelle il pourrait lui offrir ses hommages, s'il ne lui convenait mieux de venir au Gouvernement. Le comte Dufour, gardant toujours l'incognito, mais excédé de tous ces messages et surtout d'être découvert, répondit qu'il allait manger un morceau, et qu'il passerait à trois heures chez le maréchal.

J'avais dit le matin à Coincy de le mener à mon auberge, très-bien habitée, où un excellent cuisinier m'avait fait un beau dîner. Le Roi y serait sûrement venu s'il n'avait point été trop tôt dévoilé; il me fit exprimer ses regrets et y joignit six bouteilles de vin de Champagne couleur de rose qui était sa boisson ordinaire, nous priant de les boire à sa santé. Je fus bien déçu; mes camarades étaient aimables et faits pour lui donner une idée avantageuse de la composition des troupes françaises. A quatre heures après-midi, il vint chez le maréchal, qui le reçut dans un appartement au rez-de-chaussée, et qui en s'avançant lui dit:

« A qui ai-je l'honneur de parler, est-ce au comte Dufour ou au Roi?

— Au comte Dufour, répondit-il avec humeur.

— Veut-il me permettre de lui présenter ma femme et ma belle-fille?

— Comme vous voudrez. »

La visite fut courte; l'impatience le prit, et je le vis sortant dans la cour comme un jeune lion inquiet de n'être pas en liberté. Il remonta en carrosse, promettant de se rendre à la comédie, où le maréchal avait fait inviter toutes les dames pour parer les loges, ordonnant ensuite au Gouvernement une fête qui devait être suivie d'un bal.

Nous attendions encore à six heures au spectacle, et l'on ne commençait point, lorsque Algaloty, un des deux compagnons de voyage, vint à la loge du maréchal où j'étais, et lui dit:

« Monsieur le maréchal, le roi de Prusse, qui est déjà à Kehl, m'envoie pour vous remercier de toutes les politesses que vous avez faites au comte Dufour;

il est parti et ne profitera pas de la comédie ni de votre souper. »

Le maréchal lui témoigna tous ses regrets, bien fâché qu'un séjour aussi court et l'incognito que le Roi avait voulu absolument garder ne lui eussent pas permis de donner à Sa Majesté de plus grandes marques de son respect.

Je demandai à Algaloty quel était le troisième personnage qui accompagnait le comte Dufour. Il m'apprit que c'était le comte de Varte-Lében, adjudant général du Roi et son favori. Dix-huit mois après, le Roi de Prusse, passant à Prague pour aller se mettre à la tête de son armée en Moravie, voulut bien se rappeler son aventure de Strasbourg, dont pourtant il ne parlait pas avec plaisir, très-contrarié d'avoir été reconnu, car il voulait pousser jusqu'à Metz. J'ai toujours imaginé qu'il en avait su mauvais gré au maréchal de Broglie. M. de Séchelles, chez qui il était descendu à Prague, dit en causant :

« L'Empereur est un très-bon prince.

— Oui, reprit vivement le Roi de Prusse ; les princes bons doivent espérer le royaume des cieux ; mais, avec cette seule qualité, on acquiert difficilement ceux de la terre. »

―――

Je passai à Strasbourg un hiver délicieux, tout y fut plaisirs et amusements : étant au bal, un domino masqué m'accosta. C'était une dame qui m'avait donné beaucoup de peine dans ma dernière garnison, mais qui à son tour en prenait; elle avait fait quarante lieues avec sa femme de chambre pour cette équipée; je la menai chez moi, où pendant huit jours, dans la plus profonde retraite comme en grand secret, je cherchai à la dédommager du sacrifice qu'elle me faisait. Elle était tendre, jeune, et aurait bien voulu prolonger l'habitation de sa cellule. J'y étais uniquement par complaisance et sans amour; elle retourna chez elle, où l'on ne s'aperçut pas de son absence.

J'avais une occupation qui me tenait bien plus à cœur : c'était une demoiselle que je voyais souvent dans le monde et quelquefois chez elle. On lui rendait justice en la préférant à toutes les autres. Le difficile était d'être préféré. Je ne devais point y prétendre; elle était fine, pleine d'esprit, très-dissimulée, d'une contenance aussi modeste qu'imposante; tout cela ne m'effraya pas plus qu'une mère, des sœurs et surtout une ancienne bonne qui ne la perdait pas de vue chez elle, même la nuit, son lit étant près du sien. Les obstacles irritent; je feignis d'en vouloir à sa sœur qui, moins jeune et moins jolie, faisait tout autant la difficile; je voyais pourtant que je gagnais du terrain, et trop vite pour mon peu de désir. La cadette reçut les premiers mots de mon hommage avec complaisance, bien plus pour faire pièce à sa sœur, dont elle avait à supporter les airs de hauteur, que par son goût pour moi, qui d'abord fut très-médiocre.

Je redoublais de soins, la faisant valoir dans le monde, la louant outre mesure, surtout au bal, où elle était charmée de se distinguer. Tant de peines de ma part n'étaient récompensées que par des remercîments polis mais toujours froids. J'allais y renoncer : l'acclamation publique, l'éloge constant et mérité que j'en entendais faire, tout me ramenait à elle, mais sans succès. Quand on a tout fait on dit qu'il reste encore une ressource : c'est de ne rien faire. Je cessai de lui parler, mais sans humeur, avec cette indifférence jouée qui étonne toujours les jeunes personnes. Elle feignit ne pas s'en apercevoir, garda sa gaieté; mais enfin, le huitième jour, sa vanité me servit mieux que mes soins.

J'avais redoublé d'assiduité près de sa sœur; nos éclats de rire, supposant plus d'intelligence, la mettaient au désespoir; elle ne pouvait consentir à une préférence aussi injuste, mais à laquelle je donnais la plus grande vraisemblance. Elle saisit un moment où elle pût me parler sans être entendue.

« Eh bien! monsieur, vous voyez où j'en serais si je vous avais cru! Que les hommes sont faux! Oh! que maman a bien raison, il ne faut pas en croire un seul, pas même le plus honnête; il y a huit jours que vous étiez à mes pieds, rien n'était aussi aimable que moi et plus digne de votre adoration; depuis ce temps-là à peine m'avez-vous regardée. Que je suis contente de n'avoir pas répondu à tant de faussetés, que je sens bien toute la vérité des conseils de maman et mon peu d'expérience! votre air de vérité aurait pu me séduire, heureusement je suis détrompée à temps. »

J'étais enchanté de sa colère, qu'elle cherchait à cacher par un froid et une espèce de mépris affectés; je répondis avec une insouciance qui l'irritait encore davantage :

« Je pensais il y a huit jours tout ce que je vous disais.

— Et vous ne le pensez plus à présent?

— Non, mademoiselle; vous voyez que je ne suis pas aussi faux que vous l'imaginez; j'ai cherché à vous plaire, je n'ai eu ni le mérite ni le talent d'y parvenir; mais je saurai ne pas être importun et vous délivrer de quelqu'un qui vous devient odieux.

— C'est bien là un des conseils de ma sœur, car il est contraire à vos sentiments et à votre politesse; mais vous n'y perdrez rien, puisque vous ne vous souciez point de moi. »

Je courus à sa sœur, qui rentrait d'un air libre et satisfait, et je tins bon encore quatre jours; la jeunesse connaît peu la dissimulation; l'orgueil et la vanité échouèrent contre ma prétendue indifférence; et le désir de m'enlever à une sœur me tint lieu de tout.

Le premier article de notre capitulation fut que je haïrais sa rivale; le second était plus difficile à traiter : il fallut plaider longtemps pour la déterminer à m'accorder un rendez-vous dans une pièce au rez-de-chaussée vis-à-vis son appartement, où personne n'allait. Elle était trop piquée contre sa sœur pour ne pas la punir. On dit oui bien faiblement, et comme je craignais la réflexion, je priai que ce fût le soir même. Elle s'y rendit et pensa se perdre par son inexpérience.

Elle croyait qu'il en était d'un amant comme d'une compagne et que quelques baisers feraient les frais du rendez-vous; à la preuve du contraire elle fit deux ou trois cris si perçants que je fus trop heureux de m'échapper avant qu'on ne vînt : elle était déjà passée sur l'escalier, où elle dit s'être donné un coup en montant. J'étais dans la rue, au désespoir d'avoir tenu presque inutilement tant de beautés.

Le jour suivant, j'y retournai; les dispositions n'étaient plus pour moi, la peur avait saisi son âme. J'eus toutes les peines à la faire obéir; mais elle était trop avancée, j'avais son secret; enfin je la déterminai à venir dans une autre pièce aussi abandonnée, et plus près de la porte dont j'avais une clef; l'embarras était de se délivrer de la gouvernante. A une heure après minuit, par un froid intense, j'entrai et attendis non sans frayeur; ce fut inutilement, elle n'osa jamais, la proximité de la bonne couchée dans sa chambre lui en ôta la force.

Le lendemain, je la traitai mal, et ne reçus d'autres excuses que la promesse d'être plus docile; la nuit venue elle tint parole, et je vis au clair de lune la beauté elle-même dans mes bras. Mon bonheur fut très-court; il y avait dans cet endroit une cage à poulets ouverte malheureusement; le coq, les poules, tout en sortit, et croyant voir le jour, le coq de chanter, les poules de voler comme si on les poursuivait. La chère enfant prit peur : craignant de la perdre, je me retirai bien plus tôt que je ne l'aurais voulu. J'avais constaté mon bonheur, l'ivresse s'était emparée de ses sens; dès le lendemain, devenue douce et tendre, elle ne pensa qu'à me plaire et à suivre ma volonté. J'entendais aux assemblées quand elle paraissait :

« Elle est aussi sage que belle; son mari sera bien heureux. »

Elle m'écrivait comme un ange les jours où nous ne pouvions nous voir; son désir, sa bonté lui faisaient trouver souvent des moyens que je n'aurais pas imaginés. Mais comme on est volontiers injuste, je le fus en lui reprochant qu'en public, même à la dérobée, je n'obtenais jamais un de ses regards.

« Ah ! dit-elle, les hommes ne savent point aimer; je me mets exprès dans un coin où je ferme les yeux pour mieux vous voir; que voulez-vous de plus ? »

Que de beaux moments elle m'a fait passer ! Tout semblait s'embellir près de sa personne, et je jouissais dans la discrétion la plus sévère d'un bonheur que rien ne troubla.

Je soupais souvent chez M. le cardinal de Rohan, qui avait un état de souverain et où toute la province se rassemblait; j'allai plusieurs fois à Saverne; le château, le parc, tout y est grand; M. le cardinal l'ornait par sa présence. La beauté de son visage toujours riant inspirait la confiance ; il avait la vraie physionomie de l'homme destiné à représenter ; l'ensemble de ses traits lui donnait toujours cet air qui fait adorer ; un regard qui ne lui coûtait rien était une politesse. On jugera de l'immensité du château et de la quantité de gens qui l'habitaient : l'abbé de Ravennes, qui était à la tête de tout et dont l'amitié et les soins avaient payé les dettes et arrangé les affaires très-délabrées du cardinal, me disait que depuis le garçon de cuisine jusqu'au maître de la maison tout compris, on comptait sept cents lits.

Il y avait toujours de vingt à trente femmes des plus aimables de la province. Très-souvent ce nombre était augmenté par celles de la cour et de Paris. La plus grande liberté y régnait ; un maître d'hôtel parcourait le matin les appartements, prenant note de ceux qui voulaient être servis chez eux, soit seuls, soit ensemble. On avait le plus excellent dîner à l'heure demandée ; ceux qui descendaient dans la salle à manger en trouvaient un non moins bon. Des chevaux, il y en avait cent quatre-vingts, et des calèches à volonté. Le soir, il fallait être à neuf heures à l'appartement, et tout le monde soupait ensemble, ce qui avait toujours l'air d'une fête.

Le cardinal, homme du monde, trouvait des expédients à tout : le château était si plein, un jour où j'arrivais de Strasbourg avec M. de Brau et quelques femmes, qu'une dame venue avec un jeune militaire crut qu'il ne fallait point prolonger son séjour, et qu'il était de sa discrétion de céder son appartement aux arrivantes ; son porte-manteau fait, ses ordres donnés, elle vint remercier le cardinal et prendre congé. J'étais auprès de lui. Ne sachant jamais dire que : « Restez, » il demanda pourquoi un si prompt départ.

« Monseigneur, l'univers est ici ; je reviendrai quand la foule sera un peu diminuée.

— Non, madame, vous n'êtes jamais de trop ; il faut demeurer, je l'exige. »

Le valet de chambre tapissier, chargé de la distribution des appartements, faisait la grimace et répétait tout bas à son maître :

« Monseigneur, il n'y a pas de quoi la loger.

— Taisez-vous, vous êtes un sot. »

La dame, qui ne demandait pas mieux, fut bientôt décidée et obéit avec plaisir. Le cardinal tira à part son valet de chambre :

« Est-ce que l'appartement des bains est plein ?

— Non, monseigneur.

— N'y a-t-il pas deux lits ?

— Oui, monseigneur, mais ils sont dans la même chambre, et cet officier...

— Eh bien ! ne sont-ils pas venus ensemble ? Les gens bornés comme vous voient toujours en mal ; vous verrez qu'ils s'accommoderont très-bien, et il n'y a pas la plus petite réflexion à faire. »

L'ordre fut exécuté, et je n'ai entendu ni la dame ni le militaire s'en plaindre.

Avec un pareil maître de maison, tout est bonheur : aussi le temple ne désemplissait pas, et il n'était femme ou fille de bonne maison qui ne rêvât Saverne. Je remarquai que tout y était de bon conseil, jusqu'au-dessus des portes, où il y avait pour légende un mot latin, *suadere*, qui veut dire *persuader*. Chacun y travaillait, et souvent le succès suivait le désir. J'y ai vu les plus belles chasses : six cents paysans rangés avec des gardes de distance en distance formaient une chaîne d'une lieue, parcourant un terrain immense devant eux, en poussant des cris, battant les bois et les buissons avec des gaules.

On était à les attendre au bas des coteaux, où ils conduisaient toute sorte de gibier; on n'avait qu'à choisir pour tirer. On faisait trois battues comme cela jusqu'à une heure après-midi, où la compagnie, femmes et hommes, se rassemblait sous une belle tente au bord d'un ruisseau, dans quelque endroit délicieux; on y servait un dîner exquis, assaisonné de beaucoup de gaieté; et comme il fallait que tout le monde fût heureux, il y avait des ronds et des tables creusés dans le gazon pour tous les paysans. On distribuait par tête une livre de viande, deux livres de pain et une demi-bouteille de vin. La halte finie, le chaud un peu passé, chacun allait reprendre de nouveaux postes et la battue recommençait.

On choisissait son terrain pour se mettre à l'affût, et de crainte que les femmes n'eussent peur étant seules, on leur laissait toujours l'homme qu'elles haïssaient le moins pour les rassurer. Il était extrêmement recommandé de ne quitter son poste qu'à un certain signal afin d'éviter les accidents de coups de fusil; tout était prévu, car avec cet ordre il devenait impossible d'être surpris. Il m'a paru que les femmes, à qui j'avais entendu le plus fronder le goût de la chasse, aimaient beaucoup celle-là. La journée finie on payait bien chaque paysan qui ne demandait qu'à recommencer ainsi que les dames.

Tout respirait la liberté comme la magnificence : un jour maigre, le cardinal me demanda si j'étais descendu aux cuisines; c'était une chose curieuse. Il m'y mena un quart d'heure avant qu'on ne servît : quel fut mon étonnement de voir un étalage de la batterie la plus nombreuse tout en argent !

L'abbé de Ravennes, vieux conseiller d'Etat, avait toujours de l'humeur, surtout le matin, en parcourant les corridors et les appartements; il trouvait tout plein de poudre, criait pour les meubles et se plaignait à M. le cardinal de l'indiscrétion publique :

« Qui le sait mieux que moi, monsieur l'abbé ? je ne suis occupé le soir qu'à regagner ceux avec qui vos criailleries du matin m'ont brouillé.

— Mais les meubles !

— Eh bien ! on les frottera, on les remplacera;

liberté et facilité, monsieur l'abbé, sans quoi nous ferions de ceci un désert. »

J'étais assez souvent à table près de lui ; sa causticité me plaisait, et puis il avait des anecdotes curieuses, dont je tirais parti.

Un soir que le hasard avait mis à sa gauche une très-jolie femme, un jeune homme placé près d'elle, de l'autre côté, allongeant le pied sous la table, jouissait de tout son bonheur en sentant un pied répondre au sien avec vivacité ; mais quel fut son étonnement d'entendre l'abbé de Ravennes lui dire tout haut et très-impatienté :

« Vous voyez bien, monsieur, que je ne suis pas femme à ça. » C'était sur le pied de l'abbé que ce monsieur témoignait ses désirs ; je n'ai jamais vu de meilleure scène.

L'électeur de Cologne, grand par sa naissance comme par son état et ses revenus, ne pouvait revenir de l'étonnement que lui causait la magnificence du cardinal. Il est vrai qu'il vivait en souverain. Manuzic, une autre de ses habitations, n'est point aussi grandiose ; c'est un genre plus sauvage, moins embelli, mais très-agréable, surtout par ses belles chasses. Il fallut quitter ces résidences enchantées pour retourner à Strasbourg.

On augmenta nos compagnies de dix hommes à

la mort de l'empereur Charles VI; la guerre allait se déclarer pour disputer cette immense succession; il fallut songer à mon petit équipage. M. de Brau, intendant d'Alsace, avec qui je passais ma vie, avait quatre chevaux de main; je crus pouvoir le prier de m'en céder un, celui qu'il montait le moins; c'était lui faire plaisir que de le mettre dans le cas d'être utile; il dit : *oui*, et le marché fut conclu à quinze louis, prix que le cheval lui avait coûté. Il ne voulut point accepter la somme, et après m'avoir pressé de le prendre comme un prêt, il consentit à ce que je remisse l'argent à son piqueur, qui vint le lendemain chez moi suivi d'un palefrenier menant le cheval équipé de tout point avec un harnais qui valait à lui seul plus de quinze louis; je dis au piqueur de le faire emporter; il me répondit :

« M. de Brau m'a chargé de vous dire que le cheval était vendu avec son harnais, que sans cela il n'y avait point de marché fait. »

J'eus beau insister, il fallut accepter une galanterie aussi noble.

La conduite de M. de Brau fut toujours la même à mon égard; il avait ordonné au trésorier de l'armée de m'avancer sur son compte tout l'argent dont j'aurais besoin. J'ai été assez heureux pour n'en pas abuser : pénétré de son honnêteté, je me la rappelle avec plaisir; je lui envoyai de Nuremberg un présent plus pour prouver ma reconnaissance que pour m'acquitter, et n'ai cessé de lui écrire pendant toute la guerre de Bohême.

Je fus très-occupé du reste de mes arrangements : nous étions trois camarades très-liés, l'équipage se fit en commun. Mes deux amis étaient trop riches pour des capitaines d'infanterie : l'un avait douze mille francs, l'autre huit mille. Mais la conduite est au-dessus de toutes les richesses ; je le leur ai prouvé souvent dans la suite en les secourant et fournissant à nos besoins communs.

Nous avions un haquet attelé de quatre bons chevaux, qui portait nos grosses provisions et nos malles escortées par deux valets montés, six mulets, un cheval de suite chacun, un cuisinier monté avec des cantines d'osier, allant toujours au campement pour tenir la soupe prête, un premier domestique de confiance, qui était pourvoyeur, maître d'hôtel... et le reste; une grande tente où nous couchions tous les trois ; une seconde où nous mangions et où se tenaient nos gens, une troisième qui nous servait de salon, toutes bien doublées, et beaucoup de canonnières de coutil pour nos gens. C'était l'ordinaire et l'équipage les mieux entendus de l'armée. L'intérieur et la dépense, dont j'étais chargé, étaient aussi régulièrement tenus que l'extérieur. Nous vivions très-bien.

La veille de mon départ de Strasbourg j'allai chez une très-jolie femme avec qui j'avais souvent soupé et toujours fort gaiement; c'était la sensibilité personnifiée. Je lui dis mes regrets, en ajoutant que j'avais senti pendant dix-huit mois tous les désirs qu'elle était faite pour inspirer.

« C'est être trop silencieux, me dit-elle. Quoi ! pendant dix-huit mois, me voyant tous les jours, pas un mot ! je suis donc bien terrible? » Et puis en souriant : « Je ne vous aurais pas condamné à un noviciat aussi long si j'avais été sûre de la vérité ; vous prenez mal votre temps, la veille d'un départ ; mais c'eût été une honnêteté de continuer à vous taire : ignorant tout, je ne vous devrais rien ; il est bien tard pour payer mes dettes ; j'ai cru parfois m'apercevoir de quelque chose ; mais je disais : Ce n'est pas à moi de parler. »

Il me sembla que, malgré le peu d'instants dont il me restait à disposer, nous pourrions encore régler nos comptes. J'en aurais peut-être été convaincu sans des importuns qui arrivèrent. Ceci me rappelle un propos de Gaujac, capitaine de grenadiers de mon régiment.

« Il faut toujours dire que l'on aime, disait-il, et quand de cent femmes vous n'en persuaderiez que cinq, c'est le taux ; le capital est bien placé à cinq pour cent. »

J'avais besoin de la guerre pour ma fortune, je le sentais ; mais quand on est jeune, le plaisir a la préférence. Je menais une vie délicieuse, et il me semblait quitter tous les bonheurs.

Nous passâmes le Rhin au mois d'août 1741 pour aller en Bohême[1].

---

1. Ici se trouve dans le manuscrit le récit de la guerre de Bohême que nous avons cru devoir supprimer. Voir la notice.

(*Note de l'éditeur.*)

III

SOMMAIRE.

1743. Versailles. — La comédie. — Le cardinal de Rohan. — Les dames de la cour. — Présentation au Roi. — Entrée à la cour. — Liaison avec la princesse de R***. — Premier rendez-vous. — La toilette. — La nuit. — Le duc d'Ayen. — Le grand couvert du Roi. — Questions de Sa Majesté. — Témoignages d'intérêt. — Indiscrétions. — Second rendez-vous. — Le portrait. — Le peintre Pénel. — Offres repoussées. — Cadeaux. — Jalousie d'un camarade. — Petite vengeance. — 1744. Siége de Menin. — Fonctions de major-général. — Attaque d'Alwin. — Le comte de Clermont. — Capitulation de la place. — Compte rendu au Roi. — Siége d'Ypres — Attaque. — Le marquis de Beauvau tué. — Promotion au grade de colonel, sur le rapport du comte de Clermont. — Lettre de M. d'Argenson.

. . . .

En sortant de chez M. d'Argenson, je fus à la comédie. On me plaça sur le banc du grand maître de la garde-robe, vis-à-vis la première loge, qui donne sur le jardin. Elle était remplie de dames de la cour, parmi lesquelles s'en trouvait une de la plus grande beauté. Belrieux, mon camarade, était au bas de cette loge : il me fit mille signes d'intelligence ; la belle dame, qui le connaissait, s'en aperçut et lui demanda qui j'étais : il lui dit mon nom, et l'amitié dont MM. de Soubise et de Luxembourg m'honoraient. La salle de Versailles est fort petite ; on s'y voit de très-près, et malgré le talent de Mlle Dumesnil, qui jouait Mérope, la femme dont la figure m'avait frappé n'y fit nulle attention; ses regards ne furent plus que pour moi; elle levait les yeux au ciel, paraissant réfléchir profondément, sans y mettre cependant trop d'affectation. A la fin de la comédie elle prit le prétexte de ma connaissance avec M. de Soubise et dit à Belrieux de m'appeler pour me voir de plus près. M'étant approché, elle me demanda avec bonté si j'avais vu M. de Soubise.

« Oui, madame, répondis-je, un instant ce matin.
— Et le cardinal ?
— Non, madame.
— Voilà M. de Soubise, dit-elle, en me montrant la loge du Roi, où il était avec madame de Châteauroux. Montez chez le Roi, il va y prendre l'ordre et pourra vous mener de là chez le cardinal, où vous souperez. »

Je fus très-étonné de ces avis donnés avec autant de bonté que de grâce par une personne qui me voyait pour la première fois, et à qui je n'avais pas été présenté.

M. de Soubise, après l'ordre, eut la complaisance de répondre à mes désirs en me menant chez le cardinal de Rohan, où toute la France se rendait; il me reçut en m'embrassant, me présenta au prince de Rohan son frère, et dit à M. de Soubise :

« Mon neveu, c'est à vous de faire connaître votre camarade de collége à toutes nos dames. »

Et puis me regardant gracieusement, il ajouta :

« Vous êtes ici au milieu des vôtres, qui vous ont conseillé de venir à la cour; cette maison est la vôtre, et je vous y verrai toujours avec plaisir à dîner et à souper; cela soit dit une fois pour toutes. »

M. de Soubise m'ayant présenté à madame la princesse de Rohan, madame de Marsan, madame de Soubise, madame de Montauban et aux autres dames, sortit pour aller souper chez le Roi. Je ne saurais trop me louer de toutes les civilités qu'on me prodigua; le cardinal me fit cent questions, ses caresses me mirent très à mon aise, et ôtèrent tout l'embarras que j'aurais dû avoir au milieu de cette cour aussi nombreuse que brillante.

On servit: madame de R****, qu'on appelait à juste titre la belle princesse, me fit mettre entre elle et madame de Marsan; elles m'accablèrent de bontés et ne parurent occupées que de moi; la cour, qui se réunissait tous les soirs dans ces salons, y était de la plus grande gaieté. A deux heures après minuit mes deux voisines prolongèrent la conversation pour me faire jaser. J'avoue que l'excellente éducation que j'avais reçue, l'habitude de vivre dans la plus grande compagnie, la sûreté de m'exprimer convenablement, et mieux que cela, l'intérêt bien marqué qu'on prenait à m'entendre, tout me donnait une confiance qui me faisait valoir à des yeux déjà prévenus; j'avais cependant à l'extérieur un ton de réserve et de modestie qui allait très-bien à ma position, surtout pour une première entrevue.

Il était trois heures quand madame de R**** dit:

« Enfuyons-nous, car il nous ferait passer la nuit; donnez-moi la main jusqu'à ma chaise. »

En y allant, elle ajouta :

« Vous avez entendu le cardinal, c'est ici votre maison. M. de Soubise et le coadjuteur vous aiment; nous ne vous brouillerons pas avec eux, vous devez être content de nous. »

Et s'enfonçant dans sa chaise :

« A souper demain. »

Rentré chez moi, je remerciai de bien bonne foi la Providence de tant de bonheur; j'étais jeune, mais point novice; je savais l'impression que ma physionomie avait déjà faite à plusieurs femmes : celles de la cour sont souvent les plus indulgentes. Je trouvais une prévenance si prompte et si vive dans madame de R****, que je ne doutai pas, même dans ces premiers instants, qu'elle ne devînt ma protectrice.

Le lendemain, je fus présenté au Roi par M. le duc de Fleury, gentilhomme de la chambre d'année; à la Reine par madame de Luynes; à Mesdames par madame de Tallard; à M. le Dauphin par M. de Fleury. De là j'allai dîner chez le cardinal de Rohan. Les dames n'y venaient qu'au souper; j'y revins à neuf heures et demie; le jeu de la Reine fini, les dames arrivèrent. C'étaient à peu près les mêmes que la veille; madame de R**** m'appela, me fit encore asseoir entre elle et madame de Marsan, et me dit :

« En attendant qu'on serve, racontez-nous ce que vous avez fait aujourd'hui. Par l'amitié que M. de

Soubise nous a demandé pour vous, nous répondons de votre conduite, nous vous conseillerons bien; quand on arrive dans un pays inconnu, il faut causer des usages avec les habitantes; nous vous dirons tout. »

Elles parurent très-contentes de ce que j'avais fait; je fus trop approuvé pour ne pas m'apercevoir qu'on en était déjà à la plus grande indulgence. Le souper servi, j'eus la place de la veille; on me questionnait avec autant de plaisir que j'en prenais à répondre.

Je jouai après souper au médiateur, à six francs la fiche; c'était bien cher pour moi; mais je jouais bien, tout me disait que je serais heureux : je ne fus point trompé; je gagnai et donnai encore la main à madame de R****, qui me dit :

« Est-ce que vous n'allez jamais à la toilette des dames quand elles sont encore jeunes? Leur porte est moins fermée dans ce moment-là; c'est celui de causer et de se dédommager d'une frisure toujours odieuse.

— J'en attendais la permission, lui dis-je, et j'en profiterai dès demain.

— C'est cela, dès demain, à une heure, n'est-ce pas?

— Oui, madame, et ce sera bien la plus belle du jour. »

A l'heure dite, son suisse me laissa entrer, un des valets de chambre m'annonça; je crus voir Diane entourée de ses nymphes, dans sa plus grande beauté; ses magnifiques cheveux noirs étaient épars et traînaient presque à terre ; ils bouclaient naturellement ; ses yeux se fixèrent sur moi, et sa bouche ne s'ouvrit que pour montrer des dents parfaites ; toutes ses paroles allaient à mon âme ; elle s'en aperçut et en fut enchantée ; cette idée l'embellit encore, si cela était possible ; tout respirait la volupté, tout étalait la magnificence de la cour ; sa toilette était en or. Quatre de ses femmes, prises à leur jeunesse, à l'élégance de leur taille, à leur beauté, s'empressaient autour d'elle. Quel groupe, et que de jolies figures dans le même miroir ! Je demeurai là, dans une sorte d'ivresse, jusqu'à deux heures.

« Passez chez le prince, me dit-elle, vous lui direz que je vous retiens à dîner avec lui ; nous dînons ici, mais en si petite compagnie, que c'est une grande faveur d'y être admis ; je vous rejoindrai bientôt dans son appartement. »

Elle annonça elle-même qu'on servait. MM. de Soubise, de Bouillon, mesdames de Turenne, de Marsan, la jolie madame Dandeleau, se mirent à table ; le vieux prince voulut que je fusse près de lui. Le meilleur repas, les propos les plus agréables, mon éloge fait et répété avec bonté me causaient la plus grande joie. Au sortir de table, je fis deux parties et gagnai fort heureusement, car le moindre échec eût été déplacé en l'état de mes finances.

Madame de R**** me mena à la comédie. Le Roi y était dans sa loge grillée avec madame de Châteauroux, madame de Lauraguais, MM. d'Ayen, de Richelieu et de Soubise ; de là j'allai chez le cardinal : la Reine y venait souper trois fois par semaine dans une petite pièce où chacun allait lui faire un instant sa cour. Après le repas, quelques jeunes gens jouaient du violon, tandis que le prince de Dombes les accompagnait de son basson; on faisait danser les plus belles femmes de la cour. Toutes les jolies contredanses du bal de l'Opéra étaient répétées avec une précision remarquable; la Reine battait souvent des mains et disait toujours mille choses agréables. Que de beaux moments!

Madame de R**** me dit en sortant :

« Si vous venez demain à ma toilette, vous me prouverez que je n'étais pas si laide hier. »

J'y fus exact le lendemain à une heure. Elle fit éloigner ses femmes, et en me donnant un papier, elle me demanda :

« Savez-vous deviner les énigmes? En voilà une sur laquelle je me suis cassé la tête, je n'y entends rien : serez-vous plus heureux ou plus habile que moi? »

Je pris le papier et me disposai à l'ouvrir :

« Non, non, ajouta-t-elle, vous le ferez chez vous; causons : d'où venez-vous? »

Et aussitôt, rappelant ses femmes, elle me dit :

« Allez faire des visites; nous ne dînons qu'à deux heures et demie, vous y viendrez. »

Je courus chez moi lire le papier; il n'y avait que des lettres initiales et des points. Le voici :

T.. d... l. r............ a.... t... m.. c....,
O.... p... m.. m...... t... t......... c.....,

N. m. r....... p.. l. s....... f.......
P... l'..... d. m. r......;
I. a c.. a.. s. s........,
C. s... t.. t....., c'... t.. l......,
E. c'... t. r..... u. d... h......
Q.. d. c.... à c. v.........

Je pris une plume, et lorsque j'eus trouvé le quatrième mot du premier vers, le reste ne me coûta rien. La poésie était médiocre, mais l'intention me ravit. Après le dîner, madame de R**** me demanda où j'en étais de l'énigme ; je répondis que si elle rentrait dans son appartement, ce qui lui arrivait toujours quand le jeu était fini, je lui en rendrais compte. Son impatience l'empêcha de faire une seconde partie : elle me fit signe de la suivre. Dès que nous fûmes seuls, je lui dis :

« Si vous avez la bonté de m'assurer que le quatrième mot du premier vers est *Ressemblance*, je crois avoir deviné.

— Eh bien ! oui, reprit-elle en rougissant d'une façon bien significative.

— La voilà donc, lui dis-je, avec les lettres écrites sur chaque point :

Toi dont la ressemblance agite tout mon cœur,
Ombre pour mon malheur trop tendrement chérie,
Ne me reproche pas le souvenir flatteur
    Pour l'objet de ma rêverie.
    Il a cet air si séducteur,
    Ce sont tes traits, c'est ton langage,
    Et c'est te rendre un doux hommage
    Que de céder à ce vainqueur.

J'eus la petite finesse de ne pas dire le dernier mot, feignant de n'avoir su le trouver; elle le prononça avec une vivacité et une émotion qui valaient un :

« Je vous aime. »

Et puis me regardant avec les yeux les plus tendres :

« Vous avez trop de pénétration ; je n'oserai pas même penser devant vous ; quoi ! dans un instant, deviner ! »

Je lui pris la main, que je baisai mille fois.

« Passez de l'autre côté, me dit-elle ; qu'on ne me sache pas si longtemps avec vous. Que devenez-vous le reste de l'après-midi? Je ne puis vous offrir de vous mener à la comédie, il n'y en a point aujourd'hui ; je ne me soucie pas trop d'aller jouer chez la Reine ; j'y suis ruinée ; l'éternel et triste cavagnol m'excède ; venez ici sur les sept heures, vous m'y trouverez peut-être. »

J'attendis l'heure indiquée avec la plus grande impatience, bien sûr qu'elle y serait. Sa porte était défendue à tout le monde, excepté pour moi ; elle me le dit en entrant, et, se mettant dans un fauteuil, me fit asseoir tout auprès ; elle avait voulu être belle et jolie ; il lui en coûtait peu : la nature avait fait d'avance tous les frais ; il restait peu de chose pour l'art. Après un moment elle me dit :

« Plus je vous regarde et plus je vous trouve bien jeune pour un confident, car vous savez mon secret ; avouez que vous n'aviez pas besoin que je vous le dise, votre sagacité avait tout compris avant que j'eusse parlé; mais vous lui ressemblez tant, qu'à coup sûr votre âme est honnête comme l'était la sienne. Oui, je l'adore toujours, et son portrait vivant m'avait si fort saisi dès la première vue à la comédie, que j'ai été trop heureuse de ne pas m'évanouir. »

J'étais plus de sang-froid qu'elle et ne m'occupais intérieurement qu'à réaliser l'illusion. Je redoublai d'affection, sa voix baissait ; ses yeux couverts de larmes se fixaient sur les miens et me disaient : « Vous n'aurez pas la cruauté d'abuser du moment de consolation dont je jouis. » J'entendais bien ce langage muet, et mes gestes devenaient moins circonspects :

« Je vais crier, » dit-elle.

Je m'éloignai comme si elle m'imposait, et me rapprochant de la porte j'y mis le verrou ; elle se leva de son fauteuil, et se replongeant dans un autre beaucoup plus bas, elle ajouta : « Je me flatte que vous me laisserez tout à moi. » Je me rapprochai, me mis à genoux à ses pieds, la contemplant avec autant de vivacité que de tendresse ; elle porta deux fois la main sur mon visage, et le repoussant doucement, elle me dit :

« Ne regardez donc pas comme cela. »

Je n'écoutai plus rien et lui donnai mille baisers auxquels elle feignait de vouloir se refuser en me disant : « Auriez-vous la cruauté d'abuser d'une confiance dont je vous croyais plus digne ? » Je cherchai à lui prouver que *oui*, au milieu des transports les plus vifs ; la preuve fut complète.

« Quoi! m'écriai-je, j'ai possédé tant de beautés.

— Ah! dit-elle, avec un sourire empreint de la plus douce volupté, avouez que j'ai fait une belle défense, mais rien ne vous intimide. »

Je la dévorai de caresses et ne changeai d'attitude qu'après avoir obtenu la promesse que nous nous reverrions. Il fallut en discuter le moment : j'y voulais plus de commodités et de prolongation. Tout fut convenu pour le lendemain; mille baisers donnés et rendus furent le sceau de la convention. Je sortis, la laissant dans l'extase qui suit l'amour satisfait. Au souper, elle m'indiqua pour deux heures après midi un escalier dérobé qui arrivait à un arrière-cabinet de son appartement :

« Vous y trouverez, dit-elle, des odeurs charmantes, car je ne veux pas que vous m'honoriez de la perfide lavande ; je la déteste. »

La plus jeune de ses femmes, jolie comme un ange, m'ouvrit la porte à l'heure indiquée; elle n'osa ni me parler ni me regarder, par respect pour sa maîtresse, qui était déjà dans son lit, mais les rideaux ouverts et sa chambre éclairée par vingt bougies. La porte se ferma, j'y mis le verrou et ne fus qu'un instant à montrer que j'étais digne de tant de complaisances; on ne m'en refusa pas une : tout me fut prodigué, éloges et caresses. Je mis dans mon marché qu'il ne serait plus question de ressemblance; avant la fin de la nuit elle me sacrifia, non sans beaucoup de peine, le portrait que je remplaçais si bien. Mes hommages multipliés me méritèrent la préférence et fixèrent sur moi seul toutes ses idées.

Elle avait raison de ne pas craindre la lumière : que de charmes rassemblés !

C'était la volupté en personne : le plaisir lui donnait l'instinct de l'amour ; elle y apportait cette douce obéissance qui, vous laissant le maître absolu de tout, rend mille fois plus digne de l'être ; c'est un art que connaissent les seules femmes de la cour. Elles craignent que leur rang, leur richesse, leur hauteur n'imposent et ne leur nuisent ; tout est oublié ; une docilité feinte mais souple, qui ne doit durer que pour leur plaisir, est le guide de toutes leurs actions ; l'amant qui se croit plus aimé par un abandon si complet d'elles-mêmes, plus libre de corps et d'esprit, tranche du sultan, en prend le ton, en remplit mieux toutes les fonctions et les traite comme de simples odalisques. Les femmes de Paris n'ont point encore acquis ce degré de perfection.

La nuit fut trop belle pour n'être pas trop courte ; il était déjà six heures du matin que nous croyions la commencer. Avant de nous quitter elle me dit :

« Tous les yeux sont sur moi, je suis entourée d'espions ; que ta sagesse et ta discrétion me conservent mon amant, et si par hasard, car cela peut être, le Roi vous faisait des questions, niez tout avec fermeté, il vous en estimera davantage, détestant les indiscrets. »

Je crus que c'était pour m'inspirer plus de crainte et de réserve qu'elle me tenait ce langage. Je calmai ses inquiétudes, l'embrassai, et sortis pour aller me reposer jusqu'à midi.

Quel fut mon étonnement en arrivant dans les appartements de voir venir à moi le duc d'Ayen, capitaine des gardes, qui me dit d'un air riant et caustique :

« Eh bien, la nuit s'est-elle bien passée?

— Mais oui, lui répondis-je ; il n'y avait point de bal, j'ai parfaitement dormi.

— Oh! parlez-moi comme à votre ami, ajouta-t-il, je ne suis pas le sien, nous nous détestons; mais je vous aime et veux vous servir et vous conseiller : il faut en tirer le plus grand parti et de protections et d'argent; elle a tout pouvoir sur le d'Argenson. »

Je lui dis assez naturellement :

« Je ne puis répondre à ce que je n'entends pas.

— Vous arrivez, reprit le duc, nous nous reverrons, et quand vous voudrez je vous prouverai que je suis confident discret, bien qu'elle ait essayé de me jouer de mauvais tours. »

Et passant tout de suite dans le cabinet du Roi, il me laissa dans le plus grand étonnement. Je commençai à croire que les recommandations qu'on m'avait faites étaient fondées, et qu'il fallait redoubler de précautions par mon silence et la modestie de mon maintien.

Ce furent bien d'autres réflexions le soir; il y avait grand couvert chez le Roi. M. de Fleury, qui l'avait précédé d'un instant, m'aperçut, et venant à moi :

« Le Roi m'a chargé de vous dire que vous vous

missiez près de son fauteuil pendant le grand couvert.

— Moi, monsieur?

— Oui, vous, monsieur de Valfons. »

Je m'imaginai sur-le-champ que c'était une suite de la conversation de M. d'Ayen, qui avait fait quelque histoire au Roi, d'abord pour l'amuser, et puis pour jouer un mauvais tour à mon amie, qu'il haïssait à mort et qui le lui rendait bien. Ils s'étaient chansonnés mutuellement avec autant de méchanceté que d'amertume. Le Roi se mit à table; après avoir été quelques instants à manger, il leva la tête :

« Eh bien, Fleury?

— Oui, sire, à ma droite. »

Alors le Roi me regarda très-attentivement; je baissai les yeux respectueusement, puis les levai un instant sans timidité, j'ose dire sans embarras. Le Roi dit tout haut :

« C'est étonnant, mais il est beaucoup mieux que lui, il a l'air mâle qu'il n'avait pas. »

C'était de ma ressemblance avec M. de la Trémouille qu'il voulait parler; et puis se tournant encore vers moi :

« Avez-vous des frères?

— Oui, sire, nous sommes six. »

M. de La Fare, cordon bleu, qui venait là pour faire sa cour et être aperçu, s'avança un peu et dit au Roi :

« Sire, ce sont mes enfants, je les ai élevés sur mes

genoux ; je suis l'ami de la mère, qui est belle comme un ange.

— Sont-ils tous aussi bien que lui ? interrompit le Roi.

— « Oui, sire, répondit M. de Fleury; celui qui est dans le régiment dont Votre Majesté m'a confié le commandement est plus grand, beau, bien fait, très-appliqué et plein d'intelligence.

— Ils en ont tous, ajouta M. de La Fare, et Valfons a servi supérieurement Votre Majesté en Bohême sous mes yeux.

— Oui, reprit le Roi, Soubise et Luxembourg le disaient ce matin. »

Il me regarda vingt fois pendant le souper avec un sourire intérieur qui me rassurait, mais qui me prouvait que M. d'Ayen, trop tôt instruit, avait parlé.

Quelques plaisirs que j'eusse eus la veille, je comptais trop sur moi pour craindre un second rendez-vous : je l'avais exigé; les femmes sont complaisantes; on s'était laissé peu presser, malgré quelques petites réflexions sur ma santé comme sur le danger d'être découvert. Je courus chez le cardinal; on servait. Pendant le souper, M. de Duras me dit tout haut :

« Pour ça, le Roi vous a bien regardé, il n'a été question que de vous; les courtisans doivent être jaloux. Puis regardant la princesse : Et ce n'est pas le seul motif : que vous a donc demandé le Roi?

— Combien nous étions de frères.

— Oui, mais après il a parlé ressemblance; il est

vrai que c'est comme deux gouttes d'eau avec la Trémouille. »

Madame de R**** cherchait à changer de conversation, n'aimant pas à me voir dans les caquets de M. de Duras, dont l'esprit et la gaieté ne mettaient péril à rien ; j'avais été très-lié avec lui au collége, et il cherchait à m'embarrasser plus pour s'amuser de mon inquiétude que par méchanceté ; il me disait tout bas :

« Si vous ne me dites pas que vous avez passé la nuit avec elle, je vais répéter tout haut que vous m'en avez fait la confidence. »

Il en était capable, et je fus trop heureux que le dîner finît.

Tout le monde sorti, madame de R**** me dit :

« Eh bien ! monsieur, m'y étais-je trompée ? voilà notre aventure connue et le public devenu notre confident ; que je suis imprudente ! je le savais d'avance : il n'y a pas de noirceurs dont ils ne soient capables ; mais vous ne m'avez pas dit ce qui s'est passé au grand couvert.

— J'en arrive, et vous rendrai compte de tout ce soir chez vous.

— Ce soir, chez moi ! mais la tête vous tourne ; après tout ce qu'on dit, vous avez donc bien peu d'envie de me ménager ? »

Je pris un air très-triste en lui disant :

« Quoi ! leur méchanceté va donc me voler les plus beaux instants de ma vie ? vous m'aimiez tant hier !

vous ne voulez donc plus me le prouver aujourd'hui? cela a été bien court.

— Tenez-vous à ce que je sois la fable de la cour? c'est déjà en bon chemin, ce me semble. »

Je combattis ses réflexions et pressai tant, qu'enfin on m'accorda ce qu'on n'avait jamais eu envie de me refuser. Trois nuits de suite constatèrent mon bonheur.

Elle mettait toute sorte de vivacité dans son désir de plaire, se levait au milieu de la nuit, ôtait son bonnet, retroussait ses beaux cheveux sous mon chapeau, dont elle se coiffait, se faisait des moustaches de tabac d'Espagne, chantait d'un air mutin des chansons grivoises qu'elle accompagnait sur son clavecin, réunissant ainsi la coquinerie d'un joli mousquetaire, la liberté d'une bonne fille et la sensibilité d'une aimable maîtresse. Elle aurait animé les statues.

Je voulus absolument avoir son portrait; Pénel, le seul peintre en miniature, était alors à Versailles occupé à représenter madame de Châteauroux pour le Roi; il avait les plus grandes obligations à la princesse; elle exigea que, sous prétexte de moins ennuyer madame de Châteauroux et de ne pas fatiguer ses yeux, il déroberait quelques heures. « Et puis, ajouta-t-elle, je vous donnerai cinquante louis si j'ai le portrait dans huit jours. » On obéit à l'argent, non sans se faire valoir.

Je laissai dormir et reposer tout un jour ma maîtresse pour lui rendre sa fraîcheur. Pénel eut deux séances, mais à la troisième, comme nous avions voulu réparer tant de moments perdus, une langueur trop évidente éclaira le peintre, qui, allant continuer, dit :

« Madame, je vous ferais tort : vous n'avez pas dormi, vous n'êtes pas la même qu'hier, attendons une bonne nuit. »

Et il sortit laissant madame de R**** toute interdite. J'arrivai quelques moments après, je la trouvai devant son miroir.

« Eh bien ! qu'en dites-vous ? Pénel me trouve laide, au point qu'il m'a remise à un autre jour : moi qui adore la cause de mon insomnie, je me trouve plus belle que jamais. »

Je fus d'avis que nous donnassions encore de l'humeur à Pénel la nuit suivante ; on aima mieux se brouiller avec son peintre qu'avec son amant. Pénel revint ; il était plein d'esprit et de finesse.

« Vous voulez donc me perdre de réputation, madame ? je vous jure que vous n'êtes plus vous, et que mon pinceau vous servirait mal s'il était de moitié dans ma complaisance. »

Elle me raconta la colère du peintre, et ajouta :

« La vie est si courte qu'on n'a pas le temps de se faire peindre. »

J'allai exprès à Paris pour laisser finir un portrait que je désirais tant, et que je trouvai parfait à mon retour.

Madame de R**** était née avec une fortune immense ; son mari lui laissait quatre-vingt mille livres de rente pour sa garde-robe ou ses menus plaisirs ; elle me répétait sans cesse que j'étais son bonheur de préférence à tout, et ne concevait pas ma gaieté avec la modicité de ma fortune. Elle me faisait, avec une tournure adroite et qui n'insultait pas ma vanité, des offres que je refusai constamment, car j'étais encore de ce côté mille fois plus fier que pauvre.

Un jour j'avais dit en public que j'aimais beaucoup les diabolinos de Portugal ; le soir, en la quittant, elle me remit une boîte à bonbons en cristal de roche montée en or qui en était pleine. « J'espère que vous ne me refuserez pas le bonbon que vous aimez ? dit-elle en me l'offrant. » Rentré chez moi, je découvris dans le fond un brillant très-bien monté, que Lempereur estima de douze à quatorze mille francs. Je trouvai le présent trop magnifique, gardai la boîte et rendis le diamant, malgré les instances qu'on me fit.

Elle m'envoya successivement douze paires de manchettes des plus belles dentelles ; c'étaient de ses fichus qu'elle montait ainsi elle-même en me disant : « Vous ne pouvez refuser l'ouvrage de mes mains. » Elle voulut absolument troquer de montre ; la sienne avait des cachets garnis de diamants, et valait six fois celle que je lui donnai en échange ; les bijoux les plus précieux m'étaient offerts ; je trouvai plusieurs fois dans mon chapeau vingt rouleaux de cinquante louis. Quoique ma pension fût très-faible, je me serais cru avili de prendre de l'argent, et j'ai constamment repoussé de tels présents.

J'acceptai une turquoise entourée de carats, sous laquelle il y avait de ses cheveux; elle me proposa de mettre cent mille francs en viager sur ma tête. Je dis non à tout, répétant toujours : « Je suis trop riche de mon bonheur, vous êtes mon trésor. » Cette façon de penser, malheureusement trop rare à la cour, l'enivrait et me l'attachait encore davantage. Cependant, pour me contenir et être plus sûre de ma discrétion, elle me parlait continuellement du goût que le Roi avait pour elle, et de sa crainte qu'il ne m'en arrivât quelques désagréments.

Un soir, sortant de chez elle passé minuit, je rentrai au *Cadran-Bleu* où j'étais logé, vis-à-vis et très-près du château; la porte ouverte, je fus très-étonné, à une heure aussi indue, de trouver quatre gardes du Roi avec leurs mousquetons, qui, pendant que je montais, firent répéter deux fois mon nom à la fille, à qui ils l'avaient demandé. Ne sachant que penser, je gagnai ma chambre assez préoccupé, et fus quelques instants sans me déshabiller. Je pris enfin mon parti, et le besoin de repos me fit entrer dans mon lit. Le lendemain je sus que souvent les gardes, au sortir de leur faction, venaient brûler un fagot et boire un coup.

Au milieu des plaisirs et de la vie la plus délicieuse, j'éprouvais parfois des contrariétés et des tracasseries suscitées par les caresses et la préférence que je recevais; mes camarades furent jaloux, surtout Belrieux, qui, mettant vis-à-vis de moi autant de fausseté cachée que d'amitié et de bonne foi apparentes, chercha à me ruiner dans l'esprit de madame de R****. Comme elle craignait qu'une explication avec lui pût en venir à une affaire, elle me cacha une partie de ses manœuvres jusqu'à un moment où comme je le louais, lui absent, piquée de ma duperie, elle me dit avec vivacité : « Il ne mérite pas vos bons procédés, c'est un fourbe, une âme basse et jalouse de vos bonnes qualités. » Je répondis froidement que je ne croyais pas à tant de duplicité, et l'ayant pressée de m'édifier davantage, elle pallia tout ; mais malgré sa sagesse et sa discrétion, j'en appris assez pour haïr Belrieux et me méfier de lui. Je le trouvai le lendemain au lever du Roi ; il s'avança vers moi et me prit la main d'un air d'amitié ; je la retirai très-sérieusement. Il était d'autant plus coupable que je n'avais pas laissé passer une occasion d'en dire du bien ; il vit à ma contenance que j'étais instruit, et n'hésitant pas, il me dit en prenant un ton très-gai :

« Quoi ! mon cher Valfons, m'aurait-on fait vis-à-vis de vous quelques noirceurs ? les femmes avec qui nous vivons en sont capables ; c'est une suite de leur prévoyance : elles ne veulent point d'intimité entre les hommes, craignant d'être l'objet de nos conversations et de confidences mutuelles.

— J'ignore ce qu'elles craignent, lui répondis-je ; mais je devais être plus sûr de vous : faisons un marché, oublions-nous et ne parlons jamais l'un de l'autre. » Et me retournant, je le laissai là.

Je fus deux ou trois jours sans aller dîner chez madame de R****, et le hasard fit que me trouvant dans les mêmes maisons que Belrieux, il crut l'avoir éloignée de moi. Cependant, pour en être plus sûr, il me dit dans les appartements du château, où je le rencontrai avec un de ses camarades :

« Nous devrions aller tous les trois chez le prince de Rohan lui faire notre cour. »

Je répondis qu'il était bien tard, et presque l'heure de dîner. Ils se regardèrent à ma réponse, croyant voir confirmer leur soupçon. J'avoue que, piqué de la présomption, je tirai ma montre et dis :

« Mais au fait, nous aurions encore le temps. »

Le prince nous reçut avec bonté et me distingua par ses amitiés; la princesse arriva ensuite, et regardant la pendule :

« On sert bien tard, dit-elle. »

Et puis s'adressant à moi seul :

« Vous dînez ici : vous savez trop le plaisir que vous faites à tous pour dire non. »

Je répondis par une grande inclination; mes deux bons amis attendirent quelques minutes, et voyant qu'on ne leur disait rien, sortirent très-vexés. Ce ne fut pas tout : j'avais à me venger complétement. J'exigeai de madame de R**** qu'elle fermât sa porte à celui qui m'avait desservi; elle y consentit volontiers, car elle le haïssait, et je lui en vis donner l'ordre au suisse de son appartement.

A quelques jours de là, je proposai à Belrieux d'aller à la toilette de la princesse; il accepta. Je le laissai parler le premier au suisse, qui répéta sa consigne :

« Madame n'est pas visible. »

Il vint à moi; je lui dis en ricanant :

« Vous aurez eu quelque querelle ensemble, ou bien on a peur de vous; moi qui suis un bon diable sans nulle prétention, on me laissera peut-être entrer. »

La porte s'ouvrit, et j'eus le plaisir de lui souhaiter le bonjour et de lui prouver que tous ses propos n'avaient eu d'effet que contre lui.

Il m'avait attaqué partout, car à sa mort, qui arriva un an après, je dis à M. d'Argenson, qui en parlait :

« Le Roi perd un bon officier qui avait des talents.

— Ne le regrettez pas, me répondit-il, il ne louait pas les vôtres, et a cherché plus d'une fois, mais sans succès, à vous nuire dans mon esprit. »

Au mois de mai je fus détaché auprès de M. le comte de Clermont-Prince, pour y faire les fonctions de major-général, pendant le siége de Menin, avec trente-cinq bataillons et vingt-deux escadrons. Nous ouvrîmes la tranchée vis-à-vis l'ouvrage à cornes du faubourg d'Alwin, si près du glacis, que la sentinelle hollandaise nous parlait, et nous menaça plusieurs fois de tirer sur nous, ce qu'elle ne fit pas en ayant reçu la défense.

Cette facilité accéléra fort le travail de la première nuit; la garnison hollandaise étant peu nombreuse, le gouverneur, attaqué très-vivement par le côté opposé qui était le plus faible de la place, y porta toute son attention ; il fit, dans cette partie commandée par le maréchal de Noailles, mais qu'on appelait l'attaque du Roi, un feu très-soutenu.

Il n'avait pas osé mettre beaucoup d'hommes dans l'ouvrage à cornes, qui, séparé de la place par une longue chaussée, pouvait être difficilement secouru. Au bout de quelques jours, et après avoir passé quarante-huit heures à la tranchée, je m'aperçus que cet ouvrage était peu ou point gardé, et que vers les dix heures seulement il en partait quelques coups de fusil peu suivis. Je communiquai mes observations à M. le comte de Clermont, et lui proposai, malgré l'avis des ingénieurs et officiers d'artillerie, de tâter l'ouvrage ; ces messieurs s'y opposaient, ne voulant jamais sortir des règles ; j'insistai, et la confiance que M. le comte de Clermont avait en moi décida ce prince à m'en donner la permission pour la même nuit. J'allai au quartier du Roi faire part de mon projet à M. d'Argenson, en lui disant :

« Je vous prie, monsieur, si le succès suit mes idées, de vous souvenir que j'ai été le seul de mon avis. »

Il me reçut très-bien, fit quelques difficultés, me recommandant avec amitié de ne pas me trop exposer, et pour le surplus, s'en rapportant à mon zèle. Le soir, à neuf heures et demie, je descendis dans les ossés qui étaient secs; le chemin couvert avait été abandonné dès le premier jour. J'avais avec moi la compagnie des grenadiers d'Artois, commandée par Cahors. Je fis monter à l'échelle un sergent que je suivis; je lui avais fait mettre trois pierres dans sa poche pour que, les jetant l'une après l'autre dans le fossé, s'il ne voyait personne dans l'ouvrage, ce fût un signal aux deux compagnies de grenadiers de dresser les autres échelles pour escalader; ce qui fut fait dans un instant, après le signal donné. J'avais eu beau prier M. le comte de Clermont de ne pas venir, il voulut être lui-même au pied de la première échelle. Je dois hommage à la valeur et au sang-froid de ce prince que, dans mille autres occasions, j'ai vu toujours mépriser le danger.

Arrivé sur le parapet, après nous être mis en bataille, je fis fouiller l'ouvrage et me portai tout de suite à la gorge, où, à peine placés, nous vîmes sortir de la place un homme portant un falot, suivi d'une troupe trop éloignée de nous pour en pouvoir discerner le nombre. Pendant ce temps, j'avais envoyé un sergent et dix grenadiers pour casser les chaînes du pont-levis. Il y avait dehors quatre compagnies de grenadiers, deux piquets de dragons et des ouvriers de l'artillerie qui, avec leurs masses et leviers, eurent bientôt cassé les chaînes et abattu le pont pour s'introduire dans l'ouvrage.

Nous nous étions mis ventre à terre; les Hollandais arrivèrent sans se douter de rien, et étaient au milieu de nous qu'ils ne nous avaient pas encore aperçus; nul ne fit résistance, tout fut fait prisonnier : c'étaient un lieutenant et trente hommes qui, chaque soir, à dix heures, sortaient de la place en bordant le parapet, et tiraient quelques coups de fusil pour retarder notre attaque et nous faire avancer avec précaution.

Je les menai à M. le comte de Clermont, qui me reçut à merveille. J'écrivis tout de suite à M. d'Argenson, pour lui apprendre avec quelle facilité nous avions réussi. On fit alors entrer des travailleurs pour pousser des zig-zags sur la chaussée qui conduisait au corps de la place. M. du Brocard, commandant notre artillerie, fit construire une batterie de douze canons pour battre en brèche.

Le surlendemain, le gouverneur, se sentant pressé par l'endroit qu'il avait cru absolument abandonné, arbora le drapeau blanc à notre attaque et demanda à capituler. Il était midi : M. le comte de Clermont descendit de son cheval, qui allait plus vite que le mien, et m'ordonna d'en porter la nouvelle au Roi à son quartier de Flammerdingue, écrivant à Sa Majesté que le militaire qui avait le plus hâté la réussite devait être choisi pour en rendre compte. La vitesse de mon cheval et mon impatience abrégèrent le chemin.

Je passai chez M. d'Argenson, que je trouvai à table, et lui fis part tout bas de l'objet de ma mission. Il m'accueillit avec la sympathie qu'inspirent toujours les premiers succès. J'allai ensuite chez le Roi : l'huissier me fit entrer dans la chambre où étaient

M. de Richelieu et le maréchal de Noailles, à qui je commençai à faire mon récit, lorsqu'il m'interrompit en me disant :

« Voilà le Roi. » Je n'avais pu m'en apercevoir, tournant le dos au cabinet d'où sortait Sa Majesté. Je lui dis :

« Sire, M. le comte de Clermont m'envoie rendre compte à Votre Majesté que le gouverneur de Menin a arboré le drapeau blanc à l'attaque d'Alwin, et demande à capituler. »

Le maréchal de Noailles ajouta :

« Mais pourquoi ne l'a-t-il pas arboré à l'attaque du Roi?

— Monsieur, lui répondis-je, le Roi présent à son armée y domine tout, et son attaque est partout sous différents généraux.

— Cela est vrai, dit le Roi, il est égal dans quel endroit ce gouverneur mette le drapeau blanc, pourvu que nous ayons Menin. »

Le maréchal de Noailles était très-fâché que ce ne fût point son attaque qui eût forcé le gouverneur à se rendre. Le Roi m'écouta avec bonté et me chargea de dire à M. de Clermont combien il était content de son zèle. Le 8 juin, Sa Majesté fit son entrée dans Menin.

Nous allâmes de là faire l'investissement d'Ypres, où je fus encore chargé du détail du corps de M. le comte de Clermont. Ayant fait placer quelques compagnies de grenadiers pour resserrer la place, je vis une redoute occupée par les Hollandais ; je fis avancer un tambour et un officier pour la sommer ; aussitôt le sergent qui la gardait mit son mouchoir au bout de sa hallebarde, demanda à capituler, et la permission de venir me parler ; je lui dis qu'il le pouvait en sûreté : il m'assura qu'il avait vingt hommes avec lui, du pain pour trois jours, beaucoup de poudre et de balles, que les fossés étaient si larges et si profonds, qu'il n'avait pu les franchir malgré son audace et son agilité ; que sûrement nos grenadiers n'y réussiraient pas mieux, surtout ayant des coups de fusil à essuyer, et que devant prendre la redoute à coup sûr, il était inutile d'y faire mourir tant de braves soldats, tandis qu'il allait la rendre si on voulait le laisser rentrer dans la place avec sa troupe. Je trouvai tant de bon sens et de fermeté à son raisonnement, que je crus devoir faire récompenser sa valeur, en obtenant de M. le comte de Clermont la demande qu'il sollicitait.

―――――

Notre attaque était à la gauche du canal de Boësingue ; celle du Roi, commandée par le maréchal de Noailles, à la droite ; nous poussâmes la nôtre avec beaucoup d'ardeur. M. du Brocard, excellent officier d'artillerie, plaçait toujours son canon très-avantageusement ; il tirait à ricochet, ce qui ne faisait pas grand bruit mais beaucoup de mal aux assiégés. On prit une demi-lune, appelée la demi-lune verte, où les ennemis, entourés d'eau, se croyaient en sûreté.

Le chevalier de Beauvau y fut blessé. J'étais nuit et jour à la tranchée avec le marquis de Beauvau, homme brave, plein de zèle, et qui voulait être partout. Nos sapeurs étaient presque à même de culbuter les palissades du chemin couvert. Il s'en fallait bien que ceux de l'attaque du maréchal de Noailles fussent aussi près que nous; malgré leur éloignement, il fut décidé qu'on attaquerait de vive force, ce qui fut remis au lendemain.

La veille, nos grenadiers et les piquets de dragons, surpris par un feu très-vif qui partit à minuit du chemin couvert, crurent que c'était une sortie; ils abandonnèrent leur poste pour regagner la tranchée, où j'étais auprès de M. le comte de Clermont. Ce prince monta sur le parapet, tout à découvert, parla aux dragons et grenadiers pour les arrêter, et aussitôt se porta en avant. Je doublai le pas pour le précéder en criant à nos troupes :

« Laisserez-vous faire l'avant-garde au prince? A moi, grenadiers! »

Tous firent demi-tour à droite, se reformèrent résolûment sous le feu, et réparèrent leur première démarche en reprenant leur poste, qu'ils conservèrent toute la nuit.

Je ramenai M. le comte de Clermont dans la parallèle où il était auparavant, en lui répétant :

« Monseigneur, vous vous exposez trop. »

Il me répondit avec bonté :

« Et vous, qui marchez toujours devant moi? »

Cette aventure fit beaucoup de bruit dans l'armée; on faisait tenir à M. le comte de Clermont des propos très-désavantageux aux dragons. M. de Chevreuse, qui les commandait comme mestre de camp général, m'en témoigna ses regrets. Je priai M. le comte de Clermont d'imposer silence à ces calomnies par une lettre ostensible qui rendît justice aux dragons. Il voulut bien s'y prêter, et ce fut un de mes frères, cornette dans Royal-Dragon, qui porta la lettre à son général; elle fit grand plaisir à ce corps; M. de Chevreuse m'en a toujours su gré.

———

Le lendemain, au point du jour, on attaqua le chemin couvert. Nos grenadiers, guidés par M. de Beauvau, auprès de qui j'étais, sautèrent imprudemment dans l'ouvrage et y auraient perdu beaucoup de monde par le feu du corps de la place, dont les parapets n'étaient point écrêtés; je fis sur-le-champ porter des madriers destinés aux plates-formes des batteries et les fit mettre sur les traverses, ce qui préserva nos grenadiers.

Du Bourdet, capitaine de grenadiers, fut blessé; je lui donnai la main pour se relever et aller se faire panser. Je ne puis trop louer la constante valeur des deux compagnies de grenadiers de Gondrin, qui culbutèrent tout ce qui leur résistait; ceux qui, forcés par leurs blessures de se retirer, allaient à la queue de la tranchée où était l'ambulance, revenaient sur-le-champ avec leur bandeau pour soutenir leurs camarades. Je fus forcé, en les admirant, de ménager d'aussi braves gens et de placer des sentinelles au delà et derrière les sapes pour les empêcher de passer et les forcer à se retirer.

Nous perdîmes beaucoup de monde; le corps de la place n'avait point été assez battu; les Hollandais, derrière leurs parapets encore intacts, firent un feu très-meurtrier : M. le marquis de Beauvau y fut blessé; j'étais près de lui et le fis emporter; il mourut deux jours après. L'État perdit en lui un excellent officier, et moi un si bon ami que ses dernières paroles au maréchal de Noailles furent pour me recommander à lui dans les termes les plus avantageux.

La place se rendit après huit jours de tranchée; la défense fut molle, excepté celle du chemin couvert. Le Roi dit à M. le comte de Clermont, le lendemain en donnant l'ordre, les princes du sang, officiers généraux et ceux de l'état-major rassemblés :

« Comte de Clermont, vous vous exposez trop.

— Sire, c'est à M. de Valfons que Votre Majesté peut faire ce reproche, si cela en est un; il s'est conduit avec autant d'intelligence que de valeur et a beaucoup contribué à nos succès. »

M. le comte d'Argenson, qui était derrière le Roi, s'approcha en disant à demi-voix :

« Sire, voilà le moment de le récompenser et de le faire colonel. »

Le Roi me dit, avec cette bonté qui augmente toujours la grâce :

« Je vous fais colonel. »

Au sortir de son cabinet, je témoignai ma juste reconnaissance à M. d'Argenson, en le priant que mon brevet eût la même date que celle de la promotion faite un mois auparavant, ce qui par mon ancienneté de service me faisait passer devant tout le monde. Il me l'accorda avec amitié et me l'apprit par la lettre suivante que je reçus pendant le siége de Furnes :

« Au camp sous Ypres.

« Le Roi vient, mon cher Valfons, de vous donner le brevet de colonel. Vous savez combien je me suis intéressé à vous le faire parvenir. Sa Majesté a bien voulu que le brevet qui vous sera expédié ait la même date que ceux des régiments qu'elle a accordés en dernier lieu : c'est ce que vous désiriez et ce que je désirais moi-même. Comme nous allons être quelque temps sans nous voir, je n'ai pas voulu différer à vous informer de cette grâce du Roi, que vous avez si bien méritée par vos services, dont Mgr le comte de Clermont vient de rendre les témoignages les plus avantageux. La protection dont il vous honore l'y rendra très-sensible, et je vous prie de lui en rendre compte de ma part avant qu'elle soit expédiée. Soyez persuadé que c'est pour toute ma vie que je vous suis, mon cher Valfons, aussi sincèrement qu'inviolablement attaché.

Signé : « V. D'ARGENSON. »

IV

SOMMAIRE.

1744. Siége de Furnes. — Conseil d'un gentilhomme du pays pour diriger l'attaque. — Son patriotisme. — Capitulation du prince de Schwartzemberg. — Séjour du roi à Dunkerque. — Le marquis de Mirepoix fait à lui seul trois bataillons prisonniers. — Service rendu à madame de Châteauroux par un officier. — Récompense. — Économies sur les frais du siége. — Conversation avec M. d'Argenson. — Plan de campagne. — Le maréchal de Belle-Isle. — Maladie du Roi. — Ses médecins. — Sa guérison. — Le prince Charles. — Le maréchal de Noailles. — Ses hésitations. — Ses fautes. — Occasion manquée. — L'armée à la poursuite d'un lièvre. — Rocherac. — Siége de Fribourg. — Arrivée du Roi au camp. — Réception qui lui fut faite à Strasbourg. — Continuation du siége. — Compte rendu au Roi. — Attaque repoussée. — Succès coûteux. — Les officiers du gobelet. — Le prince de Soubise a un bras cassé. — Visite du Roi. — Attaque du chemin couvert. — M. de Lowendal est blessé. — Strasbourg. — M. de Richelieu et M. d'Ayen. — Compte rendu au Roi. — Son opinion bienveillante. — Le passage du pont. — Compte rendu au Roi. — Question insidieuse. — M. de Richelieu. — Confidences. — Assaut de Fribourg. — Échec. — Héroïsme d'un grenadier. — Conseil de guerre. — Anxiété générale de l'armée. — Capitulation inespérée. — Entrée à Fribourg. — Démolition des remparts. — Reddition des châteaux. — Départ pour Versailles. — Cent vingt lieues en quarante-deux heures. — M. d'Argenson et son fils. — La princesse de R.... — Renouement des relations. — Moments d'alarme. — Refroidissement. — Folle ambition. — Séparation. — Déception.

Je fus destiné à suivre M. le comte de Clermont qui, à la tête de trente-cinq bataillons et vingt-huit escadrons, dont quinze de dragons, alla investir Furnes; il était décidé qu'il n'y aurait qu'une attaque du côté de la mer, lorsqu'un gentilhomme du pays vint me trouver et me dit en particulier :

« Ma démarche vous paraîtra peut-être criminelle vis-à-vis mon souverain. Né son sujet, je ne devrais pas donner des conseils contre son service; mais c'est le bien et le bonheur de mon pays qui me déterminent; si le gouverneur de Nieuport et celui de Furnes lâchent les écluses, le Furnemback et toutes nos terres sont perdues pour dix ans; cela ne retardera la prise de la place que de quelques jours. »

Et sortant de sa poche un très-bon plan, il me prouva qu'en attaquant du côté opposé on aurait mille fois plus de facilité; puis, pour démontrer sa sincérité, il me dit :

« Ce conseil sera pernicieux pour moi, comme particulier; j'ai une très-belle maison toute neuve du côté de l'attaque que je vous propose; elle sera écrasée par votre artillerie, mais je la sacrifie pour sauver le reste du pays. »

Il me fit sentir tout ce qu'il risquait; je lui promis le plus profond secret et mis pourtant auprès de lui un lieutenant de grenadiers pour me répondre de sa personne. J'allai rendre compte à M. de Clermont d'une conversation qui pouvait nous être si utile; je lui menai le gentilhomme, qui ne fit que le confirmer encore plus dans l'idée de suivre ses conseils; on fit deux attaques : celle que M. de M*** nous avait indiquée força M. de Schwartzemberg, gouverneur, à se rendre le troisième jour.

Le prince m'envoya dans la place pour faire la capitulation. M. de Schwartzemberg me dit en la signant :

« J'ai entendu dire que les Français investissaient ma place, j'ai pris trois chemises dans ma poche et me suis jeté dedans. »

Il avait très-bien calculé, puisqu'il ne tint que trois jours. Le Roi vint de Dunkerque avec mesdames de Modène, de Châteauroux et de Lauraguais pour voir sortir la garnison, qui était prisonnière de guerre; en passant devant lui, M. de Schwartzemberg s'avança pour remettre son épée à Sa Majesté, qui la prit et la lui rendit sur-le-champ avec bonté.

Notre même gentilhomme, après m'avoir fait vérifier dans l'intérieur de la place la vérité de son propos, me dit :

« Il me reste encore une opération à faire ; je vous demande un passe-port pour aller à Nieuport; je donnerai, au nom du pays, dix mille écus au commandant de la place s'il veut bien ne pas nous inonder. » Tout cela se fit et nous fut de la plus grande utilité.

Je ne dois pas oublier de mentionner qu'à la première ouverture de la tranchée, dans la partie qui m'avait été indiquée, ayant conseillé au comte de Ségur, qui la commandait, de me laisser le détail de la distribution des troupes, je fis plusieurs dépôts de travailleurs, et à la nuit j'allai placer moi-même les compagnies de grenadiers en avant, pour les protéger, derrière les bataillons de tranchée ; je plaçai quatre piquets d'infanterie avec une chaîne de sentinelles très-près les unes des autres, pour qu'une sortie, si elle avait lieu, n'effrayât pas les travailleurs, qui ne demandent jamais qu'un prétexte pour abandonner leur besogne, et qui, ne pouvant être ni vus ni contenus, vont si loin qu'on ne peut les rassembler et que la nuit est perdue. Par ces postes en arrière, je remédiais à un inconvénient aussi grave que fréquent; car à minuit les ennemis firent un feu si vif que les travailleurs prirent la fuite et tombèrent dans tous les postes, où ils furent arrêtés, rassemblés et ramenés à l'ouvrage. C'est un très-bon expédient que mon zèle m'inspira, ne l'ayant jamais vu pratiquer, et que je conseille, pour son utilité.

Tout le temps du siége de Furnes, le Roi resta à Dunkerque, où il apprit l'affaire des retranchements de Montalban. Les troupes, surtout le régiment de Poitou, y avaient fait des prodiges; le marquis de Mirepoix, lieutenant-général, y avait prouvé ce que peuvent l'audace et la valeur guidées par le sang-froid : monté au haut du plateau, trop vite pour y arriver avec les grenadiers, il y trouva trois bataillons piémontais à qui il ordonna de mettre bas les armes, comme s'il avait une armée derrière lui, ce qu'ils exécutèrent sans résistance. Nos grenadiers ne vinrent qu'un instant après cet événement si extraordinaire.

M. le prince de Conti envoya le détail de ce succès

par un officier. M. le duc d'Agenois était du nombre des blessés : le Roi, en prenant madame de Châteauroux, lui avait enlevé sa maîtresse qui n'avait pas encore oublié tout le goût qu'elle avait eu pour lui ; Dumesnil, maréchal de camp, ami de tous les temps de madame de Châteauroux, craignant qu'elle ne parût trop affligée de la blessure de M. d'Agenois, se trouva au bas de l'escalier lorsque madame de Châteauroux descendait de voiture, et lui donnant la main, lui apprit les succès de Montalban et la blessure peu dangereuse de M. d'Agenois.

Le Roi l'attendait sur le palier, et lui dit en la voyant :

« Le prince de Conti a battu les ennemis, forcé les retranchements, et d'Agenois est blessé.

— Sire, répondit madame de Châteauroux prévenue et rassurée, les troupes ont bien fait : ceux qui sont blessés ont rempli leur devoir ; je ne puis que me réjouir, avec Votre Majesté d'une nouvelle aussi heureuse. »

Le soir elle en témoigna toute sa reconnaissance à Dumesnil, qui, très-peu de jours après, eut une inspection de cavalerie et le cordon rouge.

M. de Séchelles, intendant de l'armée, m'avait chargé, malgré moi, de quarante mille écus pour le détail et les frais du siége de Furnes, n'y ayant point de trésoriers. Je lui rapportai cent mille francs :

« Vous avez dépensé bien peu d'argent, me dit-il. Ce siége devait coûter davantage et contribuer à votre aisance.

— Un major-général, lui répondis-je, a des devoirs; je n'ai jamais connu que ceux de la plus sévère probité, et j'ai économisé l'argent du Roi plus que le mien. »

Mon honnêteté fut ma récompense.

———

J'eus avec M. d'Argenson, dans son cabinet à Dunkerque, une conversation qui, à très-bon marché, lui donna une haute idée de mes aptitudes militaires. Il ouvrit la carte des Pays-Bas sur son bureau en me disant :

« Nous sommes seuls; la saison n'est point avancée : quelles sont vos idées et que pouvons nous faire à présent pour occuper un grand Roi et son armée victorieuse ? »

En me tenant ce propos-là, il avait les yeux fixés sur Namur et Maëstricht.

Je lui dis :

« Monsieur, nous aurons beau parcourir cette carte, l'objet de vos désirs comme de vos opérations ne s'y trouve pas.

— Elle montre pourtant bien du pays!

— Monsieur, un ministre comme vous a de plus grands projets; c'est à Fribourg qu'il faut marcher. »

Sa surprise me prouva que j'avais deviné, quoique

pour me détourner il cherchât à me prouver l'impossibilité de cette opération.

« Je demande pourtant à en être témoin, et vous prie, dans le choix qu'on va faire de l'état-major pour suivre le Roi, de comprendre votre serviteur; je désire être près de vous et j'espère y être utile. »

Il m'assura que l'armée allait se reposer, et me pria de ne parler à personne de mon idée sur Fribourg; qu'on en rirait comme d'une chimère.

Cependant une très-grande partie de l'armée, divisée par colonnes, se mit en marche pour se rendre en Alsace par le Messin; je faisais le détail de celle qui était commandée par le comte de Ségur, lieutenant-général. M. de Belle-Isle, sous qui j'avais servi en Bohème et surtout pendant la défense de Prague, me témoigna un très-grand désir de causer avec M. d'Argenson. Ce ministre savait que M. de Belle-Isle était admirable pour les détails, mais craignait de se confier à lui et d'avoir l'air de chercher à apprendre ce qu'il aurait dû savoir. Je bannis sa crainte en l'assurant que M. de Belle-Isle serait très-flatté de répondre à ses questions, qu'il parlait bien, mais ne haïssait pas à montrer ce qu'il savait, surtout au ministre de la guerre, et que sans se compromettre il en tirerait ce qu'il voudrait.

D'après mon propos, leurs conférences commencèrent, et les circonstances de l'état du Roi et de son séjour forcé à Metz par sa maladie les lièrent beaucoup ensemble. Ils se conduisirent très-bien l'un et l'autre, lorsque madame de Châteauroux partit de Metz pour retourner à Paris.

———

L'armée se rassembla en Alsace, près de Schelestadt, aux ordres du maréchal de Noailles ; nous apprîmes là le danger où était le Roi. Lapéronie, son premier chirurgien, qui l'avait traité avec imprudence, perdit la tête lorsque la maladie devint plus grave, et ce fut un ancien chirurgien-major qui indiqua l'émétique, dont l'effet rendit la santé au Roi.

Je conseillai à M. le comte de Clermont d'aller à Metz et de profiter de ses entrées familières dans un moment aussi précieux ; je fixai l'indécision de ce prince qui me disait :

« Qu'irai-je faire là, et si le Roi me le demande ?

— Eh bien ! monseigneur, la réponse me semble facile ; je lui dirais : « Sire, ayant l'honneur d'être de votre sang, Votre Majesté doit me permettre de veiller sur elle à double titre. »

Le Roi lui sut gré de sa démarche, le reçut et le traita très-bien.

Le prince Charles avait pénétré en Alsace à la tête de quarante mille Autrichiens. M. le maréchal de Noailles, pressé par tout le monde de marcher en avant et de se joindre à M. de Coigny, était dans la plus grande perplexité. Malgré l'état dangereux où se trouvait le Roi, il envoya prendre ses ordres à Metz.

Sa Majesté, tout accablée qu'elle était par la maladie, lui ordonna de marcher et de combattre ses ennemis. MM. de Séchelles et Duvernai cherchèrent à fixer l'irrésolution du maréchal en lui promettant toutes sortes de subsistances. M. le duc de Grammont et le duc de Boufflers ne cessaient de le presser ; j'étais présent à leurs sollicitations dans son cabinet ; on saisit le moment où il dit *oui* et, de crainte de quelque réflexion, j'allai sur-le-champ au camp faire battre la générale. L'armée se mit en marche et nous nous portâmes sous Strasbourg.

Le prince Charles avait un pont sur le Rhin à une lieue au-dessous de cette ville. M. le maréchal de Noailles conçut le dessein de le rompre et fit commander quarante compagnies de grenadiers et quarante piquets aux ordres de M. de Maubourg, lieutenant-général, pour cette expédition. J'étais chargé du détail ; tout le monde se mit dans les bateaux et nous fûmes en peu de temps à la rive droite du Rhin sans être aperçus. Il n'y avait que mille Croates à la tête du pont qui n'était point fortifié ; ils n'auraient pu tenir contre quatre mille Français, dont deux mille grenadiers. Le pont eût été sûrement enlevé et le prince Charles très-embarrassé pour sa retraite, restant à la rive gauche ; mais les réflexions du maréchal suspendirent et arrêtèrent une opération aussi avantageuse que sûre.

Il nous adressa l'ordre exprès de rester dans une île et de ne point attaquer. Les ennemis, avertis par leurs patrouilles de hussards, envoyèrent sur-le-champ six mille hommes pour soutenir les Croates et fortifier la tête d'un pont aussi important. Ce fut une belle occasion perdue. Il n'y avait rien à risquer : le succès était certain.

On nous fit rentrer deux jours après à l'armée, bien fâchés d'avoir manqué un si beau moment. Nous allâmes camper à Bischwiller, où la compagnie de Fischer fut détruite ; et, après avoir passé la rivière, l'armée se mit en bataille devant le corps de Nadasti, qui faisait l'arrière-garde des Autrichiens. Je vis là une preuve de la légèreté de la nation, que, dans les opérations les plus sérieuses, un rien occupe et distrait.

Le maréchal de Noailles m'avait envoyé porter l'ordre à M. le duc de Grammont de se former à la droite avec la brigade des gardes. A peine avais-je fait cinq cents pas que j'entends un bruit étrange derrière moi ; je me retourne et vois l'armée dans le plus grand désordre ; les cavaliers lancés pêle-mêle avec les soldats. Je revins, craignant quelque surprise : c'était un lièvre après lequel couraient toutes ces têtes folles.

———

Les ennemis étaient environ trois mille dans les bois de Soufelheim, avec des abatis devant eux et un village derrière. M. de Reuchini et le chevalier de Belle-Isle, ayant pris leurs dispositions, marchèrent droit aux abatis. La première décharge des ennemis n'arrêta point nos troupes, qui les attaquèrent avec vigueur ; tout fut culbuté : on ne faisait point de quartier.

On voulut reformer les lignes pour attaquer le village ; mais l'ardeur les avait déjà portées en avant et les ennemis furent chassés. Cette affaire leur coûta environ mille hommes tués, plus cent cinquante prisonniers, dont un colonel de Croates et quelques officiers. Pendant que nos troupes opéraient sur la gauche, le détachement de M. de Lowendal, où se trouvaient M. d'Ayen et le comte de Noailles, était en présence des ennemis vis-à-vis Augnhum ; mais la brigade des gardes étant arrivée, on fit canonner le village et les bois qu'ils occupaient, et au premier coup de canon ils se dissipèrent. On plaça les gardes en colonne par demi-bataillon à droite et à gauche de la chaussée.

On fit avancer les dix compagnies de grenadiers sur la chaussée droit au village. Les piquets à leur gauche, une colonne d'infanterie à la gauche des piquets, marchant au bois, et les grenadiers des gardes, soutenus par leurs bataillons, longeant le Rhin et suivant la même direction. La cavalerie se trouvait derrière dans une petite plaine. Les ennemis, après avoir mis le feu au village, disparurent. Nous y entrâmes sans en voir un seul ; on fit poursuivre dans la même disposition par de là le village, afin de gagner Recherac. Il était nuit. A un quart de lieue de là, étant dans la plus grande tranquillité, une décharge de trois mille coups de fusil étonna presque tout le monde et ébranla la colonne ; tous les palefreniers, les valets et les chevaux de main qui se trouvaient sur la chaussée firent volte-face et renversèrent tout ce qui était derrière eux.

Le désordre fut grand dans les premiers moments : MM. les maréchaux et tout l'état-major de l'armée furent culbutés ; mais le tambour rappela, et nos troupes se remirent aussitôt et marchèrent en avant.

Cette attaque si vive venait de trois mille grenadiers du prince Charles qui avaient saisi un emplacement admirable. Entre Langenam et Recherac, sur la chaussée, il y a un pont sous lequel coule un ruisseau qui va se perdre dans le Rhin, et à droite et à gauche de la chaussée se trouvaient deux redoutes. Les ennemis avaient devant eux le ruisseau et le pont à demi rompu. Un silence profond régnait parmi eux, et postés à trente pas ils nous firent de front en flanc une décharge très-nourrie. Les grenadiers des gardes marchèrent alors en avant suivis de ceux de Picardie et du Roi et du quatrième bataillon des gardes, tombèrent sur les ennemis et les mirent en fuite. A cette attaque, M. Dubella, capitaine aux gardes, fut tué; M. Damfreville, lieutenant, et quatre ou cinq autres officiers grièvement blessés, et six ou sept du même régiment blessés plus légèrement.

Nous allâmes investir Fribourg ; la garnison se composait de quatorze bataillons autrichiens commandés par M. Damnis, et sous lui par M. d'Haguemback. Le pourtour de la place était immense, et les postes à placer demandèrent des précautions, vu la force de la garnison. On perdit beaucoup de temps avant d'ouvrir la tranchée; la confiance de M. le maréchal de Coigny et de M. de Sallières, lieutenant général, maréchal des logis de l'armée, en fut en partie cause.

On se décida néanmoins, après avoir fait un canal pour détourner la rivière, qui, dans l'arrière-saison, devient torrent, à former la première parallèle avec deux redoutes aux deux bouts, dirigées contre les sorties. Dix-huit cents hommes d'un régiment nouvellement levé soutenaient les travailleurs; j'avais averti les officiers et soldats qu'à minuit les Autrichiens commenceraient leur feu de rempart et de chemin couvert; malgré mes recommandations, aux premiers coups de fusil tous abandonnèrent leur poste et fuirent avant d'être attaqués. Nos travailleurs, sans armes, mais vieux soldats et aguerris par les siéges de Flandre, continuèrent leur ouvrage; M. de Vaudreuil, major-général, Saint-Sauveur et moi forçâmes les fuyards à reprendre leur poste en leur donnant pour exemple les travailleurs.

Je me convainquis cette même nuit de la nécessité de joindre la pratique à la théorie; un ingénieur de la plus grande habileté, qui par ses travaux avait été admiré de tous, ne put jamais tracer une simple redoute, tant les coups de fusil et l'obscurité troublent ceux qui n'y sont point habitués.

Le Roi, encore convalescent, arriva de Metz le 20 octobre, après avoir été reçu à Strasbourg avec une magnificence inspirée par l'amour du peuple et conduite par le génie de M. Glinglin, dont une fin plus heureuse eût dû récompenser le dévouement à son Roi et les services qu'il rendit à l'armée de M. de Coigny. La noblesse et la bourgeoisie de Strasbourg avaient formé quatre compagnies à cheval, deux de gendarmes vêtus de rouge, galonnés d'or, et deux autres de chevau-légers, rouge et argent, qui allèrent fort loin hors de la ville au-devant du Roi.

Les rues par où il devait passer étaient échafaudées en amphithéâtre jusqu'au premier étage, et remplies de toutes les jolies bourgeoises de la province. Le bas de ces amphithéâtres était bordé par les troupes de la garnison jusqu'au palais épiscopal, où le Roi logeait. A la porte du palais et dans les premières salles se trouvait une compagnie de cent-suisses, composée des plus jolis enfants de la ville, depuis dix jusqu'à douze ans, vêtus comme ceux de la garde du Roi les jours de cérémonie, avec toques, fraises et des petites moustaches peintes; ils étaient charmants. Le Roi trouva bon qu'ils fissent le service près de sa personne.

Il y eut une pêche sous les fenêtres du Roi, où l'on prit à chaque coup de filet les plus beaux poissons du Rhin. Au sortir de table, le Roi entendant beaucoup de cors de chasse, de trompettes et de cymbales, demanda d'où cela venait; on lui dit que c'étaient des bateaux qui passaient portant une noce assez nombreuse; il voulut la voir : ceux qui la composaient descendirent de leurs bateaux sur la terrasse, et de là dans la grande salle qui précédait l'appartement du Roi. Le soir il y eut les plus belles illuminations, surtout celle du clocher de la cathédrale, qui fut décoré en papier transparent de toutes les couleurs nuancées avec goût, ce qui dans l'espace avait l'air du plus beau phénomène; les feux d'artifice furent admirables.

Je reprends le récit du siége de Fribourg, où nous menions une vie moins douce, et où le feu le plus vif semait partout la mort. Le maréchal de Coigny, content de mon zèle et de ma façon de voir, m'envoyait tous les matins au Roi pour lui rendre compte de ce qui s'était passé la nuit; la satisfaction que me donnait cette commission me soutint jusqu'à la fin du siége, malgré les fatigues les plus dures.

On crut pouvoir attaquer le chemin couvert; M. le duc de Biron, colonel du régiment du Roi, commandait la tranchée; malgré sa valeur et son désir de gloire, sa probité l'emporta : il dit que l'attaque n'étant pas mûre on exposerait les troupes à de trop grands dangers : effectivement nous fûmes repoussés le lendemain avec dix-huit cents hommes de perte. A la seconde attaque l'ouvrage fut emporté; mais nous eûmes près de deux mille hommes tués ou blessés.

J'étais au débouché de cette seconde affaire, dont les deux compagnies de grenadiers de Bourbon avaient la tête; ces derniers, marchant audacieusement à l'angle saillant, furent engloutis à nos yeux par une fougasse.

Le chevalier de Maurins resta avec une quinzaine de grenadiers, qui, flottant dans l'incertitude de tenir ou de rentrer dans la tranchée, furent enlevés et portés dans l'entonnoir de la mine par la valeur de cet officier; il demanda quelques grenadiers auxiliaires pour conserver un poste si chèrement acheté. J'étais à six pas de lui avec ces mêmes compagnies de grenadiers de Gondrin, qui avait si bien fait à Ypres, et j'eus toutes les peines du monde à contenir leur ardeur d'aller au secours de leurs camarades; je fis passer simplement quelques grenadiers pour renforcer ceux de Bourbon, et le chemin couvert nous resta.

La curiosité imprudente de plusieurs officiers du gobelet et de la chambre du Roi les détermina à venir voir cette attaque, de la même manière qu'on va voir à Paris le feu de la Saint-Jean. M'étant approché d'eux, je leur dis qu'ils risquaient de se trouver trop exposés et ne seraient peut-être plus à temps à se retirer. Ils se repentirent en effet de ne pas m'avoir cru. L'attaque commencée, je mis des grenadiers près d'eux pour les forcer de rester en place, afin que leur fuite n'enhardît pas les ennemis. Le feu fut très-vif : les bombes, les pierres, les lances à feu se croisaient par une nuit très-noire. Ils se mirent tous ventre à terre et fort heureusement aucun d'eux ne fut blessé. Je présume qu'ils se seront dégoûtés pour l'avenir d'un pareil spectacle.

Pendant que j'étais à la tranchée avec M. le prince de Soubise, après la visite qu'il avait faite très-exactement des sapes et de la seconde parallèle, un jeune homme, s'approchant de lui tout essoufflé, lui dit :

« Mon prince, les ennemis ont démasqué une nouvelle batterie qui incommode beaucoup de sapeurs. »

Je l'assurai que nous venions d'en être témoins et qu'il n'y avait encore rien de bien dangereux; mais ce jeune militaire insista si fort sur la nécessité de voir ce qu'il annonçait, que M. de Soubise lui dit avec impatience :

« Eh bien ! monsieur, voyons donc; je vous suis. »

J'eus beau me joindre à tout le monde pour l'en dissuader; ce fut en vain, il ne voulut rien entendre; j'allai avec lui à la sape, guidé par le jeune étourdi, qui nous montra ce que nous avions déjà vu; mais pendant que nous regardions encore, une pierre lancée par un des pierriers qui étaient en nombre sur le rempart, cassa le bras à M. de Soubise.

Je le fis mettre sur un brancard et emporter à Saint-Georges, chez le maréchal de Coigny; j'étais encore dans sa chambre, où j'avais vu le pansement, lorsque le Roi, instruit de cet événement, y arriva.

Tout le monde sortit, et j'allais en faire autant

7.

quand M. de Soubise, en racontant mes soins au Roi, le supplia de me permettre de rester, ce que le Roi ayant bien voulu accorder, je fus témoin de mille propos obligeants de sa part et de la reconnaissance de M. de Soubise. Trois jours après, il fut transporté à Strasbourg chez le cardinal de Rohan, son oncle, escorté par le coadjuteur son frère, qui pensa y arriver avec la jambe cassée d'un coup de pied de cheval; ce ne fut heureusement qu'une écorchure. Je les accompagnai tous deux le plus loin que je pus, et revins cependant le soir pour attaquer le chemin couvert.

Quoique M. de Lowendal eût descendu la tranchée, il voulut être témoin de cette attaque; j'y restai près de lui; il reçut au haut de la tête un coup de fusil qui le jeta sur moi; il était très-grand et très-gros et me renversa de la banquette où nous étions montés; je me relevai et le fis emporter à la queue de la tranchée pour y être pansé; la balle avait labouré profondément les chairs sans endommager le crâne; il fut aussi transporté à Strasbourg chez le cardinal de Rohan, où madame de Lowendal vint le joindre et où il acheva de se rétablir.

Le Roi, avant le départ de M. de Soubise, vint le voir une seconde fois et dîna chez le maréchal de Coigny; les jours étaient courts; je traversais à la nuit tombante une écurie assez obscure pour rejoindre mes chevaux, lorsque j'entendis marcher et parler derrière moi; je me rangeai contre la porte pour laisser passer, et j'entendis M. de Richelieu qui disait à M. d'Ayen :

« Je viens de lui donner le dernier coup de massue ; à quoi ce dernier répondit :

— Cela n'était pas nécessaire, j'avais tout fini. »

Ces messieurs s'entretenaient de l'exil de M. de Balleroy, qui avait intrigué pendant la maladie du Roi à Metz, et dont ils avaient été mécontents.

— —

J'avais couru de très-grands dangers toute la nuit à aller chercher des travailleurs au dépôt et les mener par détachements de cinquante pour faire le logement du chemin couvert, où nous perdîmes beaucoup d'ingénieurs. J'étais forcé de passer sur un petit pont de planches qui était tout à découvert, et à demi-portée de fusil des remparts, d'où les ennemis faisaient un feu si terrible, qu'à chaque fois je laissais de douze à quinze soldats tués ou blessés sur cinquante que je conduisais. M. le duc d'Ayen, aide de camp du Roi, qui était de tranchée et que j'avais placé derrière un parapet, mais très à portée de ce passage, fut témoin de mon zèle et me répéta vingt fois :

« Vous vous ferez tuer. »

Il exhorta même M. de Vaudreuil, qui était près de lui, à me faire remplacer par un autre aide-major général. Je le priai de me laisser continuer. Le matin M. le duc d'Ayen, faisant son rapport quotidien, parla longtemps de moi avec éloge à Sa Majesté. Je lui dois cet hommage : il a saisi toutes les occasions de m'être utile par ses propos, d'autant plus avantageux qu'ils n'étaient point prodigués de sa part. J'en sentis tout l'effet lorsqu'à onze heures je vins rendre compte au Roi de tout ce qui s'était passé. Sa Majesté me dit avec bonté :

« D'Ayen a été témoin de votre conduite la nuit dernière et vient de me dire mille biens de vous. »

MM. de Bouillon et de Richelieu eurent l'obligeance de me répéter que souvent le Roi étant à sa fenêtre, qui donnait sur le grand chemin, disait en m'apercevant au loin :

« Voilà Valfons, nous serons bien instruits : il voit exactement et rend compte de même. »

Des témoignages aussi précieux m'ont toujours consolé des grâces obtenues par les autres.

———

Cependant le siège devenait de plus en plus difficile par l'augmentation du torrent, qui avait inondé tous les boyaux et emporté nos ponts. Les soldats étaient forcés de rester sur les revers, exposés au feu de la place. Cinquante-quatre pièces de canon en batterie nous foudroyaient et coûtaient beaucoup de monde. Le torrent devint si fort que quatorze compagnies de grenadiers à la tête de la sape, furent séparés des troupes de la tranchée, qui ne pouvaient plus les soutenir.

Tous les aides de camp et autres officiers disaient qu'il n'y avait pas un seul pont qui ne fût emporté. Mon zèle, qui ne me permettait point d'être oisif, me faisait parcourir les bords du torrent ; je vis un grenadier du régiment de la Marine dont l'habit ruisselait ; je savais qu'il était d'une de ces quatorze compagnies dont nous étions si fort en peine, manquant de pain depuis vingt-quatre heures et pouvant être égorgées sans secours par la garnison. Je lui demandai avec empressement par où il avait passé.

« Sur un pont, me répondit-il.

— Mais on n'en voit pas !

— Oh ! monsieur, il est couvert d'un pied d'eau, mais il existe encore. »

Je lui donnai six francs pour qu'il m'apprît un chemin si utile, et prenant chacun une perche pour nous appuyer, nous passâmes, non sans difficulté, parce qu'on pouvait à peine se soutenir sur les planches, très-glissantes. J'allai aux compagnies de grenadiers, les assurant que dans peu elles seraient remplacées. Je courus à Saint-Georges, chez M. le maréchal de Coigny, annoncer cette nouvelle intéressante ; il était entouré d'officiers. M. de Sallières, qui était près de lui, ne croyait pas qu'un pont qu'il n'avait pas vu pût exister ; les autres officiers partageaient son avis. Cependant M. de Coigny m'ordonna sur-le-champ d'y mener les quatorze compagnies de grenadiers qui devaient relever les premières engagées. Ma crainte était que pendant ce temps-là le pont n'eût cédé à la violence du courant et ne fût emporté, ce qui, malgré la vérité, m'aurait rendu la risée de tant d'importants inutiles qui ne savent que blâmer l'utilité d'un bon militaire. Je fus assez heureux pour retrouver le pont dans le même état qu'auparavant.

Tous les grenadiers passèrent et repassèrent, à la grande satisfaction de M. de Coigny, qui voulut sur-le-champ que j'en fusse rendre compte au Roi. Sa Majesté me recevait toujours avec cette même bonté qui soutient les forces et redouble le zèle.

Le Roi paraissait se plaire tous les matins à prolonger ses questions. Pour s'amuser, il voulut m'embarrasser et me demanda si la rivière avait baissé, et de combien. Je tirai de ma poche un morceau de baguette d'environ dix pouces de longueur en lui disant :

« Sire, voilà ce dont elle a baissé ; j'ai mis depuis plusieurs jours une perche au bord pour pouvoir en rendre compte sûrement à Votre Majesté. » Le Roi ajouta :

« Il n'oublie rien. »

Depuis lors, M. de Coigny n'envoya plus d'autres que moi au Roi.

Toutes les fois que j'avais un moment j'allais voir M. de Richelieu, malgré l'éloignement et la difficulté du chemin. Depuis qu'il m'avait ramené des États du Languedoc, il me traitait toujours avec amitié ; je lui devais ma place d'aide-major général, qu'il avait demandée au maréchal de Noailles. A la troisième visite, il m'assura être d'autant plus sensible à mon attention, que depuis l'événement de sa très-bonne amie, madame de Châteauroux, à Metz, il était presque entièrement délaissé; il me demanda avec amitié ce qui me faisait courir si loin, m'en témoignant un gré infini; je lui répondis que mon attachement était ancien, qu'il m'avait permis de le continuer et que j'en profitais surtout dans les moments où il y avait moins de foule chez lui.

« Eh bien! mon cher Valfons, votre amitié toujours honnête sera récompensée par une confidence ignorée de tous, et dont je vous demande le secret le plus exact; on me croit noyé et je n'ai pas de l'eau jusqu'à la cheville. Le Roi lui écrit depuis plusieurs jours; j'espère que tout ira bien. »

Le siége continuait toujours, mais lentement; les mauvais temps avaient rendu les chemins impraticables; nos convois d'artillerie surtout n'arrivaient qu'avec peine; le chemin de Vieux-Brisach à la tranchée était semé de bombes et de boulets jetés dans les bourbiers par les charretiers pour alléger leurs voitures.

Ce défaut de munitions ralentissait notre feu et laissait à celui de la place une funeste supériorité. Pressé par les circonstances et par l'impétuosité trop naturelle à la nation, on se décida pour un assaut donné en même temps aux demi-lunes et à la brèche du corps de la place. C'était beaucoup hasarder; mais ce parti violent étant pris, il fallait y mettre des moyens qu'on négligea, exigeant de nos troupes une chose impossible, qui était de s'arrêter sur la crête de la brèche pour épargner à la ville le pillage et ses suites inévitables.

Je descendis dans le fossé au pied de la brèche avant l'attaque. Nos grenadiers emportèrent les deux demi-lunes en les prenant par la gorge. Beaucoup d'Autrichiens y furent pris ou tués. Les autres compagnies de grenadiers, malgré la hauteur et l'escarpement de la brèche, parvinrent à la crête ; et si, comme je l'avais prévu et indiqué, ils eussent été soutenus par une grosse colonne d'infanterie qui eût sûrement vaincu tous les obstacles, Fribourg était pris d'assaut ; mais l'ordre mal donné de s'arrêter au haut de la brèche nous fit manquer notre opération. Ces braves grenadiers, réduits à un très-petit nombre, ne purent soutenir l'effort de toute la garnison, qui accourut pour les repousser ; à huit heures du matin, il fallut leur ordonner de descendre et de rentrer dans la tranchée.

Que cette nuit coûta cher ! et que de braves gens perdus inutilement ! Ou il fallait attendre que nos batteries eussent fait à la place une plus large ouverture, ou, l'attaquant de vive force, on ne devait point chercher à ménager une ville qui se hasardait à recevoir un assaut toujours meurtrier, même dans le succès. La vraie guerre et la seule logique, c'est la conservation des siens et la destruction des ennemis ; il ne faut donc jamais être arrêté par les considérations d'une humanité déplacée qui détruit une armée en sacrifiant ses plus braves soldats.

J'eus l'affreux spectacle des blessés restés sur la brèche, et mourant faute de secours qu'on ne pouvait plus leur porter; un feu très-vif de la place étant dirigé sur ce point, un de ces malheureux me frappa, surtout au milieu de ces cris déchirants; c'était un grenadier du régiment du Roi à qui un coup de fusil, traversant le corps, avait cassé les reins; j'étais sur la contrescarpe déjà ébranlée et, si près de lui que je lui criai :

« Nous allons tâcher de vous enlever. »

Il me répondit :

« Ce n'est pas à moi, qui vais mourir, qu'il faut donner vos soins, mais à un jeune officier blessé, que je couvre de mon corps pour qu'une nouvelle blessure ne l'achève pas. »

J'ordonnai à deux sapeurs, avec leurs cuirasses et le pot en tête, d'aller chercher l'officier et le soldat, leur promettant une récompense s'ils les rapportaient; ils y réussirent, malgré une grêle de coups de fusil qui plut sur eux. Ce brave grenadier, digne d'un meilleur sort, mourut peu de temps après, et l'officier qui lui doit la vie existe encore.

L'assaut manqué jeta la consternation dans l'armée déjà excédée de fatigue, et souffrant beaucoup du temps. Le caractère léger du soldat, sa faiblesse dans les revers, la façon dont il est vêtu ne permettent pas la prolongation d'une campagne dans l'arrière-saison. J'ai vu périr nos plus belles troupes par des essais qui ne réussiront jamais.

La présence du Roi soutenait encore un peu le moral, mais je vis le moment où on allait donner un dernier assaut à toutes les parties de la place, et à coup sûr l'armée y eût été détruite sans succès. La sagesse du Roi s'y opposa. Le peu de lumières de celui qui avait la direction du siége nous menait à des erreurs aussi nuisibles que ridicules. On tint un conseil de guerre où assistèrent les maréchaux de Noailles, de Coigny, de Belle-Isle et de Maillebois : il y fut très-sagement décidé qu'on rentrerait dans les règles qu'indique le génie pour attaquer une place aussi forte que Fribourg. Toute l'armée voulait qu'on levât le siége, tant on était dégoûté. Les officiers furent invités à prêter leurs chevaux pour secourir les attelages d'artillerie, épuisés et sans forces. Le Roi donna l'exemple en envoyant les siens.

Au milieu de ces malheurs et de nos embarras, qui menaçaient de durer longtemps pour un résultat douteux, le gouverneur de la place arbora le drapeau blanc sur la brèche et sortit lui-même pour capituler devant le Roi. Nos chefs furent alors plus modérés que nos jeunes militaires, qui du plus morne chagrin passèrent à une gaieté excessive et déraisonnable ; ils prétendaient qu'il fallait prendre les ennemis à discrétion.

Il fut convenu que la garnison rentrerait dans les châteaux; que si elle n'était pas secourue dans quinze jours, et il était impossible qu'elle le fût, elle se rendrait à discrétion. En attendant nous resterions maîtres de la ville, dont les portes furent livrées le soir même.

Ce fut un moment bien heureux ; car notre armée pouvait être anéantie par la rigueur de la saison. On trouva dans la place cinq cents pièces de canon, dont plus de deux cents aux armes de France, des munitions et des vivres de toute espèce et en abondance. La démolition des remparts fut résolue et effectuée pendant l'hiver.

———

J'obtins la permission de retourner à Paris après le départ du Roi, que M. d'Argenson devait accompagner ; ce dernier me dit :

« Mais vous devriez rester ici jusqu'à la reddition des châteaux, pour voir comment cela se passera. »

N'ayant plus rien à faire à l'armée, je fus très-contrarié d'un ordre qui retardait mes désirs. J'obéis néanmoins, et au bout de quinze jours le courrier de Vienne étant revenu, M. Damnis remit les châteaux à l'armée française.

M. de Coigny ayant prévenu M. de Voyer, fils du ministre, qu'il le chargerait de porter la nouvelle au Roi, avait fait placer des relais jusqu'à Bedfort. Il me dit de partir avec lui, et en quarante-deux heures nous fîmes cent vingt lieues et arrivâmes à Versailles à cinq heures du matin. M. d'Argenson, qu'on éveilla, nous fit entrer dans sa chambre à coucher ; il lut dans son lit la lettre du maréchal de Coigny et me remercia de mes soins et de mon amitié ; car en entrant je lui avais dit :

« Je vous rends votre fils bien portant malgré un aussi long siége et une course aussi vive, et il ne me reste plus qu'à le féliciter du grade de brigadier que vous allez lui faire donner.

— Non, me répondit-il, à moins que le Roi ne le lui donne de sa propre volonté ; j'ai trop crié contre l'obtention des grades pour que mon fils soit promu de mon fait ; c'est un chat qu'on me jette aux jambes pour voir comment je me conduirai.

— Oh ! monsieur, je ne vous crois pas assez dupe pour le traiter différemment de tous ceux qui l'ont précédé. »

Il insista, et son fils fut la victime de ces scrupules. Le Roi était à Trianon, très-affligé de la mort de madame de Châteauroux ; il ne recevait que ses plus intimes courtisans, et en petit nombre. M. de Voyer ne le vit qu'un instant et n'obtint rien, par la timidité de son père, qui n'osa pas demander au Roi de le nommer brigadier.

Je courus à l'appartement de madame de R****, et remis une lettre à son suisse. A peine fus-je revenu chez moi, un valet de chambre me porta la réponse : c'était un rendez-vous. Je fus exact ; mais comme j'entrais dans sa chambre on frappa d'un autre côté ;

j'avais vu tout ce que j'aimais ; il fallut retarder le tête-à-tête. La visite me parut longue ; elle finit cependant et je me précipitai dans les bras de ma maîtresse ; avant de répondre à ma vivacité elle prit une bougie, me regarda l'amour dans les yeux, et me prouva bientôt par ses transports et ses caresses que ni son cœur ni ma figure n'étaient changés.

Je passai trois heures avec elle ; abusant de tous les priviléges de l'amant aimé ; on me demanda plus de prudence, et pour mieux tromper l'univers, il fut résolu que nous serions huit jours sans nous voir. Au bout de ce temps elle me manda qu'elle serait à Paris sous peu et d'aller l'y rejoindre. Deux jours après, à peine arrivée, elle m'envoya dire de venir dîner chez elle, me reçut à merveille et me témoigna le désir de vivre beaucoup avec moi. Son séjour fut court, mais je la suivis de près et je reçus un mot pour aller la trouver dans sa chambre. Là, elle me confia avec un grand désespoir ses appréhensions d'un malheur dont elle ne pouvait accuser que moi. Je lui jurai qu'il n'en était rien et parvins si bien à la persuader que je l'exposai immédiatement à de nouvelles frayeurs.

Je fus accablé d'injures ; on promit de ne jamais me revoir. J'étais sûr de mon innocence, mais on n'écoutait rien ; cent fois elle me dit de m'en aller ; mes larmes l'attendrirent. Il fallut jouer vingt rôles différents pour calmer cette tête exaltée. J'y réussis enfin et après trois jours d'alarmes ses craintes furent dissipées; elle me l'envoya dire en me priant d'aller chez elle.

Que de caresses et de précieux moments y furent employés! Je n'étais pourtant point assez occupé des biens dont je jouissais pour ne pas m'apercevoir que cet empressement était joué, et je sentis au milieu de ces plaisirs que j'allais en perdre l'objet. Je ne témoignai rien et fus peu surpris de m'entendre dire un matin :

« Mon roi, il faut nous ménager, conserve-moi mon amant en t'éloignant pour quelque temps. »

J'acceptai sans résistance un exil qu'il ne dépendait pas de moi d'éviter; l'ambition la dévorait; occupée de nouveaux désirs, elle avait voulu jouir, en attendant, du bonheur présent.

La mort de madame de Châteauroux avait laissé une place désirée par toutes les femmes de la cour, surtout par madame de R****, qui, belle, jeune, grande, très-bien faite, d'une haute naissance, s'imagina que le Roi pouvait avoir du goût pour elle. Je fus sacrifié.

M. de Richelieu venait souvent chez elle, plus pour savoir sa pensée que pour l'aider dans un projet dont le succès l'aurait affligé. Je lui dis en la quittant :

« Vous allez être la dupe et la victime de l'intrigue, car les entours du Roi ne veulent pas de vous; ils vous craignent, et vous savez que M. D*** et tant d'autres sont vos ennemis cruels : vous en avez pu juger par les chansons satiriques qu'ils ont faites contre vous. »

Mais rien ne pouvait la distraire du désir où la portait l'ambition de voir l'univers à ses pieds. Je pris congé d'elle, et à ce moment ses protestations de tendresse redoublèrent. J'étais trop calme pour ne pas voir sainement les choses; l'avenir lui prouva la vérité de mes prédictions; elle fut trompée tout le temps de son intrigue, qui finit par l'arrivée de madame de Pompadour.

V

SOMMAIRE.

1745. Bal à l'hôtel de ville de Paris. — Le roi et madame d'Étiolles. — Madame de Pompadour à Versailles. — Aventure galante. — Madame d'***. — Le docteur Helvétius. — Consultation. — Le mari. — La petite maison. — Bataille de Fontenoy. — Le maréchal de Saxe. — Un cheval tué. — Lord Charles Hay et le comte d'Auteroche. — Nous ne tirons jamais les premiers. — Résultat. — Le régiment de Courtin ramené par M. de Valfons sous les yeux du Roi. — Succès compromis. — Victoire. — Courage du Roi. — Bravoure du Dauphin. — Mot de M. de Séchelles. — L'aide-major blessé. — Une balle en pleine cuirasse. — Cruelle déception. — Confusion de noms. — Récompense perdue. — Regrets du maréchal de Saxe. — Compte rendu par intermédiaire au Roi de Prusse. — Le comte de Chazelle. — Ruse d'un officier anglais. — Conseil chez le Roi. — Fautes commises à Fontenoy. — Tableau synoptique; ordre de bataille de l'armée française.

Madame d'Étiolles (Antoinette Poisson), femme d'un fermier général, n'avait que vingt-deux ans, et par ses grâces, la légèreté de sa taille, la beauté de ses cheveux, ressemblait à une nymphe. A tant d'avantages naturels se joignaient tous ceux que l'art peut donner : bonne musicienne avec une jolie voix, déclamant très-bien, elle variait les plaisirs du Roi par des spectacles différents dont elle faisait toujours l'ornement principal.

Je donnais la main à une femme de la cour, à un

grand bal de l'hôtel de ville où toute la France se trouvait. La foule était si pressée que la dame avec qui j'étais, craignant d'être étouffée, demanda secours au prévôt des marchands, M. de Bernage : il nous mena dans un cabinet où, à peine entré, je vis arriver madame d'Étiolles, avec qui j'avais soupé quelques jours auparavant ; elle était en domino noir, mais dans le plus grand désordre, parce qu'elle avait été poussée et repoussée comme tant d'autres par la foule. Un instant après deux masques, aussi en domino noir, traversèrent le même cabinet ; je reconnus l'un à sa taille, l'autre à sa voix : c'étaient M. D*** et le Roi. Madame d'Étiolles les suivit et fut à Versailles, où elle ne s'établit à demeure que quelques jours plus tard.

J'y étais chez quelqu'un à qui elle vint faire une première visite. Je jouais avec la maîtresse de la maison, et fus très-fâché de ne pouvoir donner la main à madame de Pompadour ; au début de sa faveur elle se serait fait un plaisir de me protéger. J'ai toujours regretté cet instant perdu ; car souvent à la cour les plus petites circonstances produisent les plus grands effets et valent mieux, quand on a l'habileté de les saisir, que les meilleurs et les plus anciens services.

―――――

Madame de R****, ma belle ambitieuse, m'avait présenté,(pendant que nous vivions ensemble) à madame D***, alors âgée de trente-deux ans et tenant le plus grand état du monde. [Elle m'avoua qu'à notre première rencontre son goût s'était décidé au point qu'ayant depuis six ans un homme de qualité qui l'aimait comme un fou, elle lui avait donné son congé et avait cessé de le voir, pour me prouver tacitement qu'elle ne voulait s'occuper que de moi; je ne fus pas longtemps à m'en apercevoir par mille prévenances.] Toute la France allait chez elle; on y jouait au try; j'étais toujours choisi et quelquefois attendu pour faire sa partie; elle avait une loge à l'Opéra et me menait fréquemment en tête-à-tête de Versailles à Paris. Je feignais de croire que ses bontés n'avaient d'autre objet que celui de m'obliger.

Mon silence vis-à-vis de ses caresses trop marquées dura quatre mois; le fond de son caractère était la hardiesse et l'impétuosité; elle aimait, elle devint faible et timide, et en vint à avoir une maladie causée par l'insomnie. Helvétius, son médecin, y fit l'impossible; son expérience lui apprit que cet état n'était pas de sa compétence, et il finit par lui dire :

« Madame, mes remèdes pourraient guérir le corps, mais leur effet ne va ni à l'esprit ni au cœur ; vous ne dormez point, je vois votre sang s'échauffer, l'opium serait inutile ; que celui qui cause tant d'agitations soit votre médecin ; car pour moi, je l'avoue, malgré mes désirs, je n'y puis rien, et toute la médecine du monde y échouera. »

Elle prit son parti : le jour même, dans l'après-midi, je la trouvai à demi-morte sur sa chaise longue, elle me proposa de faire un try ; ayant tiré ma carte, j'allai m'asseoir près d'elle et lui dis en souriant :

« Vous êtes donc bien malade ?

— Hélas ! oui, et sûrement j'en mourrai.

— Eh bien ! je me charge de vous guérir si de bonne foi vous m'avouez votre maladie. »

Je pris un crayon et écrivis sur la carte : *Vous aimez* ; elle me l'arracha avec vivacité et mit au-dessous : *Oui, vous, à la folie.* Je jetai la carte au feu en lui disant :

« Soyez sûre de votre prompte guérison. »

On ne peut imaginer l'effet subit que lui produisirent ces mots ; ses yeux, de mourants qu'ils étaient, s'animèrent tout d'un coup, et une énergie soudaine lui fit oublier la faiblesse de son état. Son mari, qui venait tous les jours la voir souper, trouva un changement si considérable dans si peu d'heures qu'il lui dit :

« Vous devez bien aimer M. Helvétius ; enfin ses remèdes opèrent, et je vous trouve mille fois mieux qu'hier. »

Le lendemain elle ne fut plus reconnaissable, et en moins de deux mois reprit tout son embonpoint, et mieux que cela, toute sa gentillesse ; elle avait autant d'esprit que de grâce et savait parfaitement l'art d'aimer et de l'apprendre aux autres : à trente ans on plaît autant et on aime mieux. Sa vivacité, sa complaisance, ses désirs lui donnaient le feu, le charme et la tendresse d'une première passion ; mon sang-froid, quoique très-poli, la tenait en haleine, et la croyance où elle était que j'avais toujours la femme qui m'avait présenté à elle la rendait entièrement docile à mes moindres volontés; je n'en ai jamais abusé, n'exigeant en public que les choses décentes et la forçant à remplir les devoirs de la plus grande attention vis-à-vis son mari, qu'elle n'y avait point accoutumé et qui en était tout étonné.

Lorsque notre connaissance fut bien faite, elle me proposa d'aller souper à Paris, chez une de ses amies. J'y consentis et fus très-surpris de la voir monter dans un carrosse de remise; elle me dit que ses chevaux étaient malades; je ne m'aperçus pas qu'il n'y avait qu'un seul laquais derrière. Nous descendîmes à la porte d'une maison située rue Basse-du-Rempart, d'où elle renvoya son carrosse. Une grande cour, un joli escalier, un appartement délicieux, meublé et éclairé par l'amour, m'apprirent que c'était son temple. Tout y respirait la volupté et l'abandon; elle se jeta à mon cou en me disant :

« Pardonne-moi, tu es ici le maître absolu, je ne veux être que la première sujette de ton royaume. »

Mes regards s'étant tournés vers un lit charmant, je vis sur le chevet un bonnet de nuit; en le prenant je pensai lui demander si c'était le diadème d'un des rois mes prédécesseurs.

Son ivresse, ses expressions, sa douce obéissance me firent tout oublier, jusqu'au moment où la concierge confidente nous avertit en frappant à la porte que le souper était servi; nous restâmes une heure et demie à table ; quand elle crut que le repas avait été suffisant, nous repassâmes dans sa chambre, où ses nouvelles caresses méritèrent de nouveaux hommages. Je me montrai le digne hôte de sa petite maison ; car c'était bien dans ce discret asile que j'avais été conduit ; je l'avoue, on ne connaît bien les femmes que là ; elles y sont elles-mêmes, et surtout dans les premiers moments de leur passion, rien n'y est déguisé : tout est désirs, vivacité, tendresse ; la sécurité et la liberté les enivre ; elles ne veulent que plaire et être aimées.

J'étais plus de sang-froid, n'étant point amoureux, mais ce spectacle me ravissait, lorsque ma sirène, revenue à elle, enchantée de m'avoir enlevé à ma première maîtresse, me dit :

« A présent il en arrivera ce qui pourra, je t'ai eu. »

Je fus piqué de cet air de légèreté qui supposait une passade, et trop maître de moi pour ne pas lui faire payer un propos où je ne voyais qu'un libertinage satisfait, je répondis :

« Oui, vous m'avez eu, mais c'est la dernière fois ; la bonté de mon cœur a eu plus de part que mon goût à une démarche que vous avez été six mois à obtenir. »

Et cela dit, je m'éloignai, me disposant à sortir.

Elle eut beau se jeter à mes pieds, me demander mille fois pardon en pleurant d'une réflexion qui ne tombait pas sur moi, je fus inflexible et partis la laissant désespérée ; je fus huit jours sans la voir ;

8.

elle m'écrivit vingt lettres, j'avais sans cesse un de ses valets de chambre chez moi. Comme ma colère était jouée, je n'en fis durer l'apparence qu'autant que je le jugeai nécessaire. Dès que je fus bien assuré de sa constance par son repentir et son empressement à me témoigner le désir de mon retour, je revins, sûr de l'avantage que me donnaient sa faiblesse et mes rigueurs calculées.

Qu'il est triste pour un galant homme d'être certain de ne pouvoir conserver longtemps une femme s'il a de bons procédés et s'il l'aime trop ! Il faut pour les retenir leur cacher une partie de notre goût. Que de coquins en font ce qu'ils veulent en les ruinant, leur rendant la vie dure, contraignant leur volonté et leur donnant à dessein de la jalousie ! Une conduite aussi odieuse est souvent préférée à l'honnêteté, à la douceur, à l'amour fidèle, à la générosité ; c'est une énigme que je n'ai jamais pu expliquer, mais trop prouvée par l'expérience.

Au mois de mai 1745, je fus rejoindre à l'armée du Roi, sur l'Escaut, le régiment de grenadiers royaux dont j'étais colonel. Le 10, dans l'après-midi M. de Cumberland s'étant approché de très-près avec une nombreuse suite, le maréchal de Saxe fit tirer quatre coups de canon, sans boulet, pour l'engager à se retirer. Sur le soir, le Roi dit au maréchal :

« Je vais coucher au village de Calonne ; demain, au point du jour, je serai à la tête de mon armée. »

Le maréchal passa la nuit dans sa petite voiture d'osier, sur le champ de bataille, entouré de son état-major, les chevaux sellés et bridés.

A minuit, une décharge très-vive de coups de fusil nous éveilla, car nous dormions profondément, bien qu'on ait admiré souvent les généraux qui en pareils moments avaient pu dormir. Le maréchal m'envoya au bruit; c'étaient les Grassins qui, pour inquiéter les ennemis, tiraient beaucoup dans les bois de Barry. La tranquillité de la première ligne d'infanterie que je traversai me fut d'un très-bon augure.

Le 11, au point du jour, je me portai de beaucoup en avant du régiment des gardes, entre Fontenoy et la redoute des bois de Barry; je vis les ennemis descendus des hauteurs de leur camp dans le fond de la plaine, près du bois et commençant à se former; je le dis à l'officier d'artillerie, qui fit avancer les huit pièces de canon du centre, et j'allai en rendre compte au maréchal dont je commençais seulement à être connu, ayant toujours été de l'état-major de l'armée du Roi et n'ayant pas fait sous ses ordres la campagne de Courtray.

Pendant que je lui racontais ma tournée, il m'écoutait avec la plus grande attention, regardant M. de Vaudreuil, major-général, pour chercher dans ses yeux s'il pouvait ajouter foi à mon rapport :

« Oui, monsieur le maréchal, dit le chevalier de Vaudreuil, nous servons ensemble depuis quatre campagnes, donnez-lui sans hésiter toute votre confiance.

« — Eh bien ! monsieur, puisque vous voyez si utilement, je vais faire avancer plus d'infanterie dans le centre. »

Je le priai de suspendre cet ordre jusqu'à ce que je me fusse assuré par un nouveau coup d'œil du dessein des ennemis, et tout de suite je me reportai vis-à-vis d'eux. J'en trouvai le nombre très-diminué ; il ne restait que quelques bataillons dans la plaine ; toute la droite était déjà rentrée dans les bois de Barry.

Je crus qu'ils allaient changer leur ordre d'attaque et venir par leur droite à la chaussée de Leuze. Je courus en rendre compte au maréchal, qui voulut sur-le-champ porter son centre à sa gauche ; je lui dis de suspendre encore ce mouvement jusqu'à mon retour et fis très-bien ; car les officiers avaient forcé les Anglais à ressortir du bois, par l'impression et la perte que leur causait notre canon, sous le feu duquel ils se mirent en colonne en marche, ayant trois bataillons de front et trente pièces de canon à leur tête.

Je retournai au maréchal, qui commença dès lors à prendre la plus grande confiance en moi et m'envoya à mon premier poste pour observer les ennemis ; la place était devenue dangereuse par la quantité des coups de canon qu'ils tiraient ; ils avaient partagé l'artillerie en deux parties, quinze pièces à leur droite et autant à leur gauche, pour que le feu croisé devînt plus meurtrier. Je sentis que plus je me rapprocherais d'eux moins j'en essuierais les boulets, passant tous derrière moi.

Ce qui avait l'air aux yeux de l'armée de la plus grande témérité fut mon salut; car M. le duc de Grammont, qui ne parut qu'un instant, fut tué. M. du Brocard, excellent officier, qui commandait notre artillerie, et à qui on vint dire, près du maréchal, que les huit pièces de canon ne pouvaient plus tenir contre les trente des ennemis, voulut les faire retirer lui-même. Le maréchal s'y opposa, voulant envoyer un autre officier porter cet ordre; M. du Brocard s'obstina; comme il partait, le maréchal dit :

« Au moins ce n'est pas ma faute, voilà un homme qui va se faire tuer. »

Je le vis tomber, en effet, un peu derrière moi.

Les Anglais mirent depuis cinq heures du matin jusqu'à dix heures et demie pour faire une petite demi-lieue; ils craignaient toujours quelque embuscade des bois de Barry; j'allai dire au maréchal qu'ils n'étaient qu'à trois cents pas de nous et qu'ils avaient crié plusieurs fois : hurrah! hurrah! leur cri de guerre. Le maréchal était encore convaincu que, vu sa position, ils ne l'attaqueraient pas; cependant je le vis dans le moment se repentir de n'avoir pas fait faire une troisième redoute en avant formant un angle saillant au centre des deux autres, ce qui eût rendu le passage impossible.

Il m'envoya à M. le comte d'Estrées, qui était en seconde ligne derrière les gardes françaises, à la tête de huit escadrons de cavalerie et des régiments des

Cravates et de Fiennes, pour lui demander s'il avait assez de troupes. Le comte d'Estrées me répondit très-haut :

« Oui, assez pour battre les ennemis du Roi. (Et se rapprochant de moi, il ajouta plus bas) : Et assez pour être battu, car cette position est détestable pour la cavalerie. »

Ce n'était point la timidité qui lui dictait une réponse aussi juste ; personne n'est plus brave que lui, mais il voyait trop bien. J'allai un instant voir Cernai, colonel des Cravates, à qui je dis :

« Je veux boire à votre santé, cela vous portera bonheur. »

Je profitai de cette occasion pour me porter en avant du régiment de Retin, au delà des redoutes à peine commencées.

Je vis les Hollandais formant une grosse colonne et marchant en très-bon ordre le long du bois pour se mettre en bataille, leur gauche vis-à-vis d'Anthoin, leur droite vis-à-vis de Fontenoy. Il s'en détacha douze bataillons pour nous attaquer ; le hasard nous servit bien. Il y avait à la rive gauche de l'Escaut, sur la hauteur, quatre pièces de canon venant de Valenciennes, destinées au siége de Tournay ; les charretiers, la veille, en avaient dételé les chevaux pour les faire manger dans des écuries voisines. Les canonniers qui en avaient la garde, voyant cette colonne hollandaise marcher sur nous, n'hésitèrent pas à la canonner avec autant de vigueur que d'à-propos.

Leur feu troubla si fort les Hollandais qu'ils mirent

ventre à terre, et leurs officiers ne purent jamais les faire relever ; j'étais très-près d'eux avec d'Aubeterre, aussi dans l'état-major, et qui fut tué depuis à Lawfeld. Le maréchal arriva, et M. de Bauffremont, qui était avec les dragons, se détacha pour l'embrasser et lui faire compliment sur la bataille gagnée.

« Tout n'est pas dit, monsieur, lui répondit le maréchal ; allons aux Anglais, ils seront de plus dure digestion. »

Je le suivis et m'avançai encore un peu devant six de mes camarades de l'état-major de l'armée, très-à portée du maréchal. Les ennemis étaient déjà si près que leur avant-garde tira une vingtaine de coups de fusil, dont un abattit moi et mon cheval, qui fut tué, ce qui me sauva de la décharge générale qui se fit tout de suite, et dont furent atteints mes camarades Champignel, Saint-Georges, Saint-Sauveur et Languaunay, qui en mourut.

Cet engagement se fit à distance si rapprochée que les officiers anglais, au moment d'arrêter leur troupe, nous saluèrent le chapeau à la main ; les nôtres ayant répondu de même à cette courtoisie, un capitaine des gardes anglaises, qui était lord Charles Hay, sortit de son rang et s'avança. Le comte d'Auteroche, lieutenant des grenadiers, se porta alors au devant de lui.

« Monsieur, dit le capitaine, faites donc tirer vos gens.

— Non, monsieur, répondit d'Auteroche, nous ne tirons jamais les premiers. »

Et s'étant de nouveau salués, ils rentrèrent chacun à leur rang. Le feu des Anglais commença aussitôt, et d'une telle vivacité qu'il nous en coûta plus de mille hommes du coup, et qu'il s'ensuivit un grand désordre.

Les gardes françaises et le régiment de Courten ne purent tenir au feu d'une mousqueterie aussi nombreuse et de trente canons chargés à cartouches. Le régiment d'Aubeterre tint ferme près de Fontenoy; le régiment royal, qui était en seconde ligne, derrière cette brigade, fléchit à sa gauche, mais la droite ne perdit pas son terrain et se maintint avec valeur.

Je pris un autre cheval pour aller au régiment de Courten, qui s'était rallié dans la plaine, et le ramenai à son premier poste en passant sous les yeux du Roi. M. de Soubise me loua beaucoup d'une conduite dont il était témoin. Je chargeai ensuite deux fois avec le régiment de Pons-Cavalerie, mais sans effet.

Le maréchal m'envoya pour faire venir des caissons de cartouches dont nous manquions. Je fus jusqu'au pont du Haut-Escaut et priai un officier du régiment d'Aubeterre d'aller au parc d'artillerie pour ne pas m'éloigner du champ de bataille. J'eus la douleur de voir mettre de la paille et des fagots dans les bateaux du pont, et donner ordre à M. de Razilly, qui y était de garde avec un bataillon des gardes françaises, d'y faire mettre le feu aussitôt après que le Roi et le Dauphin seraient passés.

Je revins auprès du maréchal qui, pendant mon absence, voyant que l'affaire tournait très-mal, avait deux fois envoyé dire à MM. le comte de la Mark et de Lorge, commandant la brigade de Piémont dans Anthoin, d'abandonner ce poste ; ils n'avaient point obéi au premier ordre, par le danger qu'il y avait que les Hollandais ne s'emparassent du poste, et alors la bataille eût été absolument perdue. Ils furent forcés d'obéir au second, porté par Eldorf, aide-major général ; mais d'Arasse, lieutenant-colonel de Piémont, militaire expérimenté, laissa les piquets de cette brigade bordant les parapets, et les compagnies de grenadiers, qui étaient dans un chemin creux, en avant et à la droite d'Anthoin, ce qui cacha aux ennemis le mouvement intérieur du corps, qui devait se porter à Notre-Dame au Bois pour couvrir et faciliter la retraite du Roi, si elle devenait nécessaire. Mais le maréchal ayant réfléchi aux dangers de cet ordre, m'envoya sur-le-champ pour le révoquer ; heureusement j'arrivai à temps, et Piémont rentra dans un poste qu'il était très-essentiel de conserver.

Les armées restèrent en présence dans l'inaction depuis midi jusqu'à midi et demi, où enfin notre attaque générale termina tout et mit les ennemis en fuite.

On avait conseillé plusieurs fois au Roi de se retirer ; il s'y refusa toujours. M. de Richelieu lui dit à diverses reprises :

« Sire, la seule présence de Votre Majesté peut rétablir l'affaire et la gagner. »

Et lui-même partit pour aller prendre le commandement des Irlandais et charger cette redoutable colonne, qui fut écrasée dans sa retraite. Le Roi parut sur le front de son armée et y reçut les hommages de tous par les cris redoublés de : *Vive le roi!*

M. le Dauphin, qui n'avait que seize ans, demanda souvent au Roi pendant la bataille de charger à la tête de la maison; quelqu'un de la cour ayant voulu s'assurer de ce fait prit la liberté de questionner M. le Dauphin, qui répondit avec une fierté bien digne de son rang :

« Je suis trop jeune pour que la nation me connaisse; mais on ne doit point être étonné que j'aie voulu imiter les sujets de mon père. »

A la fin de l'action, ce prince demanda à M. de Séchelles, intendant de l'armée :

« Eh bien ! monsieur, que dites-vous de cette journée ?

— Que M. le Dauphin est bien heureux, à son âge, d'avoir vu par lui-même à quoi tiennent les royaumes. »

Un aide-major général blessé dès le commencement de la journée était tout près de moi; le sang qu'il perdait l'affaiblissant beaucoup, je l'engageai à profiter d'un reste de forces pour gagner l'hôpital ambulant. Son zèle le faisant hésiter, il me dit :

« Je crains de perdre ma cuirasse, qui me suffoque, et je n'ai personne pour la prendre. »

Afin de le décider à partir, je lui offris de m'en

charger, ayant jeté la mienne, très-embarrassante par son poids; comme il m'aidait à l'attacher, je reçus un coup de fusil dedans et fus préservé ainsi de la mort.

Mais il m'arriva ensuite la chose la plus désagréable qu'on puisse imaginer : M. d'Argenson, ministre de la guerre, qui m'aimait beaucoup, s'empressa de demander au maréchal, sur le champ de bataille, s'il était bien content de moi; le maréchal, qui de sa vie n'avait retenu les noms de ceux même qu'il voyait familièrement, lui répondit :

« Valfons? je ne l'ai point vu; mais de qui je ne puis faire trop d'éloges, c'est de Belrieux; il s'est montré partout et m'a été de la plus grande utilité, je vous le recommande. »

Un moment après, je courus au ministre de la guerre avec cette confiance que m'inspiraient ma conduite et son amitié; je lui trouvai un air froid qui me glaça et me mit au désespoir, sentant très-vivement combien il était dur d'être aussi mal reçu après avoir bien fait.

Trois jours après, me rendant à Chin pour recevoir l'ordre du Roi, auprès de qui se trouvait le maréchal, un de mes camarades m'appela Valfons; le maréchal me fixa attentivement et me dit avec une bonté paternelle :

« Ah! mon enfant, j'ai à réparer une erreur cruelle et injuste pour vous vis-à-vis de M. d'Argenson. Je vous ai toujours pris pour Belrieux. »

Je lui dis qu'il était mort à Worms depuis un an.

« Je vais tâcher, ajouta-t-il, d'expliquer une confusion qui sûrement vous a fait tort. »

A mon retour de Prague, Belrieux et moi avions été présentés au Roi d'abord, au maréchal ensuite, et ce dernier avait placé mon nom sur le visage de Belrieux, et celui de Belrieux sur le mien. J'en fus la victime, les récompenses étaient données. Cette distraction du maréchal me coûta cher, et il a cherché à la réparer mille fois par ses caresses. J'eus beau le répéter à M. d'Argenson, ce fut en vain ; tout est moment pour les grâces, et souvent l'ivresse du succès les distribue légèrement.

M. d'Argenson me proposa, à l'instigation du maréchal, pour porter au Roi de Prusse la nouvelle de la victoire de Fontenoy ; malheureusement le Roi se souvint que Latour, aide-major général, lui avait été envoyé par M. de Belle-Isle, et dit à M. d'Argenson qu'il fallait se servir de lui. M. d'Argenson représenta que Latour, étant resté pour le siége de Tournay, n'avait point vu l'action.

« Eh bien ! dit le Roi, Valfons le mènera sur le champ de bataille et lui expliquera tout. »

Ce que je fis : *sic vos non vobis*. M. d'Argenson m'en consola en me promettant de m'envoyer pour la même commission en Espagne. Son offre me plut davantage parce que la Reine d'Espagne avait honoré d'une protection toute particulière un de mes oncles, M. le comte de Chazelles, et lui avait offert pendant la guerre de la succession un régiment de dragons espagnols ; il refusa disant que, né Français, il devait servir sa patrie. La Reine en écrivit à Louis XIV, qui lui donna en France un régiment de dragons et le fit maréchal général des logis de l'armée française auxiliaire en Espagne, sous les ordres de M. le duc d'Orléans, depuis régent.

Le projet que le ministre avait conçu pour me dédommager ne réussit pas mieux que les bonnes intentions du maréchal. L'ambassadeur d'Espagne fit demander au Roi, par le ministre des affaires étrangères, que ce fût son neveu qui fût chargé pour sa cour d'une mission aussi agréable. Il l'obtint facilement.

Le jour de Fontenoy, je fus chargé de faire enlever les blessés du champ de bataille. Pendant cette occupation aussi utile que triste, je vis un officier anglais à demi dépouillé qui, se jetant à la basque de mon habit, me dit en très-bon français :

« Je suis votre prisonnier et me mets sous la garde de l'honnêteté française. »

Il portait le bras droit en écharpe dans sa cravate pleine de sang. Je l'assurai qu'il n'avait rien à craindre, qu'il était dès ce moment aussi en sûreté qu'à Londres, et que j'allais le confier à un sergent pour le faire panser à l'hôpital.

« Non, monsieur, s'écria-t-il, je ne vous quitte plus. »

Touché de son état comme de sa confiance, je lui donnai un de mes chevaux, et peu de moments après je le conduisis moi-même à la Chartreuse, où était notre hôpital. En y entrant, il me demanda qui avait la direction du lieu où nous étions.

« C'est M. de Séchelles, intendant de l'armée, qui y est présent actuellement, et sous lui des commissaires des guerres; vous allez être pansé sous leurs yeux avec le même soin que nos Français.

— Je suis donc entièrement en sûreté?

— Mais oui, monsieur, vos doutes insultent la nation.

— Eh bien! je ne suis point blessé; me voyant cerné et culbuté par la maison du Roi, je me suis jeté à terre, j'ai ôté mon habit, retourné mes poches pour prouver aux soldats que j'avais été fouillé et qu'il ne me restait rien : de plus, pour exciter leur pitié, j'ai trempé ma cravate dans le sang d'un mort, j'ai passé mon bras dedans et conservé cent cinquante guinées que voilà.

— Elles sont bien à vous, monsieur, lui dis-je, et vous resteront; je vous félicite du succès de votre sang-froid. »

Je le menai, en recevant mille remercîments de sa part, là où étaient les autres prisonniers anglais.

Le maréchal, me continuant ses bontés, me menait toujours avec lui à l'ordre chez le Roi, où se tenait un petit conseil de guerre entre le Roi, le maréchal et M. d'Argenson, qui, instruit et préparé par les soins de Crémille, maréchal général des logis et de quelques autres officiers généraux en qui il avait confiance, cherchait toujours à inspirer les choses qui lui paraissaient les plus utiles; ces avis déplaisaient beaucoup au maréchal, qui affectait devant le Roi la plus grande indifférence. Je fus un jour témoin à Chin d'une discussion assez vive, et j'entendis le maréchal dire à M. d'Argenson, qui l'exhortait à laisser la conduite du siége à M. de Brézé :

« Monsieur, si le Roi n'est pas content de moi, qu'il donne son armée à un autre, mais tant qu'il me la laissera, je la commanderai seul. »

Les officiers généraux, pendant l'action de Fontenoy, ne manœuvrèrent point en militaires instruits et actifs. On a la mauvaise habitude en France de ne vouloir rien prendre sur soi, et d'attendre toujours un ordre que le général, s'il est loin, ne peut donner à propos, ce jour-là surtout, où le maréchal de Saxe, venant de subir une ponction à Valenciennes, pouvait tout au plus se tenir dans sa voiture.

Tout est occasion à la guerre ; si on ne la saisit, on ne peut fixer la victoire, qui ne s'arrête que devant l'habileté.

La colonne anglaise, environ de dix-huit mille hommes, était, en nous attaquant, de trois bataillons de front; lorsqu'elle se trouva entre Fontenoy et la redoute des bois de Barry, les feux de flanc de ces deux postes forcèrent les Anglais de se resserrer dans le centre de leur colonne, mais en désordre et sans observer ni leurs divisions ni leur rang; ce mouvement jeta la confusion dans cette masse d'hommes et les empêcha de se développer, ce qu'ils auraient dû faire à la hauteur de nos deux postes pour les attaquer en même temps. Maîtres de ces positions, ils procuraient un passage sûr et facile à leur seconde ligne d'infanterie et à toute leur cavalerie; au lieu de cela, la colonne, par sa confusion, ne put que se porter à trois cents pas en avant dans la plaine, où elle resta immobile.

C'était ce moment propice qu'il fallait saisir, en formant une colonne à notre droite, avec deux bataillons du régiment du Roi, qui était à la gorge de Fontenoy, le régiment d'Aubeterre et les trois de Courten formant la brigade. M. de Biron serait toujours resté dans Fontenoy avec les deux autres bataillons du Roi, les trois de Dauphin et Beauvoisis, dont M. de la Vauguyon, depuis gouverneur de M. le Dauphin, était colonel. Le comte de Danois et le marquis de Croissy, lieutenants généraux, commandaient les dix premiers bataillons; ces deux colonnes d'infanterie chargeant en même temps la droite et la gauche des Anglais, que la maison du Roi et les carabiniers pouvaient charger en tête, tout eût été pris ou tué.

Mais il se passa une heure sans nulle disposition, surtout à notre droite, qui resta en panne sans agir; la gauche, où était le maréchal, forma un corps d'infanterie, lorsque Normandie fut arrivé avec huit cents hommes des Gardes françaises, Royal-vaisseaux, la Couronne et les Irlandais. Ces troupes avaient à leur tête MM. de Richelieu, de Lowendal et lord Clare, qui chargèrent très-vigoureusement la droite des Anglais à la baïonnette.

Quant aux gardes suisses, il n'en fut pas question de toute la bataille; ils restèrent constamment au repos, sans fuir ni attaquer, vis-à-vis des bois de Barry, entre les deux redoutes.

Je ne veux pas oublier la sage précaution de M. de Montesquiou, sous-lieutenant des mousquetaires. A la première attaque de la maison, qui fut repoussée, parce qu'elle se fit sans ensemble et très en désordre, toujours par trop de vivacité, il s'arrêta à cent pas de la colonne qu'on chargeait inutilement et forma sa troupe en escadrons; ce fut un point de ralliement et d'alignement pour toute la maison, qui fut à même, par une seconde charge plus heureuse, étant mieux dirigée et avec ensemble, de mériter un succès toujours sûr à la guerre, lorsqu'on s'y conduit en gens du métier.

ORDRE DE BATAILLE DE L'ARMÉE DU ROI A FONTENOY

(10 mai 1745).

Le Roi.

M. le Dauphin, âgé de seize ans, auprès du Roi.

Le maréchal de Saxe.

PREMIÈRE LIGNE, commandée par M. DE LUTTEAUX.

LIEUTENANTS GÉNÉRAUX : CLERMONT-TONNERRE, DUC DE BOUFFLERS, CHEVALIER D'APCHER, DE BÉRENGER, LORD CLARE, DUCS DE GRAMONT, DE LUXEMBOURG, DE BIRON, DE PENTHIÈVRE, DE MONTESSON, D'HARCOURT.

MARÉCHAUX DE CAMP : DE SOURCHES, DE CHAULNES, D'ARMENTIÈRES, DE FITZ-JAMES, D'ANLEZY, DE LA MARCK, P. DE SOUBISE, DE LA SUZE, DE MUY, DE BEUVRON.

BRIGADIERS : DE TARNAUD, DE LORGE, DE LA SERRE, DE CHAMBONAS, DE GRAVELLE, DE ROOTH, DE GUERCHY, DE TALLEYRAND, D'AVRINCOURT, DE PONS, DE MONTAUBAN, DE LA PÉROUSE.

Cavalerie.

Grenadiers à cheval..	1	
Noailles............	2	
Charost............	2	
Villeroy............	2	13
Harcourt...........	2	
1ᵉ cⁱᵉ de mousquetaires	1	
2ᵉ cⁱᵉ de mousquetaires	1	
Chevau-légers......	1	
Gendarmes.........	1	
Gendarmerie........	8	8
Berry..............	4	8
Saint-Jal...........	4	
Chabrillant.........	4	8
R. étranger.........	4	
Escadrons......		37

Infanterie.

Piémont............	4	
De la marine........	1	5
Du roi..............	4	4
D'Eu...............	2	
Royal Corse........	1	4
Angoumois.........	1	
Aubeterre..........	1	4
Courten............	3	
Gardes françaises....		9
Gardes suisses.......		
Bulkley............	1	
Clare..............	1	
Dillon..............	1	
Rooth..............	1	7
Berwick............	1	
Royal Écossais.....	1	
Lally...............	1	
Royal-vaisseau......	3	4
Trainel............	1	
Royal..............	3	4
Hainault...........	1	
Normandie.........	4	4
Bataillons......		45

Cavalerie.

Cuirassiers.........	4	8
Egmont............	4	
Brionne............	4	8
Pons...............	4	
Orléans............	4	8
Rohan.............	4	
Brancas...........	4	8
Cᵒˡ général........	4	
Escadrons......		32

DEUXIÈME LIGNE, commandée par M. le comte DE BAVIÈRE.

LIEUTENANTS GÉNÉRAUX : DUCHAILA, DE LANGERON, DE LOWENDAL, DE CROISSY, DE CHABANNES, DE DANOIS, LE P. DE PONS, DE CLERMONT GALLERANDE.

MARÉCHAUX DE CAMP : D. D'AUMONT, COMTE DE NOAILLES, DE MÉZIÈRES, DE SOUVRÉ, P. TINGRY, DE CONTADES,

BRIGADIERS : D'AUTANNE, DE CRENAI, DE CROI, DE DURAS, D'HAVRÉ, DE LA VAUGUYON, DE LA MOTHE, DE CERNAY, D'ALLY, D'ECQUEVILLY.

Cavalerie.

Royal...............	4	} 8
Camille.............	4	
Clermont pe.........	4	} 8
Fitz-James..........	4	
Fiennes.............	4	} 8
Cravates............	4	
		24

Infanterie.

Crillon.............	3	} 4
Biron...............	1	
Dauphin.............	3	} 4
Beauvoisis..........	1	
Orléans.............	2	} 4
Chartres............	2	
Vittemer............	2	} 5
La Cour au Chantre..	3	
Rettem..............	2	} 5
Diesback............	3	
La Couronne.........	3	} 4
Soissonnais.........	1	
Tourraine...........	3	} 5
Lowendal............	2	
Nivernais...........	1	} 4
Auvergne............	3	
		35

Cavalerie.

R. Roussillon.......	4	} 6
Talleyrand..........	2	
Penthièvre..........	4	} 8
Noailles............	4	
Clermont-Tonnerre...	4	} 8
Du Roi..............	4	
		22

ARTILLERIE. — 2 BATAILLONS 1/2, 60 PIÈCES DE CANON.
D'HÉROUVILLE, DE CRÉQUI, MONTMORENCY, BEAUFFREMONT, CHEVREUSE.

Dragons.

Me de C. général...	5	
Royal...............	5	
Beauffremont........	5	} 25
Egmont..............	5	
Septimanie..........	5	
Volont. de Saxe.....	5	} 15 Cte D'EU.
Carabiniers.........	10	

Hussards.

Beausobre...........	4	} 8
Linden..............	4	
		48

Grenadiers royaux

Latour..............	1	
D'Espagnac..........	1	} 4
Longaunai...........	1	
Valfons.............	1	
Le 3e de Paris......	1	
Blois...............	1	
Saint-Mexam.........	1	
Saint-Brieuc........	1	
Caraix..............	1	} 10
Redon...............	1	
Vannes..............	1	
Rennes..............	1	
Dinan...............	1	
Nantes..............	1	
		14

RÉCAPITULATION.

	INF.	CAV.
Première ligne..................	45	69
Deuxième ligne..................	35	46
Dragons, carabiniers, hussards..		48
Infanterie en réserve...........	14	
Artillerie......................	2 1/2	
Pièces de canon.................	60	

TOTAL : 96 bataillons et 163 escadrons.

VI

SOMMAIRE.

1746. Fonctions de major général. — Brouille du comte de Clermont et du maréchal de Saxe. — Rapprochement. — Réconciliation. — Deux lettres du maréchal. — Siége de Namur. — Attaque de l'ouvrage à cornes. — Responsabilité. — Précautions. — Ruse de guerre. — Passage à trois reprises de la Meuse grossie. — Comment on entraîne une troupe. — Succès. — Promesse du comte de Clermont pour porter la nouvelle au Roi. — Manque de parole. — La ville ouvre ses portes. — Siége des châteaux. — La tranchée. — Dispositions pour moins exposer les travailleurs. — Proposition d'un charpentier de Namur pour l'escalade du château. — Elle est acceptée. — Propos flatteur d'un capitaine. — Escalade. — Alerte. — Expédition manquée. — Capitulation. — Nouvelle déception. — Protestation du comte de Clermont. — Réclamation. — Demande de passer au corps d'armée du maréchal de Saxe. — Autorisation. — Changement de position. — Accueil du maréchal. — Bataille de Rocoux. — Exploration nocturne. — Déjeuner avec le maréchal. — Confidence. — Mission délicate. — Rapport au maréchal. — Doute d'un officier général. — Le Hessois blessé. — M. de Maubourg. — M. de Lugeac. — Le duc de Luxembourg. — Ralliement de ses troupes. — Le duc de Boufflers et son fils. — Les prisonniers nus. — Le prince d'Hembourg. — Opinion du maréchal de Saxe sur l'infanterie française. — Victoire de Rocoux. — Le maréchal de Saxe, triomphant, charge M. de Valfons de porter au Roi le détail de l'affaire. — Témoignage du Hessois mort. — M. le chevalier de Belle-Isle. — Le comte de Clermont reconnaît les services que lui a rendus M. de Valfons.

En 1746 je faisais auprès de M. le comte de Clermont les fonctions de major général; ce prince m'accablait de bontés, de confiance et de distinctions particulières. Je soupais tous les soirs chez lui: quoique les militaires qui avaient cet honneur fussent en très-petit nombre il s'y trouva un indiscret. La plus grande liberté faisait souvent hasarder des propos peu faits pour être répétés ; M. le comte de Clermont se les permettait tous, se croyant par sa naissance comme par la discrétion de ceux qui l'écoutaient dans la plus grande sûreté.

Un officier général admis à ces soupers applaudissait du geste et de la voix à tout ce que disait un soir M. le comte de Clermont sur le maréchal de Saxe : c'étaient de simples plaisanteries sur son goût pour les filles. Le lendemain cet officier alla rendre compte de cette conversation au maréchal, en l'envenimant comme font toujours les délateurs ; mais pour mon bonheur, voulant mettre plus de vraisemblance dans sa noirceur, il dit que souvent, par mes phrases respectueuses, j'avais rabattu les coups, au lieu de faire comme les autres, ce qui augmenta la confiance que le maréchal avait toujours eue pour moi.

Le maréchal, furieux, profitant de son autorité, commença à donner tous les dégoûts possibles à M. le comte de Clermont, en ne lui permettant plus, comme auparavant, de donner l'ordre à son corps; j'étais obligé d'aller le chercher tous les jours. Peu de temps après il joignit à la grande armée trois brigades d'infanterie des quatre que nous avions, de plus les officiers d'artillerie et le canon ; enfin une très-grande partie des dragons, et ce corps qui était très-considérable, se trouva réduit à une brigade d'infanterie et un régiment de dragons.

M. le comte de Clermont, au désespoir, voulut prendre un parti violent approuvé par ses entours : c'était de quitter l'armée en disant au maréchal qu'il était trop humiliant pour un prince du sang de France d'obéir à un [bâtard] étranger. On trouva la vengeance convenable ; je fus le seul qui, restant tête à tête avec le prince, eut le courage et l'honnêteté de lui dire que je blâmais ce projet, estimant que ce serait se manquer à lui-même et au Roi, et que quitter l'armée au milieu de la campagne pour retourner s'enterrer à Bernis, me paraissait un fâcheux dénouement.

« Mais que voulez-vous que je devienne, monsieur, exposé à recevoir tous les jours de nouvelles mortifications ?

— Monseigneur, vous expliquer avec le maréchal, et pour mettre Votre Altesse plus à même de régler ses démarches, je vais au quartier général chercher à m'instruire de ce qui a occasionné l'humeur du maréchal. »

Je questionnai mes camarades de l'état-major, qui voyant de plus près et plus intimement le maréchal, pouvaient être mieux informés ; je parvins à connaître les propos répétés et le sujet d'une colère juste mais trop marquée.

De retour auprès de M. de Clermont et seuls dans son cabinet, je lui rendis compte de tout en ajoutant :

« Je me charge, monseigneur, de réparer le mal, si vous consentez à un expédient facile qui dépend de vous ; c'est d'écrire un mot à M. le maréchal pour lui demander une conversation où vous vous expliquerez, car les coquins brouillent tout, mais l'honnête franchise peut tout ramener.

« Non, monsieur, je n'accepte pas, c'est me proposer d'essuyer de nouveaux affronts ; et du reste qui se chargerait de porter ma lettre au maréchal ?

— Moi, monseigneur.

— Il ne la recevra pas.

— J'en fais mon affaire, la seule grâce que je demande à Votre Altesse est de ne parler à personne de la démarche qu'elle va faire.

— Vous la croyez donc bien hasardée, pour qu'il faille n'en rien dire ?

— Non, monseigneur ; mais je crains que les mêmes gens qui ont conseillé votre départ de l'armée ne vous détournent du seul moyen de rester ici convenablement à votre rang. »

J'eus bien de la peine à le déterminer ; cependant le lendemain la lettre fut écrite de sa main, devant moi et telle que je la désirais. Je partis un peu de meilleure heure que de coutume pour avoir quelques moments de plus. Le maréchal était sur son lit, quoique chaussé, et le verrou mis à sa porte, ce qui lui arrivait souvent quand il causait avec Crémille ; celui-ci vint m'ouvrir et, me voyant une lettre à la main, me dit :

« Est-ce que les ennemis ont fait quelque mouvement ?

— Non, c'est une lettre de M. le comte de Clermont.

— Tant pis, je m'en vais; j'aime mieux que vous la donniez que moi; vous ne deviez jamais vous en charger, le maréchal est furieux contre votre prince et, comme vous avez pu le voir, il le lui a déjà trop prouvé.

— Demeurez, je vous prie, vous m'aiderez peut-être. »

Il resta près de la porte, qu'il referma; alors m'approchant du lit, je dis :

« C'est une lettre de M. le comte de Clermont, qui souhaite le bonjour à monsieur le maréchal.

— Dis plutôt qu'il voudrait que le diable m'emportât; est-ce quelque nouvelle des ennemis, ont-ils fait un mouvement?

— Non, monsieur le maréchal. »

Il prit la lettre, et d'un air de dédain la jeta sur son lit.

« Je la lirai toujours trop tôt.

— Si monsieur le maréchal voulait me permettre de la décacheter, il pourrait la lire et en serait content.

— Non! Oh! jamais, on a beau être prince du sang, il faut savoir se taire sur son général et respecter le choix du Roi ; c'est leur maître comme le nôtre.

— Monsieur le maréchal, vous êtes trop grand et votre réputation est trop constatée, pour écouter les misères et les rapports de quelques méchants esprits.

— Mais tu y étais, tu as tout entendu et combattu, je t'en remercie et t'en aime davantage.

— Je n'y ai nul mérite, monsieur le maréchal, c'étaient quelques gaietés et non des noirceurs; voilà comment les mauvaises langues traduisent les moindres propos. »

J'avais repris la lettre décachetée, et tout de suite :

« Monsieur le maréchal veut-il que je la lise?

— Ce sont des mensonges, et ton prince me fait l'effet de s'ennuyer joliment d'être là comme un capitaine partisan; il n'y a pas de mal.

— Vous me pardonnerez, il y en a beaucoup à croire ce qui n'est pas.

— Eh bien! lisez, monsieur.»

La lettre, polie et adroite, lui plut, surtout lorsque je répétais à chaque ligne que tout ce qu'on lui avait dit était faux, que je lui étais bien plus attaché qu'au comte de Clermont et incapable de le tromper.

« Soit, il désavoue ses propos, je veux bien le croire.

— Et une réponse à la lettre ?

— Ah! il n'y en a point, je ne veux pas être le pédagogue éternel de ton prince et lui dire qu'il a mal fait; je ne pourrais m'en empêcher.

— Si monsieur le maréchal voulait me permettre de lui indiquer un expédient?

— Lequel?

— Monsieur le maréchal fait demain un fourrage

au moulin d'Edmeülle, très-près du quartier du prince?

— Eh bien ?

— Il serait comblé si monsieur le maréchal voulait y dîner.

— Non, monsieur, ne m'en parlez pas, je ne dîne pas chez les gens qui s'égayent à mes dépens ; mais après le fourrage fait je passerai par là comme si c'était mon chemin pour revenir; je lui ferai une visite qui me tiendra lieu d'une réponse embarrassante, car je n'aime point les procès par écrit. »

Crémille me faisait des signes de satisfaction, n'ayant pas imaginé qu'il me fût possible de gagner tant de terrain en aussi peu de temps. Je quittai le maréchal apaisé, en lui disant :

« Il y aura toujours chez le prince un bon dîner dont monsieur le maréchal fera l'usage qu'il voudra. »

Je partis enchanté de ma mission.

M. le comte de Clermont m'enferma dans son cabinet, et m'ayant écouté avec un très-vif empressement :

« Et la réponse ?

— Il n'y en a point d'écrite, monseigneur.

— Je le savais bien, que vous me faisiez faire une fausse démarche.

— Monseigneur, je me flatte que vous serez content. »

Et aussitôt je lui répétai toute ma conversation, palliant les vivacités du maréchal, dont les termes avaient été peu ménagés au commencement, et pour lui donner plus de confiance dans mon dire, j'ajoutai que M. de Crémille avait été toujours présent. Je finis en l'assurant que le maréchal se rendrait chez lui et que j'espérais qu'il lui demanderait à dîner.

« Eh bien ! soit ; mais jusque-là je ne croirai rien. »

Le lendemain, j'étais de bonne heure au moulin d'Edmeülle, où la chaîne du fourrage commençait à se former et où était la réserve des troupes très-nombreuses, car nous étions tout près des ennemis ; le maréchal y vint, resta longtemps, et comme il allait repartir, je lui dis :

« Monsieur le maréchal, je vais vous servir de guide. »

Il me dit en souriant :

« Tu as bien envie de m'égarer.

— Non, monsieur le maréchal, je vous mène chez les vôtres.

— Ah ! quels vôtres ! allons. »

Nous arrivâmes à Hovarts ; le prince vint au-devant du maréchal, enchanté de sa démarche ; ils traversèrent la salle à manger, assez grande pour quatre-vingts personnes. Le couvert était mis, le maréchal dit :

« Quoi ! déjà la table, il est donc bien tard ?

— Assez, répondit M. le comte, pour que vous ne puissiez aller dîner chez vous. »

Jugez de la joie du négociateur : j'étais comblé ; ils causèrent quelque temps en particulier et eurent le bon esprit, l'un et l'autre, de ne parler de rien qui eût trait à la brouillerie. Le contrôleur vint dire au prince qu'il était servi, il se mit à la gauche du maréchal et voulut que je fusse à la sienne ; le maréchal, qui me traitait toujours bien, dit en passant devant moi :

« Monseigneur, vous devez bien l'estimer, il vous est très-attaché.

— Certainement ; mais il vous aime davantage, et je ne lui en sais pas mauvais gré.

— Oui, ajouta le maréchal, nous nous aimons beaucoup, surtout au feu[1]. »

[1]. Le maréchal de Saxe témoignait en toute circonstance au marquis de Valfons une amitié toute particulière. Voici, parmi le grand nombre de pièces conservées avec le manuscrit de ces souvenirs, deux lettres adressées à madame la duchesse de Luynes, et que nous reproduisons exactement d'après le texte autographe.

(*Note de l'éditeur.*)

« A Gan, le 23 dessembre 1745.

« MADAME,

« J'ay ressus la laitre que vous m'avez fait l'honneur de m'écrire le 19 de ce moy. Les bontés dont vous honorés M. de Valfons sont un n'ouvos titre pour luy auprès de moy ; je le veres ariver avec grand plesir ; et coique très aimable ca calites d'aitres vostre proteges ne sauret lui nuire. Je feres dans toutes les occasions tout se qui dependras de moi pour le conveincre de latachement et du respect avec le quel j'ai l'honneur d'aitre, madame, vostre très humble et très obligent serviteur.

« M. DE SAXE. »

« A Gan, le 6 mars 1746.

« MADAME,

« J'aime M. de Walfons d'einclination, eindépandanmant de son mérite pour la guerre. Je l'ay écrit à M. le comte d'Argenson et luy ay declares que j'an feres mon amis. Je ne fais gere de ses déclarations et lon ne maquse pas d'aitre louangeur ; einsi vous pouvez aitre

Le dîner fut très-gai : tout se passa à merveille ; le maréchal partit de la meilleure humeur ; M. le comte me mena dans son cabinet, où les expressions les plus caressantes furent ma récompense et me confirmèrent sa reconnaissance.

Quelques jours après sa joie fut bien plus vive : nous changeâmes notre position, et au nouveau camp M. le maréchal forma une réserve de douze mille hommes, qu'il donna à M. le comte avec vingt pièces de canon et trois cents hommes d'artillerie. Cet événement causa une grande satisfaction à toute l'armée, affligée de voir un prince du sang réduit au commandement de quelques régiments.

———

La batterie de douze pièces de canon placée à la rive droite de la Meuse devant Namur, et gardée par le régiment de Crillon, ouvrit la brèche de l'ouvrage à cornes dans la nuit du 16 septembre. Après en avoir bien examiné le local, je proposai à M. le comte de Clermont et à M. de Lowendal, qui dirigeaient le siége, de l'attaquer

---

assurés que j'ores fait pour M. de Walfons se que vous aves eu la bontés de desires pour lui s'il m'avet étes possible. Je ne conais sertenement gère se luy que j'ay envoies avec les drapos et n'ay nulle lieson avec luy, mais je n'ay pas peu faire otrement pour fermer la porte a une cantites de protexion et de soliciteurs très apres avec qui je me seres fait des querelles si j'aves dones la préférence à quelqu'un que l'on sait que j'aimme. J'espere que sais resons vous pareteront bonne, madame, et que vous me renderes la justice d'aitre persuades de mon attachement et de mon respect.

« M. DE SAXE. »

quoique le chemin couvert ne fût pas pris; ma proposition parut hasardeuse et fut discutée; enfin on se rendit au moyen que j'indiquais : c'était de se couler avec des grenadiers le long de la rivière, sur un laissé de terre, en longeant à notre droite le chemin couvert, les ennemis devant penser avec confiance que nous n'oserions jamais attaquer cette brèche, sans préalablement les avoir chassés du chemin couvert.

Voici les précautions dont j'usai d'abord : je passai la Meuse pour dire au commandant de la batterie qu'à neuf heures du soir il fît un feu très-vif de ses douze pièces qui battaient en brèche; il n'y en aurait que quatre chargées à boulet, devant tirer quatre toises plus haut que la crête, uniquement pour tenir en respect les sentinelles ennemies qui, à couvert derrière la brèche, n'osent montrer le nez tant qu'ils entendent le sifflement du boulet, toujours très-imposant; les huit autres pièces feraient le feu le plus vif, mais simplement à poudre, pour tromper l'ennemi, qui ne supposerait jamais que nous pussions tenter la moindre chose sur un point contre lequel on ne cessait de tirer.

Cet ordre donné, je disposai les sapeurs et les travailleurs avec des distances d'un détachement à l'autre et loin de la sape, pour éviter la confusion, au débouché surtout, si les grenadiers étaient repoussés. Dans ce cas les travailleurs fuient, mettent le désordre, et on ne peut plus les ravoir quand on a repris l'avantage.

Je priai M. de Beauffremont, maréchal de camp de tranchée, de me laisser le maître du dispositif, l'assurant qu'il serait content. J'eus soin, en faisant défiler chaque grenadier, de lui donner moi-même un paquet de trente cartouches pour mettre dans sa poche, outre ce qu'il avait, parce que quand la poudre et les balles manquent pendant l'attaque, ce sont des cris odieux que tous les braillards de la tranchée répètent indécemment, portant l'alarme et la crainte, malheureusement très-faciles à communiquer la nuit, moment le plus favorable pour ces expéditions, mais qui impressionne la faible humanité.

Comme j'avais averti les grenadiers de ne pas s'inquiéter des coups de canon qu'ils entendraient derrière eux, ni même du bruit des boulets qui, par leur direction, passeraient toujours au-dessus de leur tête et faciliteraient l'attaque, en laissant aux ennemis la sécurité de n'être pas surpris tant qu'on tirerait, ils marchaient avec audace et confiance. Je fus donc fort étonné de voir la tête de la colonne s'arrêter à deux cents pas : le moindre bruit pouvait nous perdre ; les ennemis, très-nombreux dans le chemin couvert de l'ouvrage que nous allions attaquer, n'étaient qu'à vingt pas de nous et nous auraient écrasés par leur feu le long de ce défilé ; j'y courus pour savoir la cause de cette halte.

Malheureusement pendant le jour, et surtout depuis cinq heures du soir jusqu'à neuf, la Meuse avait si fort augmenté qu'elle couvrait tout le terrain que j'avais reconnu la veille, et cette inondation arrêtait nos grenadiers. Je n'hésitai pas un instant et demandai :

« Quelqu'un sait-il nager ?

— Oui, me répondit un soldat d'artillerie destiné à couper les saucissons des mines.

— Ote ton habit, prends une perche et marche devant moi. »

J'ôtai aussi mon habit, et en veste, l'épée à la main, je suivis mon homme jusqu'au pied de la brèche, ayant de l'eau au plus profond jusqu'au-dessous des épaules. A mon retour, qui fut très-prompt, les grenadiers me reçurent avec enthousiasme.

« Allons, mes enfants, c'est moi qui serai votre guide : il n'y a point de danger ; nous allons surprendre les ennemis, ils sont à nous. »

Tout me suivit : la brèche, basse et facile, fut bientôt franchie ; les assiégés n'étaient point en défense ; fort peu avaient leurs armes. Quelques-uns furent tués, le reste fut pris dans les casemates, au nombre de cinq cents, dont trente-quatre officiers, un colonel et un major ; il ne nous en coûta dans toute la nuit que quarante-deux grenadiers tués ou blessés.

M. le comte de Clermont m'avait promis que si je faisais prendre l'ouvrage à cornes, la place rendue, j'en porterais la nouvelle au Roi. Je lui menai dans sa cour, à trois heures du matin, tous les prisonniers et lui annonçai l'heureux succès qui le rendait maître de Namur ; il était dans son lit, j'ajoutai :

« Monseigneur, je vais me préparer, mettre mes bottes, car sûrement la garnison n'a pas un moment à perdre pour remonter et se réfugier dans les châteaux. »

Je vis au milieu de sa joie un certain embarras vis-à-vis de moi ; je le connaissais trop pour m'y méprendre.

« Quoi, monseigneur, ne me tiendrez-vous pas, après un service aussi grand qu'inespéré, la parole que Votre Altesse m'a donnée? »

Son embarras redoubla ; il sentait toute l'injustice qu'il allait me faire, chercha à s'en justifier en me disant qu'il n'était pas le maître d'agir autrement, mais que sûrement il me réserverait de porter une nouvelle plus intéressante : celle de la reddition des châteaux et de la garnison prisonnière. J'eus besoin de toute ma sagesse et du respect si justement dû aux princes du sang pour ne pas témoigner mon mécontentement bien légitime. Je me tus et sortis désespéré. Le matin, la ville ouvrit ses portes ; la garnison s'était renfermée dans les châteaux.

L'espérance et la nouvelle promesse de M. le comte de Clermont m'avaient calmé ; bouder eût été inutile et maladroit. Je pris le seul parti raisonnable : ce fut de redoubler de zèle au siége des châteaux et de forcer le prince, par de nouveaux soins et une application constante, à ne plus me sacrifier à l'intrigue qui avait abusé de sa bonté.

On ouvrit la tranchée des châteaux. J'ai constamment cherché dans les siéges à économiser les hommes, m'exposant de préférence pour conserver au Roi de braves soldats qu'on hasarde souvent inutilement. Les ingénieurs demandent toujours plus de travailleurs que le nécessaire; les projets qu'ils font pendant le jour dans un cabinet et sur le papier deviennent pénibles à exécuter la nuit sur le terrain, au milieu des coups de fusil; ils portent en avant trop d'ouvriers difficiles à placer par leur nombre, s'incommodant les uns les autres et trop livrés au feu de la place.

Je disposai les travailleurs de nuit en pelotons dans un dépôt à couvert, où successivement je venais les prendre pour les conduire moi-même malgré le danger, que je calculais peu quand il devait être utile; de huit cents hommes commandés qui allaient marcher, on n'en put placer que quatre cents, sur lesquels tomba la perte; il en eût péri au moins le double en les employant tous et sans qu'on pût faire plus d'ouvrage, parce que le terrain ne le permettait pas.

Cette première nuit fut très-vive : Corneillan, capitaine de grenadiers de Crillon, y eut le bras cassé d'une balle. Flaubert, ingénieur, né Français, mais au service d'Espagne, qui était venu comme volontaire, reçut près de moi un coup de fusil au travers du corps; je le fis emporter. Il est souvent dangereux de vouloir trop se montrer : il en fut puni.

Le même bonheur qui m'a toujours suivi me fit

échapper aux dangers d'une nuit aussi meurtrière, et je reçus mille remercîments des détachements de travailleurs que j'avais conservés.

Un charpentier de Namur vint trouver M. de Lowendal et lui proposa d'escalader la fausse braye du château qui donne sur la rivière ; il m'envoya chercher, me fit longtemps causer avec cet ouvrier, que j'emmenai le soir pour aller examiner moi-même, du haut du clocher, la possibilité de son projet. Je vis qu'il pouvait avoir raison. Cette fausse braye n'avait qu'un mur très-facile à escalader ; elle n'était gardée que par un caporal et quatre hommes fournissant une seule sentinelle qu'on pouvait surprendre ; de là, en cassant une porte à simples barreaux de fer assez faibles, on était dans la place. Il est vrai qu'à côté de cette grille il y avait une caserne où était un bataillon, mais, qui sûrement couché et surpris, aurait fait peu de résistance.

Je rendis compte de tout à M. le comte de Clermont et à M. de Lowendal. On commanda pour le lendemain au soir quarante compagnies de grenadiers, sans leur apprendre leur destination. La Brosse, lieutenant-colonel de Nivernais, plein d'audace et d'intelligence, avait l'avant-garde ; le tout était aux ordres de M. De Vaux, maréchal de camp, officier ferme et capable d'exécution.

La colonne en marche, quatre compagnies de grenadiers de mon régiment, qui en faisaient partie, demandaient où on les menait et pourquoi leur colonel n'était pas avec eux; Gauzac, un de leurs capitaines, garçon aimable et qui pensait très-bien de moi, leur dit :

« Mes enfants, soyez sûr que s'il y a quelque chose à faire pour nous, M. de Valfons n'est pas loin ; vous savez qu'à l'attaque de l'ouvrage à cornes de Tournay, sans y être commandé, il marcha à notre tête. »

J'étais assez près de Gauzac, qui ne m'avait point vu, pour entendre un propos aussi flatteur, et lui en témoignai toute ma reconnaissance. Avant d'arriver au pied du mur que nous devions escalader, je demandai à notre charpentier, qui nous guidait, s'il voulait boire un coup d'eau-de-vie.

« Non, monsieur, je n'ai pas peur et suis bien de sang-froid, je voudrais seulement avoir une cuirasse. Ce n'est pas que je craigne pour ma vie ; mais je serai plus difficilement blessé et vous n'avez que moi pour guide. »

La fermeté de cet homme me donna de la confiance. M. de la Brosse mit devant lui une petite avant-garde de cinq grenadiers et se plaça à la première compagnie de Picardie. Le caporal de grenadiers de l'avant-garde, encore jeune et très-brave, mit l'échelle à l'angle rentrant des deux murs de la fausse braye; nous observions le plus profond silence au pied de cette échelle pendant qu'il montait ; malheureusement la nuit trop calme et point obscure permit à la sentinelle hollandaise d'entendre du bruit ; elle s'avance et tire un coup de fusil, en criant :

« Alerte! à son poste. »

La balle blessa à la cuisse et culbuta le brave caporal, qui eut le courage de nous dire :

« Montez toujours, et soyez sûr que je ne crierai pas pour me plaindre. »

Je le fis enlever et porter à l'hôpital; il guérit et fut fait officier dans la suite, récompense bien méritée. M. De Vaux, se voyant découvert, retira ses troupes, et notre expédition fut comme non avenue.

A la fin du siége des châteaux j'allai voir, sans en dire la raison et sous prétexte de visiter la place, l'endroit que le charpentier nous avait indiqué : tout était de la plus grande exactitude dans son rapport et d'un succès facile si on avait pu seulement s'emparer du petit corps de garde; il eût fallu pour cela une nuit plus sombre, du vent et une sentinelle moins vigilante.

Le major des forts causa de cet événement avec moi; je ne convins point du dessein que nous avions eu, encore moins de l'entreprise manquée, mais il me répéta qu'il avait toujours veillé sur cet endroit inquiétant par sa facilité, qu'il en parlait souvent au commandant de la garnison, mais que celui-ci lui reprochait ses craintes qu'il taxait de terreur panique; elles étaient pourtant bien fondées et très-judicieuses. Le charpentier, connu dans son pays, où il eût été puni sévèrement, passa en France avec une petite pension qu'on lui fit obtenir.

Le feu prit à plusieurs magasins des châteaux, surtout à celui qui contenait le lard, le beurre, l'huile et le goudron; l'incendie fut vif et très-dangereux, vu la proximité des magasins à poudre, ce qui détermina le gouverneur à capituler.

J'espérais pour le coup tenir enfin une récompense souvent promise, plus souvent méritée. Mais je ne fus pas plus heureux : M. de Lowendal, ami de Sourdis, étant toujours auprès du maréchal, obtint de la complaisance de M. le comte de Clermont qu'il manquerait encore à sa promesse, sous des prétextes inutiles à citer; je vis donc arriver et partir Sourdis pour porter la nouvelle d'un siége que j'avais fait avec tant de peines, de dangers et de succès.

Je montai à l'appartement de M. le comte de Clermont, et le désespoir dans le cœur, mais la sagesse et le respect à la bouche, je lui demandai la permission de quitter sa réserve et d'aller chercher auprès du maréchal de Saxe une justice qu'il me refusait. Il prit un air riant, m'assura qu'il m'aimait beaucoup. J'insistai : c'était l'heure de l'ordre; descendu dans la salle où il le donnait, devant les officiers généraux, ceux de sa maison, Polignac, Montlezun et l'état-major, il dit :

« Voilà Valfons qui vient de me traiter comme un chien.

— Monseigneur, je n'ai pu m'écarter un instant de ce que je vous dois.

— Aussi, je veux que vous restiez auprès de moi.

— Monseigneur, toute l'armée a vu mon zèle et mes

succès pour la gloire de Votre Altesse sérénissime. J'y ai sacrifié mes veilles et risqué ma vie sans hésiter; je lui rends l'hommage et le profond respect dus si légitimement au sang de mon maître; mais comme militaire, je crois avoir droit à sa reconnaissance. »

Et tout de suite je le priai de lire la lettre que j'écrivais au maréchal de Saxe pour lui demander, le siége terminé, de me rapprocher de lui et de la grande armée. M. le comte de Clermont me parla avec bonté, voulut bien oublier la distance immense qu'il y avait de lui à moi, et voyant que je persistais :

« Puisque vous voulez me quitter malgré moi, je ne vous retiens plus, vous pouvez faire partir votre lettre. »

Je ne perdis pas un intant : c'était le 8 octobre; j'envoyai un de mes gens qui, le lendemain, me rapporta la réponse la plus satisfaisante du maréchal de Saxe. J'arrivai le 9 au soir à son quartier général. Il me reçut avec bonté, en me disant :

« La colère te ramène, il ne fallait pas me quitter; je t'aime mieux qu'eux, je t'ai vu partir avec regret et te vois revenir avec plaisir; c'est arriver au bon moment, je marche demain aux ennemis, qui vraisemblablement seront décampés; ma foi, s'ils ne le sont pas, nous jouerons des couteaux.

— Je vous supplie, monsieur le maréchal, de me garder près de vous, je vous promets de mériter cette préférence.

— Oh! oui, je me souviens de Fontenoy ; tu étais mon ami, ce jour-là !

— Je me flatte, monsieur le maréchal, que si vous donnez une seconde bataille, je chercherai à confirmer un titre aussi précieux.

— Bonsoir, à demain. »

Le lendemain, 10 octobre, l'armée, précédée de ses campements, vint s'établir entre la chaussée de Tongres et de Saint-Tron, la droite à Haynault, la gauche à Neuport. Le 11, toute l'armée se mit en mouvement et se porta sur le champ de bataille, en plusieurs colonnes. La nuit du 10 au 11, le maréchal coucha à Honté. Quoique la marche eût été courte, tout le monde était fatigué et se reposait pour être en état de combattre. Ma santé, toujours forte, m'a permis dans toutes les occasions où je me suis trouvé de faire plus que les autres, d'être toujours le maître de retarder un repos nécessaire en général, et souvent indispensable.

J'avais à plaire au maréchal ; j'en cherchai tous les moyens honnêtes et crus lui être utile en allant reconnaître pendant la nuit, autant qu'elle pourrait me le permettre, le terrain qui était entre nous et les ennemis. Je le parcourus en différentes fois, avec des patrouilles d'un sergent et quatre grenadiers, environ un quart de lieue en avant sur une demi-lieue de large.

J'y trouvai deux ravins où je faisais descendre

deux grenadiers, et après qu'ils avaient été fouillés, j'y descendais moi-même et cherchais un passage pour aller aux ennemis, laissant le sergent et les deux autres grenadiers en haut et un peu en avant ventre à terre, pour n'être ni surpris ni coupés.

Plusieurs petites patrouilles de Hessois, sorties de Rocoux et de Varoux, passèrent à cinquante pas de nous, qui les entendions couchés sur le ventre et dans le plus profond silence; je remplis mon but et revins sur les quatre heures du matin dans l'antichambre du maréchal; il monta à cheval à six heures et se porta entre les colonnes au village de Loutin.

A huit heures, il fit ouvrir les cantines et offrit à déjeuner aux officiers généraux de jour, à l'état-major, à ses aides de camp et à un officier par brigade, qui étaient près de sa personne à attendre ses ordres. Les uns avaient déjeuné avant de partir, il était trop matin pour les autres. Moi, qui avais passé la nuit à courir, aussi en éveil de corps que d'esprit par la crainte de tomber dans quelque poste sur un terrain inconnu, je mangeai de si bon appétit que le maréchal, s'approchant de moi, me dit à demi-voix :

« J'aime les gens qui se nourrissent bien quand il s'agit de charger; c'est d'un bon augure.

— Permettez-moi de boire à vos succès, monsieur le maréchal; je suis bon prophète, vous battrez les ennemis.

— Mais je crains qu'ils ne soient plus là. »

Il croyait toujours que le prince Charles ne l'attendrait pas, repasserait la Meuse ou se replierait par la droite sous Maëstricht. Il fit à dix heures et demie un brouillard si épais qu'on n'y voyait pas ; à onze heures il fut dissipé.

Le maréchal fut très-étonné de voir l'armée ennemie en bataille, sa gauche au village d'Anse, son centre occupant les villages de Varoux et de Rocoux, et les Autrichiens qui formaient la droite longeant le village de Sière, laissant un ravin devant eux. Le maréchal était entouré par le chevalier de Belle-Isle, lieutenant général de jour, MM. de Brézé, de Crémille, de Vaudreuil, de Croismare, chefs de l'état-major, et tous les aides ; il m'appela et me tira du milieu de cette foule en disant que personne ne le suivît. Sourdis, que son amitié mettait toujours hors de la règle générale, voulut l'accompagner :

« Mais vous ne vous appelez pas Valfons, dit le maréchal, retournez avec les autres. »

Et puis se portant au galop à cent cinquante pas en avant entre les deux armées :

« Je voudrais bien, mon enfant, que vous fissiez l'impossible, sans vous faire prendre, pour pousser le plus loin que vous pourrez et voir ce qu'il y a derrière Rocoux et Varoux ; je vais mettre de distance en distance derrière vous quelques-uns de mes hulans pour que vous ne soyez pas coupé par des hussards que j'aperçois là-haut. »

Ce fut dans ce moment-là que je sentis tout mon bonheur d'avoir reconnu le terrain pendant la nuit. J'étais monté supérieurement, sur un cheval aussi solide que vif. Je n'essuyai que quelques coups de canon d'une batterie de dix pièces placée sur les hauteurs, et fus assez heureux pour tourner de loin les deux villages et voir que la cavalerie autrichienne qui les soutenait craignant, s'ils étaient emportés, d'être écrasée par notre canon, faisait un mouvement par sa droite et ne protégeait plus les villages.

Je revins ventre à terre en rendre compte au maréchal, qui me reçut à bras ouverts.

« Allons, il n'y a pas un moment à perdre, faites marcher. »

Il me demanda jusqu'où j'étais allé et me dis que m'ayant perdu de vue, il craignait toujours que je ne me fisse tuer ou prendre; je lui répondis que j'avais poussé jusqu'au pied de la hauteur qu'il voyait environ à quinze cents pas. Un officier général très-près de lui fit un petit sourire, croyant que j'exagérais :

« Monsieur, lui dis-je avec vivacité, quand M. le maréchal aura battu les ennemis, vous trouverez à l'endroit que j'indique un Hessois tué ou blessé du canon; je désire bien qu'on ne l'enlève pas. »

L'honnêteté du maréchal me rendait trop justice pour douter, voyant que la brigade d'Orléans, à qui on avait ordonné de marcher, avait suspendu son mouvement, il me dit :

« Allez-y donc et qu'on ne les expose pas, en faisant halte si près des ennemis, à être écrasés par le canon à cartouches. »

Je courus et je dis au chevalier d'Aullans, capitaine

de grenadiers d'Orléans, qui avait la tête de la colonne, de se remettre en marche :

« C'est M. de Maubourg qui nous commande, répondit-il, qui m'a fait arrêter un instant.

— Oui, me dit ce respectable vieillard, je viens de mettre ma cuirasse, et vous direz à M. le maréchal que quand le Roi me confie ses troupes si près de l'ennemi, je suis jaloux de marcher à leur tête. »

Il prouva bien par sa valeur qu'il en était digne. Je longeai la ligne, passai devant le front de Beauvoisis, où je dis à Lugeac, qui en était colonel :

« C'est un beau moment pour vous. »

Il fut court, car presque au même instant un coup de fusil, lui perçant les deux joues, emporta une partie du palais.

A peine étais-je de retour auprès du maréchal, M. le duc de Luxembourg vint en personne lui dire que les troupes qu'il avait à ses ordres pliaient, ne pouvant tenir au feu qui leur était opposé.

« Je vais vous donner quelqu'un qui remédiera à cela.

— Allez, Valfons, suivez M. le duc et ralliez ses troupes. »

Il est vrai qu'il y avait déjà beaucoup d'hommes épars dans la plaine, plusieurs blessés, d'autres qui avaient pris le prétexte de secourir leurs camarades. Je demandai en partant au maréchal de faire faire un mouvement à une brigade de cavalerie qui était à sa gauche ; il me donna toute permission ; je courus au commandant de la brigade de Royal-Pologne et lui ordonnai, de la part du maréchal, lorsque je ferais signe avec mon chapeau au milieu de la petite plaine, de mettre ses escadrons au trot, de les porter à quatre-vingts pas en avant seulement, et de faire halte.

L'ordre donné, je me mis au centre des soldats disséminés en leur criant que la cavalerie allait leur passer sur le corps, et aussitôt je fis le signal convenu ; ce petit moyen réussit : le soldat, honteux d'avoir quitté son drapeau, y retourna, sentant la cavalerie s'approcher au grand trot, et ne se doutant pas qu'elle dût s'arrêter si tôt.

En revenant, je traversai Boufflers-Vallon, commandé par le fils du duc de Boufflers ; son père s'était mis à la tête et y avait eu son cheval tué sous lui ; je lui offris le mien ; il refusa me disant très-honnêtement qu'il combattrait à pied et que j'étais plus utile que lui ; il s'en fallait bien que je fusse de son avis, trop heureux si je pouvais me flatter de l'avoir imité ; il était aussi brave militaire que bon citoyen, et se conduisit à merveille toute la journée. Les deux pages du Roi qu'il avait près de lui furent tués ; son écuyer fut blessé derrière lui ; son fils, très-jeune encore, se montra digne de son père, sous la conduite du baron d'Eclimeux, lieutenant-colonel de ce régiment. Nos grenadiers, suivis de leurs brigades, traversèrent les haies avec la plus grande valeur et ne se servirent que de leurs baïonnettes.

Les deux premiers rangs de Hessois furent tués à leur place; on fit dans le village huit cents prisonniers, qui furent dépouillés dans un instant et que nous trouvâmes tous nus. Je vis venir à moi l'un d'eux, qui me dit qu'il était le prince d'Isenbourg, général des Hessois; je lui donnai sur-le-champ ma redingote, mon chapeau; puis je pris celui de mon palefrenier qui en ramassa un de soldat, je lui fis donner un de mes chevaux et le menai chez M. de Séchelles, où les officiers prisonniers soupèrent.

Le prince d'Isenbourg voulut absolument que je fusse assis auprès de lui; je l'avais vêtu de pied en cap de la garde-robe de l'intendant; il me témoigna mille fois sa reconnaissance.

Pendant que je causais avec le maréchal sur le champ de bataille, il me dit, se trouvant entouré d'importuns :

« Je voudrais qu'on nous tirât quelques volées de canon, je ne serais pas si environné et nous parlerions plus librement. »

Un moment après, l'artillerie des ennemis commença un feu très-vif.

« Il me semble, reprit-il, que les visages s'allongent. »

Je lui répondis avec gaieté :

« Je ne m'aperçois pas de cela; mais je me flatte que vous parlez à un visage très-rond. »

C'était un des torts du maréchal; il feignait de n'avoir pas bonne opinion des Français, voulant laisser croire que c'était à ses utiles talents qu'on devait nos succès, mais dans le fond du cœur il leur rendait justice; je ne puis m'empêcher de dire, malgré mon respect pour sa mémoire, que j'ai vu souvent les Français réparer par leur valeur des défauts de position et de manœuvre; le maréchal le savait bien.

Il dit le soir en soupant : « Me voilà raccommodé avec l'infanterie. » Très-fâché qu'aucun des officiers généraux ne relevât un propos injuste, je pris la liberté de lui dire que je n'avais jamais vu l'infanterie dans le cas de se brouiller avec lui; que, à Fontenoy, à Tournay et aux autres siéges, elle avait toujours montré beaucoup de nerf, et que je la croyais bien digne de son estime. Il reçut cette observation avec bienveillance et ne m'en sut pas mauvais gré.

Ce fut le défaut de jour qui sauva l'armée ennemie; il est vrai que le maréchal, comptant toujours que le prince Charles s'en irait, fit commencer l'action un peu tard, en me disant :

« Ce n'est pas ma faute, il y a assez longtemps que je sonne la cloche; ils ne veulent point s'en aller. »

Il eut un bien beau moment, à quatre heures du soir; les ennemis en fuite, il revint à son quartier et traversa toute l'armée au milieu des cris de : *Vive le Roi et le maréchal de Saxe!* Chaque brigade lui offrait des drapeaux, des canons, des prisonniers;

c'est le plus grand et le plus émouvant de tous les spectacles. En rentrant, il me dit :

« Tu as été trop mon ami toute la journée pour que je ne sois pas le tien; demain, tiens-toi prêt pour porter au Roi le détail de la bataille. »

On avait fait partir sur-le-champ MM. d'Armentières et d'Espagnac pour porter la première nouvelle; je ne pus partir que la nuit du 13 au 14, par la difficulté de rassembler tous les états des officiers morts et blessés des différents régiments.

Je n'avais pas oublié, en nous portant en avant, de faire remarquer au maréchal et à l'officier général incrédule, le Hessois, assigné en témoignage dans le compte rendu de ma reconnaissance, et qui, tué par un de nos boulets, n'était pas encore enlevé; le maréchal me dit en riant :

« Mais moi, je n'en doutais pas, et j'ai agi en conséquence. »

Les ennemis laissèrent quatre mille hommes tués, deux mille prisonniers, quarante pièces de canon abandonnées, soixante officiers prisonniers, dont le prince d'Isenbourg, commandant les Hessois, un colonel hessois et un colonel anglais. Nous eûmes trente-trois officiers tués, dont M. de Fénelon, lieutenant-général, deux cents officiers blessés, mille cent quatorze soldats tués et deux mille six cent trente-six blessés.

Je trouvai le chevalier de Belle-Isle, qui était resté

comme lieutenant-général de jour sur le champ de bataille, avec un gros détachement; je lui demandai ce qu'il avait fait pendant l'action; il me répondit assez légèrement :

« Nous causerons de cela une autre fois. »

Je lui dis que j'en étais fâché, parce que, envoyé au Roi, j'aurais été flatté de rendre compte de sa conduite. Il s'empressa alors de me tout dire; je feignis d'être trop pressé par les ordres du maréchal et le laissai.

L'instant avant mon départ, M. le comte de Clermont m'envoya chercher, honteux de son injustice vis-à-vis de moi; il crut la réparer en me disant :

« Le maréchal vous a choisi par l'amitié qu'il sait que je vous porte, et parce que j'ai envoyé Sourdis de Namur. »

Je n'eus pas la basse flatterie d'en convenir.

« Non, monseigneur, je ne dois qu'aux coups de fusil que j'ai essuyés sous les yeux du maréchal, à l'utilité dont je lui fus et à sa justice, le choix qu'il veut bien faire de moi; il m'a été plus avantageux de servir près de lui un jour que trois ans auprès de Votre Altesse Sérénissime.

— Je ne vous laisserai pas partir sans une marque de mon amitié et de ma satisfaction : voilà deux lettres, l'une pour le Roi, l'autre pour M. d'Argenson; elles sont pleines d'éloges de votre conduite et de vos services, et pour que vous n'en puissiez douter, voilà des copies signées de moi, qui vous seront à jamais un témoignage sûr du cas que je fais de vous. »

Je remerciai le prince avec le plus profond respect, mais sans nulle reconnaissance dans le fond de mon cœur; je l'avais servi trop longtemps et avec trop de zèle à Menin, Ypres, Furnes, Fribourg, me sacrifiant dans l'intérêt de ses succès, pour me contenter d'un propos vague et d'une démonstration aussi tardive que sans effet. Il m'avait toujours préféré ceux même qu'il ne connaissait pas ou qui avaient été absents.

Lettre de S. A. S. a M. le comte d'Argenson.

« M. de Valfons est chargé, monsieur, de porter le détail des blessés et de la victoire que les troupes de Sa Majesté viennent de remporter. Je suis ravi que cette commission lui aye été donnée, espérant que cela lui fera obtenir les grâces qu'il mérite par la distinction avec laquelle il a servi cette campagne; comme il a été presque toujours sous mes ordres, j'ai été témoin de son intelligence et activité; j'aurais même souhaité qu'il m'eût été possible de le charger de quelques-unes des nouvelles que j'ai eu l'honneur d'envoyer à Sa Majesté, sentant combien il méritait qu'on saisît une occasion de pouvoir le faire récompenser. La voilà trouvée, et je ne puis, dans cette circonstance, me dispenser de joindre ma sollicitation et de lui rendre la justice qu'il mérite.

« Vous connaissez, etc.
                                « L. de Bourbon. »

VII

SOMMAIRE.

1746. Départ du camp. — Arrivée à Fontainebleau. — Rapport à M. d'Argenson. — Compte rendu au Roi. — M. le duc d'Orléans. — Leçon d'étiquette donnée à M. de Maurepas. — Mot de M. de L'Espine à ses officiers.— Bienveillance du Roi. — Audience de la Reine. — Compliment de Sa Majesté. — Madame de Pompadour. — Son accueil. — Souvenir d'avant ses grandeurs. — Le grand couvert. — Questions du Roi. — Remerciement des personnes de la cour. — Madame de Boufflers. — M. de Valfons est nommé gouverneur du fort de l'Écluse. — Pauvre brigadier et brigadier pauvre. — Lettre au maréchal. — M. d'Argenson retenu au lit. — — Départ pour Paris. — Rencontre du maréchal de Saxe. — Retour à Fontainebleau. — Le maréchal chez madame de Pompadour. — Griefs du maréchal. — Il refuse de voir le ministre. — Mission de M. d'Argenson pour cet objet. — La cour des Fontaines après minuit. — Le maréchal sort de chez madame de Pompadour. — Obsessions prolongées. — Il cède enfin. — Joie et reconnaissance de M. d'Argenson. — Le maréchal de Saxe est fait maréchal général des armées du Roi. — On copie les patentes de M. de Turenne. — Bénéfices de la franchise et de l'honnêteté.

Je partis, et malgré les fatigues précédentes, j'arrivai en quarante-deux heures, le 25 octobre, à Fontainebleau, où était le Roi ; je descendis chez M. d'Argenson, ministre de la guerre; il était cinq heures du matin et je le trouvai au lit; avant tout, il me fit asseoir et servir un morceau que je mangeai à son chevet; puis il me dit :

« A présent, causez avec moi comme avec votre ami, oubliez le ministre et racontez-moi tout. »

Il m'écouta pendant une heure avec cette finesse et cette intelligence qui faisaient le fond de son caractère, et sans m'interrompre une seule fois. A la fin de ma relation, il revint sur quelques points, et puis étendant les bras et m'embrassant :

« Mon enfant, c'est à merveille; la grâce que je vous demande, c'est de rendre le même compte au Roi, mot pour mot, n'y changez rien.

— Sûrement, si le Roi a la même indulgence que vous, ce sera la même chose, la vérité n'est qu'une. Mais j'ignore les questions que Sa Majesté pourra me faire, soyez certain que j'agirai sagement. »

A dix heures, moment du lever, M. d'Argenson me mena chez le Roi, en bottes et en uniforme de l'état-major; il était dans sa chambre, où on le frisait, entouré de M. le duc d'Orléans, de plusieurs princes, de tous les ministres et de quelques courtisans qui avaient les entrées. M. d'Argenson lui remit les lettres du maréchal de Saxe venues dans son paquet, et moi l'état circonstancié, par régiment, des officiers tués et blessés, qu'il parcourut jusqu'à la fin, me faisant quelques questions sur différents officiers. Je commençai ensuite ma relation; j'eus le soin d'y faire valoir ceux qui étaient connus de Sa Majesté, qui avaient bien fait, et dont les parents étaient là.

Je vis l'inquiétude de M. d'Argenson de ce que je ne prononçais pas le nom de Voyer, son fils; j'attendais toujours que le Roi m'en parlât, me réservant d'y venir moi-même s'il s'en taisait, mais ne voulant pas avoir un air de basse flatterie en louant le fils du ministre de la guerre devant lui ; enfin le Roi me dit :

« Et Voyer ? »

Alors je le louai en peu de mots, mais très-fortement.

« Et vous, Valfons, reprit le Roi, que faisiez-vous pendant ce temps-là ?

— Sire, je cherchais à imiter les soldats de Votre Majesté. »

Je venais de les peindre pleins de zèle et de valeur : je n'y perdais rien.

Le Roi me demanda si j'avais vu L'Espine, lieutenant-colonel d'Orléans.

« Oui, sire, avant, pendant et après le combat.

— Duc d'Orléans, vous l'entendez !

— En êtes-vous bien sûr ? me dit M. le duc d'Orléans.

— Oui, monsieur. »

M. de Maurepas, oubliant qu'il était devant le Roi, me dit vivement :

« Dites monseigneur.

— Il n'y en a point devant le Roi, » lui répondis-je. Ce qui est vrai ; on appelle monsieur les princes du sang eux-mêmes, en sa présence.

Je sus après pourquoi cette question du Roi sur L'Espine : on l'avait desservi, il était brave mais querelleur, et son régiment ne lui avait jamais pardonné une plaisanterie faite à une bataille en Italie, où le feu était si vif que beaucoup de soldats et plusieurs officiers de son bataillon avaient mis ventre à terre ; M. de L'Espine leur dit :

« Messieurs, je ne sais comment vous pouvez dormir avec un bruit pareil. »

―――

Les questions dont m'honora le Roi durèrent jusqu'à onze heures ; il voulut bien, par un air de bonté, me témoigner qu'il était content de mes réponses. J'avoue que cette même bonté ne m'avait laissé que le respect et m'avait ôté toute timidité ; mon sang-froid et l'exactitude à répondre juste à ce qu'il me demandait le prouvèrent à ceux qui étaient présents, et en sortant ils m'en firent mille compliments.

Le Roi fut à la messe et ensuite à la chasse. Je le suivis jusqu'à la portière de son carrosse ; comme il allait y monter, il me dit :

« Valfons, ce serait vous jouer un vilain tour que de vous dire de venir avec nous.

— Sire, il reste toujours le désir et des forces pour suivre Votre Majesté.

— Non, allez vous reposer. »

Je remontai à l'appartement de la Reine. Madame de Luynes me fit entrer dans la chambre, où j'eus l'honneur de rendre compte à Sa Majesté, mais plus en bref, de la bataille ; son cœur s'attendrit souvent des malheurs que cause la guerre ; je lui parlai de M. de Talaru, son protégé, fils de M. de Charmazel, son premier maître d'hôtel, qui avait bien fait et que je louai devant son père. La Reine, toujours indulgente, me témoigna sa satisfaction, et se tournant vers madame de Luynes avec son sourire si agréable, elle lui dit à demi-voix :

« Il est bien fait pour porter de bonnes nouvelles, il a la physionomie heureuse ! »

Les succès et la position embellissent les traits.

———

Je quittai mes bottes et j'allai chez madame de Pompadour, qui me reçut à merveille, me fit entrer dans son cabinet, et se remettant dans un fauteuil, me dit d'en prendre un et de m'asseoir près d'elle, en ajoutant :

« Nous avons le temps de causer, le Roi ne viendra que dans une heure. »

Je l'avais connue avant ses succès et soupant avec elle, n'étant que madame d'Etioles, jeune, jolie, pleine de talents ; je n'avais point été de son avis à table, mais avec la politesse et la gaieté qu'on doit à une jolie femme qu'on contrarie.

Un mois après, transportée à la cour, maîtresse du Roi et de l'univers, entourée à sa toilette comme une reine, elle m'aperçut dans la foule, m'appela et me dit :

« Disputeriez-vous à présent ?

— Oui, madame, si vous me le permettiez ; je n'avais pas besoin de ce moment pour vous rendre tout ce qu'on doit à l'esprit et à la beauté.

— C'est très-bien, nous n'en serons pas moins bons amis; si je puis vous être utile, adressez-vous à moi. »

Je n'en ai profité qu'une fois; elle m'a tenu parole.

Je reprends notre entretien à Fontainebleau.

« Ah çà, dites-moi tout, ne me cachez rien, et pour vous mettre à votre aise, lisez ces deux lettres, elles vous prouveront que je suis instruite. »

J'en reconnus l'écriture, l'une était de M. de Soubise, l'autre de M. de Luxembourg. Elle me fit mille questions, surtout sur le maréchal de Saxe, qu'elle aimait autant qu'elle haïssait M. d'Argenson; dans le courant de la conversation, elle me dit :

« Je savais qu'il était arrivé un officier de l'armée; les gens peu instruits que j'ai questionnés n'ont pu me dire votre nom; mais sur le portrait, j'ai dit :

« C'est mon Valfons, il a bien la figure à cela.

— Oh! madame, peut-on parler figure devant la vôtre!

— Mais je crois que vous m'en contez?

— Non, madame, mais il doit m'être permis, vu vos bontés, de dire ce que tout le monde pense. »

Elle me fit offre de service, me demanda si on m'avait accordé un grade.

« Non, madame.

— Oh! ça viendra; voilà le temps où le Roi va descendre, venez demain à ma toilette à dix heures; ma porte ne sera ouverte pour le public qu'à onze; j'ai encore tout plein de questions à vous faire. Mon maréchal est donc bien content ! Qu'il doit être beau à la tête d'une armée, sur un champ de bataille !

— Oui, madame, il y a fait l'impossible pour se rendre encore plus digne de votre amitié.

— Vous pouvez lui écrire que je partage ses succès et que je l'aime bien. »

Je me retirai et retournai chez M. d'Argenson, qui m'avait fait donner un appartement près du sien en attendant le grand couvert, où je fus, et tout le temps qu'il dura le Roi ne parla qu'à moi. Il me demanda, à cause de l'ambassadeur de Malte, ce qu'avait fait M. de Froulai, son neveu : j'en fis un éloge mérité.

« Et M. de Séchelles? ajouta le Roi.

— Sire, Votre Majesté sait qu'un de ses soldats malade ou blessé devient son fils; il a eu pour eux mille soins; Beaumont, son neveu, était derrière moi.

— Et Lugeac a été blessé?

— Oui, sire, il a servi Votre Majesté comme quelqu'un qu'il aime.

— Qu'il aime?... dit le Roi surpris du mot.

— Oui, sire, Dieu nous ordonne de l'aimer, les rois doivent nous le permettre. »

Il sourit et passa à d'autres questions jusqu'à ce qu'il sortît de table et me dit :

« Demain, à mon lever. »

Quelle joie j'eus le lendemain, de voir dans ma chambre trente femmes ou hommes de la cour, me remercier de mes éloges pour leur mari, leur fils, leur père, et surtout madame de Boufflers, depuis duchesse de Luxembourg ; il n'y eut point de mots flatteurs dont elle ne se servît pour exprimer sa reconnaissance de ce que j'avais dit de son mari et de son fils ; j'y avais peu de mérite, ayant rendu hommage à la vérité. Ce moment-là a été un des plus beaux de ma vie.

M. d'Argenson, je ne l'aurais pas cru, en altéra le bonheur ; il allait travailler avec le Roi ; je le suivis jusqu'au bas de l'escalier, en lui répétant que mon seul désir était d'être brigadier ; il ne répondait pas, et comme il n'avait point fait donner le grade à son fils pour la nouvelle de la prise de Fribourg, je craignais qu'il ne me traitât de même.

Il me laissa un jour entier dans l'incertitude. Enfin, après son travail avec le Roi, il me fit entrer dans son cabinet et me dit :

« Le Roi vous a donné le gouvernement du fort de l'Écluse ; vous êtes cadet et point riche, c'est un joli titre que celui de gouverneur à votre âge. »

Je lui témoignai mon regret en lui disant que je ne demandais point d'argent, qu'en prenant le métier de la guerre, je m'étais dévoué à n'être pas riche, mais que j'aurais dû être brigadier comme ceux qui m'avaient précédé et suivi.

« Mais c'est le vicomte de Rohan et le comte de Polignac.

— Je vous remercie de m'apprendre leurs noms, car je ne les avais point entendu prononcer par le maréchal de Saxe au milieu des coups de fusil de Rocoux, il n'a nommé et ne s'est servi que de moi.

— Croyez-moi, mon cher Valfons, vous avez besoin d'argent, et gouverneur, pour un simple colonel, est un joli titre, vous ne feriez qu'un pauvre brigadier.

— Non, monsieur, j'aurais fait un brigadier pauvre, mais sûrement très-bon.

— Ah! ne jouons pas sur les mots, oui! vous êtes très-bon; je me charge de votre fortune, prenez toujours le gouvernement, c'est plus utile; avant peu vous serez brigadier; avec l'amitié du maréchal de Saxe et la façon dont vous servez, ce grade sera très-prochain. »

Il avait raison, voyait mieux que moi, me traitait en ami; mais ma vanité n'était pas contente : je le lui témoignai et sortis le remerciant faiblement.

Mon premier soin fut d'adresser au maréchal de Saxe un compte exact de tout ce qui m'était arrivé à la cour, en lui exprimant ma vive et inaltérable reconnaissance; j'y joignis la lettre suivante, dont sa constante bienveillance pour moi excusait le ton de légèreté :

« Monsieur le maréchal,

« Recevez-en le premier hommage; le Roi vient de m'accorder le gouvernement du fort de l'Écluse; je le dois à vos bontés; le revenu en sera trop bien employé à payer des chevaux de poste en temps de paix pour aller vous faire ma cour à Chambord.

« Le Roi, depuis que je suis ici, ne cesse de me parler de vous, monseigneur, et dans les termes de la plus grande amitié. Il vient tous les jours du monde chez moi pour savoir de vos nouvelles et s'informer de votre santé; je les renvoie tous contents en leur disant que vous vous portez bien.

« J'aurais fort désiré d'être fait brigadier, mais si la guerre dure, vos bontés et mon zèle rapprocheront cette grâce qui n'est que différée. Je suis content; j'ai rendu à mon maître devant toute la France vos actions et vos succès, ma récompense est trop belle. »

J'allai ensuite faire un tour à Paris pour revoir une femme de la cour, belle, jeune et riche. Des envieux, fâchés à Versailles de la préférence entière qu'elle me donnait, s'étaient servi pendant mon absence d'un expédient trop usité, mais qui prouve la bassesse des âmes envieuses : c'étaient plusieurs lettres anonymes écrites pour me noircir dans son esprit et m'éloigner de son cœur ; elle eut l'honnêteté de me les montrer en m'assurant de son plus souverain mépris pour les auteurs de ces calomnies, qui ne faisaient qu'augmenter sa tendresse et son estime.

Je retournai à Fontainebleau, où je reçus la réponse du maréchal m'annonçant qu'il m'avait fait employer, pour le quartier d'hiver, quoique absent, et que je n'avais qu'à m'amuser en l'attendant à la cour et à Paris.

Je trouvai M. d'Argenson dans son lit, perclus de goutte, ne pouvant remuer ; il me permettait de lui tenir compagnie, ce qu'il accordait à peu de gens en pareil cas.

Au bout de huit jours, je me mis dans ma chaise pour aller passer quelques moments à Paris et cultiver des connaissances aimables et utiles. Après avoir passé la porte de Chailly, sur le chemin de Ponthierry, je reconnus Neully, valet de chambre du maréchal ; je l'arrêtai en lui demandant s'il courait seul :

« Non, monsieur, M. le maréchal est à cinq cents pas derrière moi. »

J'ordonnai à mon postillon de m'avertir aussitôt qu'il l'apercevrait, ce qu'il fit ; je descendis et pris la liberté de faire arrêter celui du maréchal, à qui je dis :

« Monsieur le maréchal, le duc de Cumberland et le prince Charles payeraient bien cher le secret de vous barrer le chemin, » et je montai tout de suite à sa portière ; il me reçut avec cet air riant et cette bonté constante qu'il a toujours eue pour moi.

« Vous allez donc vous amuser à Paris ? J'aurais pourtant désiré qu'à mon arrivée vous fussiez resté quelques jours de plus à Fontainebleau : qu'y dit-on ?

— Qu'on vous attend avec impatience, que le Roi et madame de Pompadour vous recevront très-bien et que le public vous adorera.

— Et ton d'Argenson ? il ne m'aime guère !

— On vous inspire cela, monsieur le maréchal ; croyez qu'il sera votre ami quand vous voudrez.

— Quel ami ! que fait-il et qu'a-t-il dit de nos succès ?

— Il en est comblé ; mais il a dans ce moment-ci une cruelle goutte qui le tient dans son lit.

— Allons ! continuez votre route, vous aurez bien de la peine à arriver pour souper à Paris.

— Monsieur le maréchal, quand on vous voit on n'a plus d'autre envie.

— C'est bon, partez, adieu ! »

Il ordonna à son postillon de marcher. Un moment après, je fis tourner ma chaise pour suivre la sienne ; je rechangeai de chevaux à Chailly, et j'arrivai en même temps que lui à la porte de son appartement à Fontainebleau ; il me dit en me prenant la main :

« C'est très-honnête, et je vous en sais gré. »

Je le vis s'habiller et tout de suite aller chez madame de Pompadour, où le Roi soupait et qui le retint. Je ne perdis pas mon temps et courus chez M. d'Argenson, qui, en me voyant, me dit :

« Je vous croyais à Paris ?

— Oui, monsieur, j'étais en chemin ; mais ayant rencontré le maréchal de Saxe près de Ponthierry, j'ai rétrogradé et j'arrive avec lui.

— Où est-il ?

— Chez madame de Pompadour, où il soupera avec le Roi. »

Je vis malgré lui son agitation ; il n'avait pas un visage fait pour un ministre ; quand on l'avait bien étudié, c'était un livre ouvert à qui savait y lire ; j'en avais acquis le talent et jugeai très-bien qu'il était inquiet.

« Le maréchal me hait-il toujours ? dit-il.

— Monsieur, il y a tant de gens qui ont intérêt à ce que vous ne soyez pas amis qu'ils y réussissent en partie.

— Mais il est injuste, de quoi se plaint-il donc?

— De ce que M. le prince de Conti, ne commandant plus d'armée, ait été fait généralissime; le maréchal prétend qu'il a beau ne pas être prince du sang, le Roi pouvant accorder à celui de ses sujets qui lui plaît toutes les préférences et toutes les grâces à la cour, doit réserver les récompenses militaires pour celui qui, en gagnant des batailles, fait la gloire de son règne et le salut de la nation.

— Il a raison; mais il doit savoir que je ne me suis jamais mêlé de la nomination du prince de Conti, et que je l'ignorais parfaitement; madame la princesse de Conti et madame de Pompadour l'ont sollicitée et obtenue, à un voyage de Choisy, de la bonté du Roi et du désir qu'il a toujours de rendre heureux surtout un prince de son sang.

— M. le maréchal ne sait ni ne croit un mot de cela.

— Mais dites-le lui donc, vous qu'il aime, qu'il écoute et en qui il a confiance.

— Eh! monsieur, il est toujours sur ses gardes quand je lui parle de vous.

— Croyez-vous qu'il vienne me voir?

— Non, monsieur.

— Mais un général, arrivant de l'armée, voit le ministre de la guerre avant de voir le Roi.

— Il a vu le Roi et je crains bien qu'il ne voie pas son ministre.

— Si je n'avais pas la goutte, je n'aurais pas tiré au court bâton pour la première visite: dites-lui mon état; cela a si mauvaise grâce vis-à-vis du public d'afficher une brouillerie ouverte, et sûrement cela déplaira au Roi et l'embarrassera de voir son général et son ministre en désaccord; c'est contre le bien de l'État. »

Et puis, avec cet air et ce ton caressant qu'il savait si bien prendre quand il avait besoin de quelqu'un :

« Soyez un joli enfant, et déterminez le maréchal à venir chez moi.

— Eh! monsieur, qui en chargez-vous? un roseau déracine-t-il les chênes? »

J'allai souper chez madame la duchesse d'Orléans, et à minuit je me mis en faction dans la cour des Fontaines, où donnait la porte de l'appartement de madame de Pompadour, pour guetter la sortie du maréchal, qui ne parut qu'une heure après, seul et sans laquais ni flambeau; il faisait obscur et il y avait quelques marches à descendre; je lui tendis la main pour l'aider.

« Qui est là?

— Valfons, monsieur le maréchal.

— Quoi! si tard, dans l'obscurité, que faites-vous ici?

— J'y veille sur vous, monsieur le maréchal; c'est l'occupation la plus douce de ma vie.

— Eh bien, donnez-moi le bras, j'en profiterai jusqu'à mon appartement.

— Quand on arrive, on a un peu oublié le chemin.

— Oh ! je le sais très-bien. »

En marchant, je lui dis :

« On vous a sûrement bien reçu et bien caressé ; la tranquillité dont on jouit ici est due à vos travaux et à vos succès.

— Oui, mais c'est le pays de la fausseté, et la reconnaissance des services rendus n'y habite pas toujours ; j'ai de belles paroles, et M. le prince de Conti est généralissime. »

Nous entrâmes dans son appartement, dont il défendit à Meinac, son valet de chambre, d'ouvrir la porte à personne, et puis, en se promenant avec vivacité, il dit tout haut : « M. d'Argenson m'a joué là un vilain tour. » Alors, pour l'apaiser et disculper le ministre, je lui rendis le compte le plus exact de ma dernière conversation avec lui.

« Non, il t'attrape, il est faux ; il me craint, de près surtout, quand il me sent avec madame de Pompadour, dont il redoute le crédit ; mais dans le fond il me hait.

— Il ne m'est pas permis de discuter une opinion avec monsieur le maréchal ; cependant, que peut-il arriver de plus heureux à un ministre de la guerre que de voir ses veilles et ses travaux couronnés par la valeur, la conduite et les succès du général à qui le Roi confie ses armées ; croyez-moi, monsieur le maréchal, voyez M. d'Argenson, qui serait déjà chez vous s'il n'avait pas la goutte...

— Non, ce n'est qu'un prétexte, un ministre en place se croit un dieu. »

Et puis, redoublant de vivacité dans sa promenade :

« Tu m'aimes, j'ai de la confiance en toi ; tiens, qu'ils ne cherchent pas à m'humilier et à me chicaner, je ne suis pas né leur sujet et je leur ferais suer de l'encre si je suivais le projet que m'inspirent leurs injustices et mon mécontentement.

— Monsieur le maréchal, je vous le répète, expliquez-vous avec M. d'Argenson ; je vous dois tout, et ma reconnaissance est incapable de vous proposer une fausse démarche ; faut-il vous le dire, je sors de chez M. d'Argenson, qui donnerait tout au monde pour vous voir chez lui, et qui fera ce que vous voudrez.

— Oui, il veut me voir chez lui par vanité. »

Il me tint encore beaucoup de propos auxquels la vérité et mon attachement pour lui me firent répondre, puis il regarda sa montre :

« Quoi ! déjà quatre heures !

— Monsieur le maréchal, vous m'avez gâté par vos confidences et la permission de vous dire ce que je pense, je ne me retirerai qu'autant que vous me promettrez d'aller chez M. d'Argenson ; si ce n'est pas pour vous, vous devez au moins le ménager en faveur de tant de braves officiers qui ont combattu sous vos yeux et pour votre gloire.

— Tu es donc un enragé ? à quelle heure le lever du Roi ?

— A dix heures.

— Eh bien ! j'irai chez d'Argenson à neuf, pourvu qu'il n'y ait personne ; viens me prendre. »

Quoiqu'il ne fût que quatre heures du matin, je n'hésitai pas à aller chez M. d'Argenson, qui se faisait faire la lecture toute la nuit, parce que sa goutte, très-violente, ne lui permettait pas de sommeiller même quelques instants ; il fit sortir son lecteur, je lui racontai toute ma conversation avec M. le maréchal, élaguant ce qui était trop fort ou inutile à mon objet, et le comblai de joie en lui apprenant qu'il le verrait à neuf heures.

« Ne vous étonnez ni de sa bouderie ni de ses reproches ; je l'ai calmé en lui disant comment l'histoire du prince de Conti s'était passée ; il ne désire rien tant que d'avoir les mêmes patentes que M. de Turenne. Vous savez qu'il le mérite par la confiance de l'armée, et que le Roi ne peut mieux faire que d'illustrer le général qui lui gagne des batailles ; cela augmente le respect et l'obéissance des militaires ; tout tourne au profit de l'État.

— Je ne mettrai sûrement point obstacle à cette grâce. »

Avant que je ne sortisse il me répéta, dans l'effusion de sa joie, tant la démarche du maréchal l'intéressait :

« Croyez, mon cher Valfons, que je n'oublierai jamais votre conduite en ce moment : on ne peut montrer plus d'adresse et d'intelligence ; nous vous ferons ambassadeur. »

Je me retirai pour le laisser reposer. A huit heures et demie j'étais chez le maréchal, que je suivis à neuf heures chez M. d'Argenson ; j'entrai avec lui dans son cabinet, et les premiers mots dits je les laissai seuls.

La conversation fut vive et longue ; mais le maréchal voulait obtenir et M. d'Argenson accorder ; ce ne fut qu'un replâtrage, tout finit bien. Je suivis le maréchal au lever. Il alla ensuite courir le château, et moi je fus revoir M. d'Argenson, enchanté que le public eût vu le maréchal chez lui, et qui me dit :

« Tout s'est bien passé, je vous en renouvelle mes remerciements ; remettez votre voyage de Paris, j'ai encore besoin de vous pour quelques jours. »

J'obéis ; son accès de goutte passé, sa première visite fut pour aller chez le Roi, avec qui il travailla, et obtint, à la très-grande satisfaction du maréchal, les patentes de maréchal général des camps et des armées du Roi ; on envoya prendre chez M. le duc de Bouillon celles de M. de Turenne, qui servirent de modèle et qu'on copia mot pour mot.

Je fus enchanté d'avoir réussi dans une négociation aussi délicate. La vérité a ses droits, et les moyens de l'honnêteté sont les plus sûrs ; je n'en ai jamais employé d'autres ; M. le maréchal et M. d'Argenson en étaient si convaincus, qu'il ne leur vint pas à l'idée que je fusse moins attaché au ministre qu'au général, et qu'ils n'entrèrent pas un instant en méfiance vis-à-vis de moi.

VIII

SOMMAIRE.

1747. Bataille de Lawfeld. — Reconnaissance. — Mission auprès du Roi. — Question de Sa Majesté. — Ordre d'attaquer. — Un aide de camp déguisé. — Mauvaise disposition. — Attaque manquée. — Inquiétude du maréchal de Saxe. — Incendie du village. — M. de Ligonier, prisonnier, conduit au Roi. — Le régiment du Roi-cavalerie. — M. de Valfons a un cheval blessé et deux tués. — Le Roi lui en fait donner un. — Un coup de collier. — Conseil au comte de Clermont. — Le cheval donné par le Roi est tué. — Soixante officiers tués ou blessés, sur soixante et dix. — Le maréchal de Saxe fait donner son plus beau cheval à M. de Valfons. — Aujourd'hui toi, c'est moi. — Charge à la tête des Cravates. — Lawfeld est pris. — Le maréchal ne veut gagner qu'à demi les batailles, pour ne pas finir la guerre. — L'officier anglais épargné. — Panique des hussards de Berchiny. — Bonne volonté du maréchal de Saxe. — Scrupule maladroit. — Occasion perdue. — Danger couru. — Soupé seul avec le maréchal. — Conseil donné à M. de Soubise. — Mission auprès du Roi. — A propos du cheval de Sa Majesté, tué. — Le maréchal fait au Roi l'éloge de M. de Valfons. — Note à M. d'Argenson. — Passe-droit. — Demande du ministre pour son fils. — Petite vengeance du maréchal. — Repartie de M. de Ligonier. — Entre deux feux. — Pression et discrétion. — Lettre du maréchal de Saxe. — Siége de Berg-op-Zoom. — Difficultés. — Tentative de M. d'Argenson. — La ville est prise d'assaut. — Rapport au Roi. — Le maréchal de Saxe obtient le maréchalat pour M. de Lowendal. — Réclamation des généraux. — Duplicité de M. d'Argenson.

Le 1ᵉʳ juillet 1747, veille de la bataille de Lawfeld, le maréchal de Saxe se porta en avant jusqu'au bas du village d'Heerderen avec environ quatre mille hommes. Nous remarquâmes sur la hauteur quelques tentes dont nous ne pouvions voir ni le front ni le fond en totalité. Le maréchal, voulant s'en instruire, ordonna à M. le comte d'Estrées de prendre les troupes légères et d'aller à la découverte ; témoin de cet ordre, que je trouvai trop hasardé, ma confiance dans l'amitié et la bonté du maréchal, qui écoutait toujours avec complaisance mes réflexions, me déterminèrent à lui proposer, auparavant que M. d'Estrées ne marchât, d'aller éclaircir seul un mouvement de troupes que je voyais aux haies du village de Gross-Spauwe, tenant au bas de cette hauteur où on apercevait un camp ; il répandit quelques hussards dans la plaine pour que je fisse ma reconnaissance avec plus de sûreté.

J'avançai jusqu'à un petit oratoire, environ à mille pas ; de là aux haies du village, il n'y a que trois cents pas ; je distinguai et comptai vingt drapeaux plantés parmi les haies, ce qui me confirma dans l'opinion que c'était un gros poste de l'armée ennemie : les Autrichiens ont un drapeau par compagnie, les compagnies sont de cent vingt hommes, et cinq compagnies forment un bataillon ; cela faisait donc quatre bataillons, c'est-à-dire deux mille quatre cents hommes.

Je revins en rendre compte au maréchal, toujours confiant dans ma façon de voir ; il me crut quand je l'assurai que l'armée de Bathiani était en totalité sur les hauteurs : sans cela on n'aurait sûrement point hasardé quatre bataillons dans un village à l'entrée d'une plaine; il approuva ma réflexion, empêcha M. d'Estrées d'aller en avant et, pour faire croire au général autrichien que notre armée était encore près et que ce qu'il voyait était le campement, il fit promener des sergents et marquer le terrain du camp avec des hallebardes, toujours prêt cependant à faire une prompte retraite si l'armée autrichienne descendait dans la plaine pour nous attaquer.

Il me dit alors :

« Regardez bien le terrain, la position des ennemis, voyez le champ de bataille que notre armée peut occuper, et après vous l'être bien mis dans la tête, allez en rendre compte au Roi de ma part; demandez-lui s'il veut que je livre bataille; écoutez bien la réponse de Sa Majesté, et prenez son ordre positif, que j'attends; vous jugez, Valfons, de ma confiance en vous par l'importance de la commission. »

Je parcourus des yeux et au galop la plus grande partie du terrain et partis pour en aller rendre compte au Roi; il avait quitté l'armée, qui était en pleine marche, et s'était porté dans sa voiture jusqu'à une lieue de nous, escorté de son guet et de quelques hommes de cavalerie. Aussitôt qu'elle m'aperçut, Sa Majesté fit arrêter son carrosse, et, avec cet air de bonté qui rassure toujours :

« Eh bien ! Valfons, où sont les ennemis ?

— Sire, environ à une lieue et demie de Votre Majesté.

— Et le maréchal ?

— A une lieue en avant, plus près des ennemis.

— Leur armée est donc arrivée ?

— Sire, nous n'avons pu savoir si elle l'est en totalité ; mais sûrement trente mille Autrichiens sont campés et ont déjà pris poste dans plusieurs villages qui entourent les hauteurs de leur camp.

— Que dit le maréchal ?

— Il m'envoie prendre l'ordre positif de Votre Majesté pour savoir si, l'armée arrivée, il attaquera les ennemis.

— Qu'en pense-t-il ?

— Sire, il suivra exactement l'ordre que Votre Majesté va me donner.

— Oui, il faut les attaquer ; et sans hésiter, montrez-moi le chemin pour aller jusqu'au maréchal. »

Et après avoir ordonné de marcher il me fit beaucoup de questions avec cette tranquillité et cette gaieté qui présagent le succès.

Arrivés à la hauteur d'Heerderen, d'où on voyait distinctement les ennemis, je lui montrai le poste dans Gross-Spauwe où, avec ses lunettes d'approche, il vit les drapeaux. Je demandai la permission de descendre dans la plaine pour avertir le maréchal que Sa Majesté l'attendait, et je revins auprès d'elle avec le maréchal, que le Roi questionna beaucoup.

Le désir de Sa Majesté de joindre le petit corps en avant la sauva et empêcha les ennemis de nous charger et de prendre toutes les hauteurs d'où déboucha notre armée pendant la nuit, car un aide de camp de Bathiani, parlant aussi bien français qu'allemand, et vêtu du même uniforme que les aides de camp du maréchal de Saxe, vint se mêler avec nous, et après avoir vu le Roi, s'éloigna peu à peu dans la plaine au pas de son cheval, qu'il mit au galop lorsqu'il se vit hors de portée ; nous le suivions des yeux, blâmant sa témérité, le croyant toujours des nôtres; nous disions tous :

« Il est fou et va se faire prendre. »

Il rejoignit son armée et rendit compte à M. de Bathiani que le Roi était en personne au corps qu'il voyait, ce qui fit croire très-fermement à ce général que notre armée y était tout entière, n'imaginant pas que le Roi s'en fût détaché avec un corps aussi peu nombreux, et il abandonna l'idée de nous attaquer.

La hauteur d'Heerderen nous favorisa beaucoup. Le général, ne pouvant voir derrière, crut toujours que notre armée y était; elle marcha et arriva par divisions toute la nuit ; nous formions les brigades sur le terrain à mesure qu'elles arrivaient. M. le maréchal aurait dû les mettre en bataille, la gauche à Heerderen, le centre à la Maison-Blanche et la droite appuyée à Remst, vis-à-vis Lawfeld, joignant et soutenant les trois brigades commandées par M. le comte de Clermont. Au lieu de cela, il longea sa droite vers le Jaar, ce qui éloignait trop les troupes de Remst et porta une lenteur bien préjudiciable au secours qu'il fallut donner au corps de M. le comte de Clermont.

Le Roi fut se reposer dans une maison ; le maréchal en fit autant. Je fus occupé, connaissant très-bien le terrain, à placer pendant la nuit les brigades qui arrivaient, selon l'ordre du maréchal. Au point du jour j'allai lui en rendre compte. Il monta à cheval et fit mettre presque toute notre artillerie du parc sur la hauteur d'Heerderen, vis-à-vis des Autrichiens, pour les foudroyer s'ils descendaient dans la plaine. Des Pandours et Croates attaquèrent quatre compagnies de grenadiers que nous avions postées dans le village d'Elcht ; on les fit retirer en bon ordre et sans précipitation. M. le maréchal crut pendant plus de deux heures que les ennemis manœuvraient pour repasser la Meuse ; il fut encore confirmé dans cette idée quand il vit sortir beaucoup de fumée et de flammes de Lawfeld.

Il envoya aussitôt dire à M. le comte de Clermont de faire marcher les grenadiers de son corps, suivis et soutenus des brigades de Monaco, la Fère et Ségur, qui débouchèrent à Remst ; mais en approchant de Lawfeld ils essuyèrent un feu très-vif et très-nourri de mousqueterie et d'artillerie qui leur prouva que, malgré l'incendie, le village, dont plusieurs maisons brûlaient, était encore occupé ; cette première attaque sans succès commença à inquiéter le maréchal ; il vit sa méprise sans en pouvoir deviner la cause et me dit :

« Eh bien ! que penses-tu de ceci ? nous débutons mal ; les ennemis tiennent bon.

— Monsieur le maréchal, vous étiez mourant à

Fontenoy, vous les avez battus ; convalescent à Rocoux, ils ont été vaincus ; vous vous portez trop bien aujourd'hui pour ne pas les écraser.

— J'en accepte l'augure. »

Et me tendant la main en souriant, il me remercia de ma prédiction. Il ne put me cacher son inquiétude de voir Lawfeld rempli de monde, quand il le croyait abandonné d'après le feu qui y était, et il en avait bien jugé.

Le duc de Cumberland avait ordonné aux huit bataillons anglais et hanovriens de sortir du village en y mettant le feu, ce qui avait été exécuté ; mais M. de Ligonier, général anglais, revenant de chez M. de Bathiani, avec qui il avait été se concerter, trouva, près de Lawfeld, ce corps qui se retirait ; il représenta à M. de Cumberland que la bataille était perdue si nous nous emparions de ce poste qui dominait la plaine, que nous y ferions arriver notre artillerie et que nous écraserions tout ce qui paraîtrait. M. de Cumberland, frappé d'une réflexion aussi judicieuse, fit faire demi-tour à droite à la colonne, avec ordre de reprendre les mêmes postes déjà occupés ; ils y arrivaient quand le corps de M. le comte de Clermont vint pour s'emparer des haies, les croyant abandonnées. Elles l'avaient été effectivement, à ce que me dit plus tard M. de Ligonier, qui fut pris pendant l'action et que le maréchal me confia pour le mener au Roi.

Lorsque tout fut fini on fit marcher d'autres brigades pour soutenir les premières ; l'attaque fut longue et vive. Le régiment du Roi-cavalerie, exposé à une batterie de trente pièces de canon, ne recula pas d'une ligne, malgré la plus grande perte. J'avais eu un premier cheval blessé, deux autres furent tués; le Roi m'en fit donner un quatrième à lui avec lequel je revins au maréchal, qui me dit:

« Allons, un coup de collier ! »

Je me mis à la tête des grenadiers de Royal-vaisseaux où était déjà M. le comte de Clermont, que je suivis pendant quelques pas ; mais en approchant du village, pour ne pas laisser tuer ce prince, qui s'exposait toujours trop, je lui dis :

« Monseigneur, vous avez par votre présence inspiré cette ardeur si salutaire à nos troupes; maintenant il serait bon de rester là pour vous montrer à toute la brigade, à qui votre aspect donnera la plus grande confiance. »

Il y consentit, et le marquis de Montlezun, premier gentilhomme de sa chambre, m'en remercia, sentant le danger réel que je lui évitais. Je continuai à marcher à la tête des grenadiers pour les guider à une barrière que j'avais reconnue au centre de Lawfeld ; en y arrivant, le cheval du Roi, que je montais, fut tué de six coups de fusil par une décharge générale que firent les ennemis à brûle-pourpoint ; M. de Beaupréau, maréchal de camp, à la tête du régiment de la Fère, m'envoya un sergent et quatre grenadiers pour m'enlever et me donner du secours ; je n'étais point blessé et rentrai dans le village à pied. Les ennemis y perdaient du terrain, que nous achetions bien cher par nos pertes ; car de soixante et dix officiers que nous étions d'un seul régiment, vingt-deux furent enterrés dans Lawfeld et trente-huit blessés ; nous ne restâmes que dix debout ; le comte d'Aubeterre, colonel de ce régiment, mon ami et mon camarade dans l'état-major, y fut blessé à mort ; ce fut une perte bien grande pour l'armée ; il avait autant de zèle que de valeur et ses soldats le pleurèrent.

Les ennemis repoussés dans la plaine au delà des dernières haies, je ressortis du village pour me remonter ; je trouvai d'Argence, qui avait été colonel de Condé-dragons ; je le priai de me prêter pour un instant le cheval de son palefrenier qui le suivait, ce qu'il fit avec plaisir. Je rejoignis M. le maréchal, qui me témoigna sa joie de me revoir, et regardant le petit bidet que je montais :

« Quoi ! encore un cheval ? mais ces gens-là te font faire ton académie ! »

Je lui dis qu'il fallait du secours au village pour s'y maintenir ; il me montra le régiment du Roi qui y marchait et tout de suite il me dit :

« Prends l'Africain. »

C'était un cheval d'Espagne de la plus grande beauté.

« Non, monsieur le maréchal, il est pour vous, et votre personne est trop précieuse pour vous en priver. »

Voyant ma résistance il ajouta :

« Prends, prends, aujourd'hui toi, c'est moi [1]. »

A peine fus-je monté il me dit :

« Voilà le régiment du Roi qui entre encore dans le village qu'il faudrait tourner. »

J'y courus et trouvai M. de Guerchy qui ordonna à Flaxelande, aide-major, de porter le bataillon commandé par M. de Heyronnet plus à sa gauche ; ce mouvement s'exécuta sous le feu des ennemis avec autant de précision que de célérité ; je montai jusqu'à un petit rideau d'où je découvris d'autres bataillons anglais qui sortaient du village de Vlitingen pour soutenir les troupes déjà chassées de Lawfeld ; je courus en porter la nouvelle à M. le maréchal, que je trouvai fort inquiet de ce qui se passait dans un terrain qu'il n'avait pas reconnu. Je lui fis part rapidement de ce que je venais de voir dans la plaine, ajoutant qu'il n'y avait pas un moment à perdre pour charger avec de la cavalerie cette nou-

---

« [1]. A la bataille de Lawfeld, M. de Valfons, vicomte de Sebourg, ayant eu un cheval blessé et deux tués sous lui, le Roi lui en fit donner un des siens, qui fut tué aussi dans les haies du village, à l'attaque du marquis de Beaupréau, qui le fit tirer de dessous son cheval par quatre grenadiers : M. de Valfons, qui n'était pas blessé, ayant été à pied joindre le maréchal de Saxe, ce général lui dit : « Quoi ! encore un cheval ; ces gens-là vont vous faire faire votre académie ! » Il ajouta avec bonté : « Prenez l'Africain ; » c'était un cheval d'Espagne sûr et destiné uniquement pour lui un jour d'affaire : M. de Valfons lui ayant représenté que sa personne était trop précieuse pour l'en priver, le maréchal lui dit avec amitié (car il en avait pour lui) : *Prends, prends, aujourd'hui toi, c'est moi ;* mots admirables qui font autant d'honneur au grand homme qui les dit qu'au militaire à qui il les adresse. »

(*Histoire du comte de Saxe,* par le baron d'Espagnac.)

velle infanterie qui voulait reprendre Lawfeld. Il me dit :

« Prenez les brigades le plus à portée et menez-les où il faut charger. »

Un officier général, très-près de lui, voulut lui représenter qu'il y avait quelques réflexions à faire.

« Eh! non, monsieur, dit le maréchal avec humeur, il voit et dit mieux que nous : j'y mets toute ma confiance et m'en suis toujours bien trouvé, laissons-le agir. »

Et s'adressant à moi :

« Fais pour le mieux. »

Je partis sur-le-champ et me mis à la tête de la brigade, composée du régiment des Cravates et de celui de Bellefonds, aux ordres de M. de Cernay ; je les menai au galop, le temps pressait. Nous tombâmes sur l'infanterie que nous écrasâmes, et ce moment décisif nous rendit maîtres de Lawfeld.

Quoique j'eusse averti les escadrons de la gauche de se mettre sur deux lignes pour ne pas passer trop près des haies de Kistel, farcies d'ennemis, ils ne me crurent pas et perdirent beaucoup. Nous nous portâmes en avant un peu en désordre et fûmes reçus par les Écossais gris, qui nous auraient battus sans le régiment de Berry et les carabiniers, qui, au même instant, les prirent en flanc ; ce fut là qu'un carabinier, qui ne s'y trompa pas, surprit M. de Ligonier qui, parlant très-bien français, s'était mis à la tête de nos troupes en criant :

« Chargeons! chargeons! »

L'ordre anglais qu'il avait sur son habit le trahit, et il se rendit. Le Roi lui dit, lorsqu'il lui fut présenté :

« Mais, monsieur de Ligonier, vous êtes Français ?

— Oui, sire, je suis né à Castres, d'où mes parents m'ont transporté, à un an, en Angleterre à la révocation de l'édit de Nantes. »

———

J'avais chargé aussi pendant l'action avec la brigade de La Tour-du-Pin et Royal-marine, commandée par MM. de Lorge et le chevalier de Dreux ; je m'aperçus très-près des ennemis que les tambours avaient leur caisse sur le dos :

« Qu'attendez-vous donc ? leur dis-je ; battez la charge. »

Je n'ai jamais vu de charge d'infanterie aussi vigoureuse, les soldats disaient entre eux :

« Ne tirons point. »

Effectivement, ils enlevèrent à la baïonnette les six bataillons ennemis qui gardaient la gauche de Lawfeld. Ce beau mouvement finit l'action. Les Irlandais firent très-bien ; quelques autres régiments ne montrèrent pas la même bonne volonté et restèrent dans les haies sans pousser plus avant.

Il y avait encore neuf escadrons hollandais en bataille, derrière lesquels défilait une partie de l'infanterie battue et en grand désordre. Je proposai à M. le maréchal, avec qui dans cet instant j'étais seul, de les faire charger par nos escadrons de la droite, qui les auraient tous pris ; il ne put s'empêcher de me dire :

« Oui, voilà un beau moment. »

Mais, faisant un geste du bras et élevant sa main, il me prouva que ne voulant pas finir la guerre, il ne devait gagner les batailles qu'à demi et, disant à M. le marquis de Clermont-Tonnerre de ne point attaquer, il se porta au galop à la hauteur d'Heerderen.

En y allant, il fut très-étonné de me voir mettre le pistolet à la main.

« Qu'allez-vous donc faire ? » me dit-il.

Et, tournant la tête du côté où j'avais les yeux fixés, il vit un officier anglais que je reconnus à son uniforme des Écossais gris, et qui, le sabre à la main, cherchait à s'échapper ; je craignis qu'il ne vînt au maréchal, et comme il passa très-près de moi, je dis :

« Voilà un homme à qui la tête tourne, et il serait aisé de lui casser les reins ; mais quelqu'un le prendra, je ne veux pas le tuer. »

Il me loua de mon sang-froid et de ma bonne action ; mais ce même officier périt sous nos yeux d'un coup de pistolet qu'un officier français, de cavalerie, qui le poursuivait lui tira très-près de nous, ce qui déplut beaucoup au maréchal.

Vers la fin de l'action les hussards de Berchiny, guettant le moment où la cavalerie ennemie ferait un demi-tour à droite pour la charger, sortirent brusquement de derrière les haies : M. de Pontchartrain, qui commandait les seize escadrons de la droite, voulut leur faire faire un mouvement ; mais il leur prit une terreur panique telle, qu'ils se mirent à fuir au milieu du succès sans être poursuivis. Nous fîmes des efforts inutiles pour les retenir, ils ne s'arrêtèrent qu'à un quart de lieue de leur poste, où personne ne les avait remplacés.

M. le maréchal courut à des escadrons qui étaient sur la gauche pour leur faire remplir le vide. Le premier était commandé par un homme si pâle et si maigre que le maréchal me dit tout bas et en riant :

« Allons-en chercher d'autres, celui-là nous porterait malheur. »

Et apercevant un gros rougeaud :

« Ah ! dit-il, voilà mon affaire. »

Et il lui ordonna aussitôt de marcher. Heureusement, les ennemis qui se retiraient ne purent s'apercevoir du désordre qu'une peur aussi ridicule avait jeté dans nos escadrons. Je ne cite ce détail que pour prouver combien il est dangereux de faire faire un mouvement à une troupe avant de l'avoir prévenue et d'en avoir vu soi-même l'utilité, surtout à un corps de cavalerie, si facile à se mettre en désordre et si difficile à rallier.

En arrivant sur la hauteur d'Heerderen, le maréchal me dit :

« Je vais demander au Roi que tu sois brigadier. »

Je fus assez naïf pour vouloir ménager la vanité du ministre, toujours désireux d'accorder lui-même les grades, et priai M. le maréchal d'en parler auparavant à M. d'Argenson pour faire ensemble la demande au Roi ; ce qu'il fit. M. d'Argenson me dit très-près du Roi :

« Comme votre ami, vous jugez du plaisir que j'ai à entendre votre éloge ; comme ministre, demain j'aurai soin de la récompense. »

Je fus punis de ma sotte discrétion ; le lendemain on ne donna des grades qu'à MM. de Cernay, Ségur et Bonac ; les deux premiers avaient perdu un bras, le troisième une jambe. Je manquai par ma faute le plus beau moment de ma vie, celui d'être récompensé de la bouche du Roi sur un champ de bataille, ce qui était fait si je n'eusse pas arrêté le désir et la bonne volonté du maréchal de Saxe par une réflexion et des scrupules puérils.

Le Roi reçut très-bien le maréchal qui lui dit :

« Sire, il faut gagner deux batailles dans un jour, et marcher aux Autrichiens qui sont sur ce plateau. »

Mais nos lenteurs facilitèrent la retraite du maréchal de Bathiany, qui était perdu sans ressources si M. le maréchal, au lieu de venir à Heerderen chercher des compliments du Roi, eût fait avancer Sa

Majesté à la tête de sa maison et, avec toute la cavalerie dans la plaine de Moupertin, sur le ruisseau de Lonaken, la droite à la Meuse ; l'artillerie et les équipages des ennemis étaient pris, et on forçait leur armée à se retirer par la Campigne liégeoise sous Bréda, non sans perdre beaucoup de monde.

Dès lors nous investissions Maëstricht dont nous faisions le siége cette année ; mais, je le répète, le maréchal était comme tous les généraux : trop grand en temps de guerre pour désirer la paix et l'avoir sûrement par des succès trop marqués. Les ennemis, n'étant pas poursuivis, repassèrent tranquillement la Meuse pendant la nuit, ne perdant que peu d'artillerie et quelques équipages, et furent trop heureux de se trouver, le lendemain, sous Maëstrich, à la rive droite de la rivière.

Je courus un très-grand danger le soir de la bataille : le maréchal, voyant que les ennemis lui échappaient, m'envoya pour voir si les postes étaient placés à la commanderie du Vieux-Joug, destinée à être le quartier du Roi ; j'y fus, mais en approchant plusieurs vivandiers me dirent d'aller avec précaution, qu'il y avait encore des hussards et des pandours sortis de Munster-Bilsen. Je crus que c'était la peur qui les tenait et continuai ma route, quand, tout à coup j'aperçus, très-près de moi, plusieurs hussards qui me crièrent, l'un *Qui-vive* et un autre *Werdan* ; je répondis à tous deux et les vis sur-le-champ s'élever sur leurs étriers pour voir si je n'étais pas suivi de quelque détachement; j'étais très-près d'un chemin fort profond, je n'hésitai pas, et sûr du cheval d'Espagne que je montais, je le forçai à descendre, ce qu'il fit comme un chat, et je le poussai tout de suite au galop pour m'éloigner de cette bande de coquins qui, voyant la profondeur du chemin creux, n'osèrent point y faire descendre leurs chevaux. Le mien me sauva de mon imprudence.

Le soir toute la France militaire vint faire compliment au maréchal, à qui on servit à souper; il me força, seul, de me mettre à table en me disant :

« Tu as trop bien travaillé aujourd'hui pour que je ne partage pas mon repas avec toi. »

Et se tournant vers tous les grands messieurs qui l'entouraient :

« Vous en avez un meilleur qui vous attend chez vous. »

J'ose le dire, je fus associé à la gloire du maréchal dans un moment où il était l'objet de l'admiration universelle.

Pénétré de ses caresses, je ne m'en laissai point enivrer, et toujours préoccupé de ce qu'il n'avait pas voulu gagner totalement la bataille et écraser les ennemis, emporté par un zèle bien pardonnable à un bon citoyen et qui ne compromettait pas mon protecteur, je ne pus m'empêcher de dire à M. de Soubise : « Monsieur, conseillez au Roi de faire la paix, je ne puis vous dire le mot de l'énigme, mais conseillez la paix. »

Le lendemain de Lawfeld, 3 juillet, le maréchal m'envoya au Roi pour lui apprendre que MM. Dillon et Bellefonds, qu'on avait crus morts, étaient prisonniers à Maëstricht. Je trouvai le Roi dans sa chambre avec MM. de Richelieu, de Bouillon et Beringheim. Après m'avoir écouté, il me dit :

« Mais, Valfons, vous m'avez fait tuer un cheval.

— Oui, sire, c'est une preuve que les chevaux de Votre Majesté sont bien dressés; ils nous mènent où nous devons aller.

— Premier, vous entendez, dit le Roi avec la plus grande bonté, vous lui en donnerez quand il en demandera, il s'en sert trop bien. »

Le soir de la bataille, le Roi, ayant parlé des dangers auxquels le maréchal s'était exposé, des courtisans qui ne l'aimaient point voulant diminuer sa gloire, dirent :

« Il y a quelqu'un qui s'est bien plus exposé et qui lui a été bien utile.

— Et qui donc, dit le Roi ? — C'est Valfons, qui s'est toujours porté au milieu du feu et lui a donné les meilleurs conseils. »

Les amis du maréchal, témoins et jaloux des caresses qu'il me faisait, pensèrent que c'était le moment de les diminuer en lui rendant compte d'un propos qui leur paraissait désavantageux; mais le maréchal, invariable dans son amitié pour moi, me dit de le suivre à l'ordre, et, lorsqu'il l'eut reçu du Roi, méprisant une basse jalousie si fort au-dessous d'un grand caractère, il crut avec raison augmenter sa gloire en louant celui qui n'avait fait que lui obéir, et dit au Roi, avec cette noblesse dont il savait si bien prendre le ton :

« Sire, je sais qu'on a beaucoup loué hier M. de Valfons devant Votre Majesté, mais, comme il a agi par mes ordres et sous mes yeux, je l'ai vu de plus près que personne et ne puis vous en dire trop de bien ; il a, par son dernier conseil que j'ai suivi, beaucoup contribué au succès dont jouit Votre Majesté. »

Et s'adressant aux personnes qui l'entouraient :

« Vous voyez, messieurs, que je suis toujours prêt à faire à Sa Majesté l'éloge de ceux qui font bien. »

Lorsqu'il fut rentré chez lui, il me dit :

« Les voilà bien attrapés, ils ont cru que je ne t'aimerais plus et que je te haïrais de te voir louer à mes dépens ; quels moyens n'emploient-ils pas ! »

Il remit à M. d'Argenson un petit mémoire dont j'ai le double, signé de lui et conçu en ces termes :

« Je prie M. le comte d'Argenson de demander au Roi que M. de Valfons, colonel, aide-major général, soit fait brigadier pour les services essentiels qu'il a rendus par mes ordres et sous mes yeux pendant la journée de Lawfeld.

« Signé : M. de Saxe. »

Il fallut me contenter de beaucoup d'éloges ; c'est tout ce que j'eus, avec le regret de voir donner le grade à quelqu'un qui s'était retiré trop tôt et que j'avais toujours ramené à son devoir par mes propos et mon exemple.

On croit toujours à la guerre et sur le champ de bataille que la récompense vous attend, et on l'obtiendrait sûrement si elle se donnait sur le lieu même où on a combattu : mais quelques jours plus tard tout le monde a les mêmes prétentions, et ce qui devait être le prix de la valeur devient un objet de plaidoirie, de sollicitations et souvent d'intrigue et d'effronterie ; c'est alors qu'on rencontre mille concurrents qui entendaient à peine le bruit des coups de fusil auxquels on a été exposé, et l'on se voit encore loin d'un avancement qu'on croyait si bien mérité.

Deux jours après, l'armée prit les armes pour faire la réjouissance de nos succès. M. d'Argenson me prouva, malgré lui et pour ses propres intérêts, le cas qu'il faisait de moi, en me disant :

« Le Roi va voir son armée, suivi du maréchal de Saxe, qui vous estime autant qu'il vous aime ; je voudrais que vous le priassiez de demander au Roi, lorsqu'il sera devant le régiment de Berry, que Voyer, mon fils, soit fait brigadier.

— Monsieur le comte, je ferai ce que vous exigez de moi ; je vous remercie de me prouver tout le cas que vous faites de ma recommandation militaire auprès d'un général qui remplit l'Europe de son nom, et je chercherai à servir le fils du ministre de la guerre quoique son père m'ait complétement oublié le jour des récompenses. »

Il m'embrassa en me disant qu'il réparerait tout.

Je fus assez naïf pour en parler au maréchal, qui y mit plus de fermeté que moi en me disant : « M. d'Argenson se moque de toi et de moi; il ne t'a pas tenu la parole qu'il m'a donnée de te faire brigadier, et sûrement son fils ne le sera pas de ma façon ; il voudrait toujours exercer son autorité prétendue sur les autres et ne rien faire pour eux, cela n'est pas juste; c'est au moins une petite vengeance que je te dois. »

Le Roi, que le hasard fit arrêter devant Berry, ne fut pas sollicité par le maréchal et M. de Voyer n'eut rien.

On m'avait confié M. de Ligonier, général anglais, pour lui faire voir l'armée et pour parer aux questions indiscrètes de nos jeunes militaires; mais un imprudent lui dit : « Monsieur, voilà le plus brave régiment de l'Europe, » en lui montrant celui de Navarre; M. de Ligonier, vexé d'avoir été pris, excédé de questions et d'ennui, répondit :

« Oui monsieur, je le connais, je l'ai vu faire prisonnier à Hochstett. »

Le maréchal ne pouvait souffrir M. d'Argenson, qu'il aurait vu déplacer avec plaisir; comme il causait un jour dans son cabinet avec M. de Séchelles, je m'éloignai pour ne point entendre ; mais, haussant la voix, le maréchal dit :

« Non, monsieur, je ne veux plus commander l'armée s'il continue à être ministre. »

M. de Séchelles, qui n'aimait pas le maréchal, parce qu'il désirait toujours le voir remplacer par M. de Belle-Isle, ne manqua pas de vouloir aigrir encore M. d'Argenson contre le maréchal en lui répétant ses paroles.

M. d'Argenson, qui se méfiait de tout le monde et qui cherchait à constater la vérité, lui dit :

« Mais qui a donc entendu un propos aussi fort ?

— Valfons, qui était présent, quoique un peu éloigné. »

Le lendemain M. d'Argenson, redoublant de cajoleries, me dit combien il m'aimait, quelle confiance il avait en moi, et finit par m'en demander le prix en me disant :

« Vous étiez hier dans le cabinet du maréchal ; on dit qu'il a tenu un propos bien fort contre moi, cela est-il vrai ?

— Je l'ignore, monsieur, mon premier soin, quand deux personnes principales et qui peuvent avoir des secrets à se confier causent ensemble, est de m'éloigner : c'est ce que je fis hier.

— Cela est vrai, mais le maréchal parlait si haut.

— Monsieur, je n'ai rien entendu.

— Eh bien ! ce n'est plus votre ami, c'est le ministre du Roi qui ordonne au militaire de s'expliquer.

— Ce moment d'autorité ne vous sera pas plus utile, car je ne sais rien.

— Mon cher Valfons, vous ne m'aimez plus, vous connaissez ma discrétion, et vous pouvez tout dire sans en craindre les suites; » et il continua ses câlineries, mais n'y gagna rien ; outré de mon silence, il me dit alors :

« C'est M. de Séchelles qui m'a assuré qu'étant dans le cabinet du maréchal, du ton dont il parlait, vous deviez l'avoir entendu.

— Pas davantage, monsieur, et d'ailleurs, si cela était, croyez-vous que je fusse assez infâme pour jouer le rôle de délateur? mon âme est pure et ne connaît point ces horreurs-là; si vous aviez parlé contre le maréchal, j'aurais la même discrétion pour vous, et cette conduite fait que vous me recevez l'un et l'autre avec bonté ; je ne perdrai jamais le titre de votre ami, que vous m'avez si souvent donné, en m'avilissant à vos yeux. »

Il parut m'approuver, et n'en fut pas plus content.

Que les ministres sont coupables quand ils cherchent par de pareils procédés à altérer l'honneur d'un brave militaire, dont c'est souvent le seul apanage ! et que les militaires sont malheureux de céder à la séduction d'un ministre qui cessera de les estimer quand il sera bien convaincu qu'ils le méritent par leurs délations et leur espionnage ! Heureusement, au milieu de tant de sollicitations multipliées pour savoir ce qui se passait, la probité la plus exacte a été mon guide; rien n'a pu l'altérer. Les lettres que

M. d'Argenson m'a écrites en sont la preuve; il y répète souvent :

« Vous voulez toujours parler au ministre et vous ne causez jamais avec votre ami, à qui vous pouvez et vous devez tout dire, certain du secret. »

Il n'y a rien gagné, et je n'ai jamais voulu me laisser aller à des raisons et à des tournures aussi faibles que méprisables; M. le maréchal de Saxe, sûr de moi, n'a cessé de m'honorer de sa confiance et m'a rendu justice dans une lettre à M. d'Argenson, dont j'ai l'extrait; l'original est au dépôt de la guerre :

« Je vois toujours Valfons avec plaisir ; je me sers de lui sans cesse et utilement. J'y ai mis ma confiance, quoique je sache qu'il vous est très-attaché; sa probité doit nous rassurer l'un et l'autre, car le public dit que nous ne nous aimons pas. »

Il est vrai que le maréchal en usait avec plus de franchise et ne me harcelait pas, comme M. d'Argenson, pour être instruit. Quel métier pour faire sa fortune! Aussi suis-je resté en chemin et sans nul regret.

La retraite des ennemis à la rive droite de la Meuse, sous Maëstricht, n'avait pas ôté au maréchal le dessein de faire le siège de cette place; il ne croyait pas que toute l'armée y fût, et je passai la nuit qui suivit la bataille de Lawfeld dans son antichambre, sommeillant sur une chaise ; le maréchal vint m'éveiller dès quatre heures du matin, en chemise, et se remit dans son lit avec une carte qu'il parcourait. Il avait défendu qu'on laissât entrer qui que ce fût dans sa chambre, excepté les comtes d'Estrées et de Saint-Germain qu'il avait envoyé chercher. Il me dit :

« Je vais faire passer la Meuse par Saint-Germain à Smirmarls, et par d'Estrées au gué de Viset.

— Cela est impossible, monsieur le maréchal, les ennemis sont en force sur la rive droite et écraseraient vos détachements ; c'était hier qu'il fallait se porter à Smirmarls, et Maëstricht était à vous.

— Quoi ! tu crois toute l'armée repassée ?

— Oui, monsieur, et je le crois parce que je l'ai vue ainsi que leur camp tendu. »

M. de Crémille, maréchal-général des logis, vint se présenter ; la porte lui fut refusée ; ces préférences ne me faisaient point des amis. Le maréchal continuait à soutenir son projet, quand MM. d'Estrées et de Saint-Germain entrèrent dans sa chambre. M. d'Estrées, après avoir reçu l'ordre de passer à Viset avec un gros corps, dit à M. le maréchal, d'un air de fermeté très-bien placé :

« J'obéirai, monsieur, mais seul de ma personne, car je ne veux pas perdre les troupes du Roi que vous m'avez confiées ; toute l'armée alliée est campée sur l'autre rive, et détruirait la nôtre sans succès. »

M. de Saint-Germain parla à peu près de même :

« C'est bien effectivement ce que me disait Valfons tout à l'heure, repartit le maréchal, mais je ne pouvais le croire ; il faut alors nécessairement changer de projet. »

Et sur-le-champ il forma celui du siége de Berg-op-Zoom.

———

Rien ne m'a tant prouvé la puissance du Roi et les facilités de moyens qu'avait le maréchal pour faire une brillante campagne; s'il avait gagné complétement, comme il le pouvait, la bataille de Lawfeld, les ennemis écrasés auraient fui du côté de Bréda et ouvert par leur retraite le chemin de Maëstricht; la négligence, ou mieux, comme je l'ai raconté, le désir qu'avait le maréchal de ne pas finir la guerre, permit à leur armée battue de repasser tranquillement la Meuse. Tous nos préparatifs du siége de Maëstricht étaient sur la haute Meuse, ainsi que notre grosse artillerie du siége de Namur. Les outils et plusieurs bateaux préparés pouvaient descendre facilement tous les convois nécessaires.

Le maréchal veut assiéger Berg-op-Zoom, près de Maëstricht, et trouve sur-le-champ les mêmes secours sur l'Escaut; un autre train d'artillerie, toute espèce de munitions de guerre et de bouches à feu à Anvers. Quel prince, en Europe, et quelle puissance eussent été en état de faire d'aussi grands efforts! J'ai vu jusqu'à dix mille chariots, attelés de quatre chevaux, partir en même temps pour former et soutenir les magasins de l'armée.

Ce fut M. de Lowendal, lieutenant-général, que M. le maréchal chargea du siége, dont tout le monde regarda le succès comme impossible.

La place est fortifiée par Cohorn, émule de Vauban; les ouvrages sont les plus simples en apparence, mais les mieux dirigés; un chemin couvert très-large, avec de petits réduits dans les angles; les places d'armes capables de contenir un demi-bataillon en bataille; des galeries de mines de la plus grande beauté, leurs rameaux avançant jusque sous les glacis; la garnison était très-forte et soutenue d'une petite armée que sa position rendait inattaquable, ayant la Hollande derrière elle, et, par conséquent, abondance de tout au milieu du siége.

L'opération fut aussi longue que meurtrière; M. d'Argenson n'ajoutant nulle foi aux lettres qu'il recevait, aurait fort désiré que je le tinsse au courant de tout, mais il ne voulait pas me le proposer, ne m'ayant pas tenu parole à Lawfeld. Je vis venir chez moi M. de Paulmy, son neveu, depuis son adjoint et ministre après l'exil de son oncle; il me parla beaucoup et finit par m'insinuer que je ferais bien de donner une nouvelle marque de mon zèle à M. d'Argenson, en demandant d'aller finir le siége. Je lui répondis que c'était impossible, puisque d'Hallot, mon cadet, y faisait les fonctions de major général. Il me pressa beaucoup, et voyant que je ne me rendais pas :

« Eh bien! mon cher Valfons, c'est de la part de mon oncle que je suis ici; il est inquiet et a besoin de vos yeux et de votre façon de voir et de dire pour être instruit; vos lettres seront montrées au Roi, cela fera votre fortune.

— Non, monsieur; quand, par ma sotte discrétion, pour m'être livré entre les mains de M. d'Argenson, je n'ai pas été récompensé à Lawfeld, malgré le vœu de l'armée et la demande du maréchal, il ne faut plus rien espérer ; que M. d'Argenson envoie sur la brèche ceux qu'il a mieux traités que moi, ils sont payés d'avance, et je vais prier M. le maréchal de me garder près de lui et de ne pas se prêter aux sollicitations qu'on pourrait lui faire pour m'envoyer à Berg-op-Zoom. »

M. d'Argenson, voulant toujours tirer parti de moi, feignit de n'être pas instruit de ma conversation avec M. de Paulmy, à qui il avait défendu, si je disais non, de m'apprendre la mission qu'il lui avait donnée, il continua à me bien traiter et me demanda si je ne connaissais pas au siége quelque officier expérimenté et en qui j'eusse confiance ; je l'assurai que le lieutenant-colonel de mon ancien régiment, avec qui j'entretenais une exacte correspondance, voyait très-bien et ne me laissait rien ignorer :

« Ne pourrais-je pas voir ses lettres ? me répondit-il ; car je vous avoue qu'il y a tant de contradictions dans ce qui vient du siége, que je suis dans la plus grande incertitude. »

J'écrivis à ce lieutenant-colonel que ses lettres fussent plus détaillées, toujours sincères, écrites avec soin, et l'avertis que je les montrerais au ministre, auprès de qui cela le ferait valoir ; que s'il avait quelques particularités secrètes à m'apprendre, il les mettrait sur un papier détaché, en se fiant à ma discrétion et à ma sagesse pour l'emploi, ce qu'il fit en m'adressant des lettres vraies, instructives et très-précises. Il m'assurait toujours du succès, qui paraissait à tous fort douteux ; mais il fondait son opinion sur ce que l'on peut tout attendre de troupes fermes et audacieuses vis-à-vis de soldats mous et déjà battus.

L'événement justifia sa prédiction : Berg-op-Zoom fut emporté d'assaut ; les troupes du camp prirent la fuite ; c'était M. de Cronstrom, lieutenant-général hollandais, âgé de quatre-vingt-quatre ans, qui y commandait ; d'Hallot, aide-major général, en porta la nouvelle. M. le maréchal de Saxe alla aussitôt chez le Roi ; je l'y accompagnai et fus témoin d'une sollicitation très-vive de la part du maréchal, pour que M. de Lowendal fût fait maréchal de France ; le Roi résista ; M. d'Argenson, qui était derrière lui, gardait le plus profond silence. Le Roi répondit deux fois au maréchal qu'il ne le voulait pas, et, à la troisième, il ajouta :

« Que dirait ma noblesse ? Lowendal est depuis très-peu de temps en France !

— Sire, elle dira que Votre Majesté sait récompenser les grandes actions et qu'il n'est rien d'impossible aux soldats de Votre Majesté, bien commandés. »

Le Roi refusait toujours, gagnant la porte de son cabinet où il était à demi entré et qu'il allait fermer ; le maréchal redoubla d'instances, et le Roi finit par dire :

« Eh bien! c'est à vous qu'il le devra; je le fais maréchal de France. »

M. d'Argenson me pria d'aller tout de suite chez lui pour faire tenir un de ses courriers prêt à partir, et en y rentrant, il écrivit à M. de Lowendal qu'il était charmé de lui apprendre le premier une grâce du Roi si bien méritée et qu'il avait si fort désirée pour lui. Les plus anciens lieutenants-généraux, MM. de Biron, Lautrec, Sennecterre, Clermont-Tonnerre, furent fortement contrariés et firent les représentations les plus vives à M. d'Argenson, qui s'excusa sur ce qu'il ne s'en était point mêlé; jurant que tout s'était passé du maréchal au Roi, qui seul avait prononcé.

IX

SOMMAIRE.

1748. Retour à Paris. — Aventure de la comtesse d'***. — L'amant indiscret. — Le choix forcé. — Le mal réparé. — Question d'argent. — Châtiment d'un fripon. — Faux départ. — Scène d'intérieur. — Les vingt mille écus. — Les dettes payées. — Départ pour l'armée. — Maëstriht. — Le chemin couvert. — L'officier hollandais épargné.— Les gardes françaises. — Le choix des morts. — Paix d'Aix-la-Chapelle. — Le maréchal de Saxe veut continuer le siége. — Il exige la capitulation de la ville. — Les portes sont ouvertes.— M. de Valfons est fait brigadier.— Chambord. —Visite au maréchal de Saxe.

Je revins à Paris au mois d'avril.

La comtesse d'A*** avec qui je vivais, malgré son goût avoué pour moi et les lettres les plus tendres qu'elle m'écrivait chaque jour pendant la campagne, s'était laissé séduire par un mauvais sujet, jeune, et qui lui parut très-aimable ; son ardeur pour le plaisir et l'empressement d'un nouvel amant m'enlevèrent, non son cœur, car elle ne cessa pas de m'écrire à l'armée, mais sa constance, pendant tout le temps que dura mon éloignement, et plus elle multipliait ses actes d'infidélité, plus sa correspondance était vive et passionnée. J'arrivai et ne fus pas longtemps à m'apercevoir que nous étions deux.

Le lendemain, nous trouvant réunis dans sa

chambre, je lui dis d'un ton sérieux : « Madame, vous seule pouvez prononcer le mot qui va dicter notre conduite : est-ce monsieur ou moi que vous aimez ? » Elle rougit, et parut très-embarrassée. « Décidez-vous, repris-je ; si c'est monsieur, je sors, je deviens indifférent et serai tout au plus votre ami ; si au contraire j'ai le bonheur d'être le préféré, ce que je désire très-ardemment, c'est à monsieur à prendre congé de vous et à ne jamais remettre les pieds ici. »

Son silence et ses regards, qui me demandaient pardon, m'enhardirent ; je sonnai et dis à un valet de chambre de faire venir le suisse.

« Madame, vous allez lui défendre devant moi de laisser entrer monsieur. »

Étonnée de mon air d'autorité, méprisant d'ailleurs mon rival autant qu'elle m'estimait, elle n'osa résister ; l'ordre fut donné sur-le-champ et le jeune homme disparut.

Cela fait, j'exigeai qu'elle lui écrivît devant moi de lui renvoyer ses lettres et son portrait ; elle mit dans sa lettre une hauteur qui effraya le séducteur ; elle en avait le droit par sa place et son crédit ; il obéit, se croyant trop heureux d'en être quitte pour pareille restitution, tant il devait craindre qu'on ne lui en demandât d'autres qui l'intéressaient davantage. Elle me remit lettres et portrait, le repentir dans l'âme, le désespoir et la honte sur le visage. « Je ne veux pas, lui dis-je, vous faire mourir de chagrin en gardant vos lettres pour les lire ; qu'à jamais tout ce qui reste de cette funeste et humiliante aventure disparaisse. » Et au même instant je lui rendis le tout pour qu'elle le jetât au feu, ce qu'elle fit avec la plus grande docilité :

« Et celles que vous avez reçues de lui?
— Je n'en ai jamais gardé une.
— Son portrait?
— Je n'ai point voulu l'accepter. »

Il était deux heures après minuit, je me retirai. Ce monsieur ne lui laissait pas un écu, bien qu'il eût déjà dépouillé deux femmes dont l'une, jeune veuve très-riche, mais fort étourdie, ne calculait que son plaisir et jamais sa fortune ; il avait si fort embrouillé les affaires de celle qui m'occupait, qu'en moins de deux ans il lui fit manger ou lui vola cent mille écus. J'étais indigné d'un pareil crime et voulus le réparer. Je m'entendis avec le tapissier, que ma belle n'avait pas encore payé, et achetai à l'estimation les meubles de sa petite maison moyennant dix mille francs. Ce fut une grande conquête que de m'être rendu maître de cet asile.

La comtesse, dont le caractère haut et fier ne pliait devant personne, devenue souple et obéissante, n'attendait que ma volonté pour l'exécuter; elle me rendait justice et savait que depuis quatre ans que nous vivions ensemble, moi peu riche, elle dans la plus grande opulence, j'avais tout refusé d'elle, offres et présents. Une certaine fierté que j'avais dans l'âme, et qui était tout mon bien, me garantissait de toute bassesse.

Un jour, me trouvant avec plusieurs de mes camarades à Versailles, chez cette même femme où il y avait beaucoup de monde, on parla de la délicatesse qu'on doit avoir vis-à-vis d'une maîtresse ; je m'emparai de la conversation, et dis : « Je conçois que l'on puisse accepter un ruban, un nœud d'épée, une bague tout au plus, mais de l'argent, c'est une infamie indigne d'un gentilhomme ; si on a besoin de deux cents louis par exemple pour des choses essentielles, on peut traiter sa maîtresse comme son amie, lui donner la préférence pour emprunter, mais il faut rendre, et le plus tôt possible ; car certainement une femme méprise l'amant qui fait un commerce de sa feinte tendresse, et elle doit être aussi humiliée d'acheter ses plaisirs que l'homme est avili de les vendre. »

Madame d'A*** s'écria imprudemment dans une sorte d'enthousiasme qu'elle ne put contenir : « Il vous dit sa religion, car voilà comme il pense, et mieux, comme il agit. » Je vis aussitôt bien des gens embarrassés : les femmes qui donnaient rougirent, les hommes qui recevaient baissèrent les yeux ; je restai maître du champ de bataille.

Nous passâmes un hiver délicieux, on m'avoua un jour, en grande confusion, que mon ancien rival était un petit intrigant et un filou ; il avait fait signer à sa victime pour vingt mille écus de billets payables au porteur sur Tourton et Baur, banquiers fameux de la place des Victoires, les avait gardés et ne voulait point les rendre, quoique ce ne fût qu'un dépôt. Le mois d'avril arrivé, il fallut me déterminer à partir; mais avant, j'avais dans la tête de faire restituer à ce fripon le vol fait à la faiblesse d'une femme séduite. Je la mis de moitié dans mon dessein; elle résista beaucoup, mais j'avais gagné toute autorité et la déterminai à lui écrire de venir chez elle; il refusa, disant qu'il n'irait qu'après mon départ.

Comme il faisait épier si j'étais encore à Paris, j'ordonnai à mes gens de venir me joindre à quatre heures à la porte de la jeune dame, avec ma chaise; j'y montai et pris la route de Flandre par le Bourget. Un laquais, qui observait de loin, me suivit en fiacre jusqu'à la première poste, et me voyant continuer mon chemin, il revint rendre compte à son maître que j'étais bien véritablement parti, et qu'il pouvait renouer ses projets en toute sûreté. Mais j'avais dit à un de mes frères de prendre un carrosse de remise dès le matin et d'aller m'attendre à Vauderlan; je l'y trouvai; mes gens avec ma chaise allèrent jusqu'à Louvres, où je devais les rejoindre; je regagnai Paris et descendis chez un baigneur.

Le soir, mon petit monsieur se rendit chez la dame; il se plaignit d'abord, avec une espèce de timidité touchante, de tant d'injustice et de cruauté essuyées; il jura que rien au monde ne pouvait détruire une passion dont il n'était pas le maître, puisque les avanies les plus humiliantes ne l'empêchaient pas d'être encore aussi amoureux. On feignit de lui pardonner en répétant mille fois que j'étais un brutal, et que le moment de mon départ était celui de son rappel; il reprit alors son ton d'impudence, et se proposa avec joie de recommencer le lendemain le train de vie que j'avais brusquement interrompu.

On ne le retint point à souper ce premier soir, et à une heure après minuit, tout le monde couché, excepté le suisse, je rentrai pour apprendre ce qui s'était passé. Je recommandai à la dame de continuer le lendemain la même comédie, et qu'elle serait vengée.

Je restai chez moi jusqu'à l'heure convenue; elle avait fait défendre sa porte à tout le monde, hors le petit monsieur, à qui le suisse eut soin de le dire, pour lui donner toute confiance; il l'avait entièrement reprise, et se croyant le maître, il entra avec cet air léger que donne le succès, prit une main pour la baiser; on ne le repoussa que faiblement en lui disant : « Avant tout, prouvez-moi que vous avez été digne de ma confiance, rendez-moi mes billets payables au porteur, vous savez que c'est un dépôt.

— Oui, de l'amour, où tout est commun; je les ai mangés et en ai payé mes dettes. » Puis, avec un ton d'insolence qui me faisait bouillir le sang dans les veines :

« Est-ce qu'à un rendez-vous il est question d'argent? c'est insulter l'amour.

— Monsieur, vous payerez plus chèrement que vous ne croyez, si vous ne profitez de l'instant que vous donne ma bonté excessive.

— Quoi! des menaces dans des moments aussi précieux !

— Oui, monsieur, elles vont se réaliser ; il faut punir et étouffer les monstres. » Et m'appelant par mon nom :

« Valfons, ne le tuez pas, mais vengez-moi. »

Jamais voleur saisi par la justice ne fut plus étonné ; nous étions seuls, toutes les antichambres fermées, son carrosse et ses gens renvoyés ne devaient revenir qu'à deux heures après minuit. J'entrai avec ce sang-froid et ce sérieux si imposants aux lâches ; il voulut crier et gagner la porte ; je l'arrêtai en lui disant :

« Votre vie est dans votre conduite ; vous n'êtes pas vis-à-vis d'un assassin, mais de quelqu'un bien irrité de vos friponneries. » Et puis me retournant vers la dame :

« A-t-il vos billets ?

— Oui.

— Lui en avez-vous fait un don ou n'est-ce qu'un dépôt ?

— Le malheureux sait bien que c'est un dépôt.

— C'est bien ; passez, madame, » dis-je en lui montrant la pièce d'où j'étais sorti, craignant encore que sa faiblesse et sa présence ne rendissent à cet homme la hardiesse qu'il avait perdue.

Je dis alors : « Nous sommes seuls, monsieur, et je suis incapable d'un mauvais procédé ; mais vous ne sortirez point d'ici que vous n'ayez restitué les vingt mille écus, et, s'il le faut, on enverra chercher le commissaire, à qui toute votre infamie sera dévoilée ; vous connaissez le pouvoir de la femme chez qui vous êtes ; vous avez cherché à la déshonorer indignement, mais vous ne la volerez pas. »

Il voulut hausser la voix, je le fis taire en lui disant : « Je ne vous propose pas de vous battre, vous ne l'accepteriez pas, et vous feriez bien, car vous n'êtes fort que contre une femme aveuglée par son délire ; allons, monsieur, les billets ! Ce n'est pas tout, je vous perdrai dans votre corps. » Il avait un très-bel emploi dont il était bien indigne. Il était si pâle que je craignis qu'il ne se trouvât mal :

« Finissons, ou je vais faire avertir le commissaire. »

La peur le prit, et la tête basse :

« Monsieur, il ne me reste que trois billets de dix mille francs chacun.

— Donnez-nous-les toujours.

— Je vais les chercher.

— Non, non, je ne vous lâche pas ; écrivez un mot chez vous, à votre valet de chambre, en lui envoyant la clef de votre secrétaire, et qu'il les rapporte ici. »

Il fallut en passer par là ; je dictai moi-même la lettre, et au bout d'une heure qui lui parut la plus longue de sa vie, et à moi, la plus désagréable, malgré la vengeance satisfaite, nous eûmes les billets, que je remis devant lui à la femme trop confiante. Cela fait, je l'assurai en lui ouvrant les portes que j'aurais les autres dix mille écus. Il sortit, se félicitant sans doute de n'avoir pas été traité plus rudement, car il le méritait.

Je restai tête à tête avec la comtesse, au désespoir d'une aventure aussi fâcheuse, et qui aurait pu devenir funeste si ce coquin-là avait eu plus de fermeté.

« Eh bien ! Madame, voilà une rude leçon pour l'avenir ; je ne vous en parlerai de ma vie, j'en suis trop peiné pour vous. »

Elle se jeta à mon cou et me demanda mille fois pardon les larmes aux yeux :

« Monsieur, je suis moins coupable que vous ne croyez et dois vous remercier de votre noble conduite. Écoutez, vous n'êtes pas riche ; mon dessein a toujours été de placer cette somme en viager sur votre tête, pour vous en faire deux mille écus de rente et me rendre heureuse et tranquille de votre aisance assurée.

— Ah ! madame, quelle excuse me donnez-vous là ! vous me connaissez trop pour me soupçonner capable de vouloir m'enrichir aux dépens de votre honneur.

— Consentez à ce don, au nom du ciel ; c'est en épurer la source que d'en faire l'usage que je vous demande à genoux. » Elle allait s'y jeter, tant elle était hors d'elle-même.

Je la vis si au désespoir que je crus qu'il y avait de l'humanité à feindre d'accepter ces malheureux billets ; je les pris donc, m'en réservant l'usage.

Le lendemain de très-bon matin, je courus Paris dans un fiacre bien fermé, je continuai l'après-midi, et mon objet rempli, je rentrai à la nuit bien close chez la dame, que je trouvai enchantée de ma détermination; elle le fut davantage et avec plus de raison quand elle en connut le motif. Dans le courant de l'hiver, fort adroitement et par des questions détournées, j'avais arraché le secret de ses dettes et le nom de ses créanciers : les plus forts étaient Bourgeot, Lempereur, mademoiselle Boutrait, Du Lac, la couturière, etc. J'avais eu soin d'écrire les différentes sommes; le tout se montait à vingt-quatre mille francs; j'avais été me faire payer les billets chez MM. Tourton et Baur, et commençant par Bourgeot, je lui avais payé quatre mille francs, et ainsi des autres successivement.

La journée fut employée à mon entier contentement; je liquidai tout comme en étant chargé, ce qui n'étonna point les créanciers, qui savaient notre grande intimité. Je rentrai nanti des quittances, que j'ai conservées pour ma satisfaction, ayant eu la précaution de faire biffer les articles chez tous les marchands; on fut enchanté de ma générosité, qui faisait un contraste bien humiliant avec le second choix. Il restait deux mille écus qu'on me força de conserver, et, le 5 avril, je partis pour rejoindre l'armée.

J'eus toutes les peines du monde à arriver. Le maréchal de Saxe avait ordonné qu'on ne donnât des chevaux de poste qu'aux courriers de la cour et aux siens. Je laissai ma chaise à Bruxelles et me mis sur la brouette du courrier pour rejoindre à Tongres le maréchal et mon équipage.

Je ne veux pas que mes amis soient plus longtemps inquiets de m'avoir vu prendre deux mille écus à une femme ; j'accélère le moment de la restitution, qui eut lieu l'hiver suivant, pendant lequel madame d'A*** avait beaucoup perdu au cavagnol de la Reine ; je les lui rendis à-propos et me l'attachai pour toujours, tant l'honnêteté a ses droits, même vis-à-vis de celles qui font les plus grands écarts [1]

La nuit du 2 au 3 mai 1748, on devait attaquer les chemins couverts de Maëstricht, à la gauche de la tranchée, très-près de la Meuse ; il y en avait deux l'un sur l'autre, une demi-lune encore tout entière les défendait ; les parapets du corps de la place n'étaient point écrétés, le débouché paraissait très-serré et fort difficile. J'entrai dans le cabinet de M. le maréchal de Saxe, à qui les ingénieurs avaient persuadé que l'attaque était mûre ; j'avais examiné de trop près pour n'être pas sûr du contraire ; je m'y étais rendu au point du jour et avais pu voir de la tête de la sape qu'il serait imprudent d'attaquer, bien que le chemin couvert fût abandonné.

1. M. d'Argenson disait à M. le comte de Sebourg (marquis de Valfons) qui était l'amant de sa femme : « Il y a deux places qui vous conviendraient également : le gouvernement de la Bastille, et celui des Invalides ; si je vous donne celui de la Bastille, tout le monde dira que je vous y ai envoyé ; si je vous donne les Invalides on croira que c'est ma femme. »

(*Chamfort,* édition Delahays, 1857, pag. 34.)

Je n'y vis qu'un seul officier hollandais cherchant à reconnaître le débouché de nos sapes; arrivé à dix pas de lui, je pris le fusil d'un grenadier d'Alsace en faction, et le plaçant entre deux sacs à terre, j'allais tirer sur cet imprudent curieux, et il m'eût été facile de le tuer. Mais le voyant sans défense, je regardai sa mort comme une mauvaise action, et m'élevant au-dessus du parapet, le tenant toujours en joue, je lui criai de se retirer, sinon que j'allais faire feu; il m'ôta son chapeau, me remercia et disparut.

J'assurai M. le maréchal de Saxe qu'il perdrait beaucoup de monde, et que le succès, quoique certain, serait acheté fort cher. Le maréchal de Lowendal appuya mon opinion et décida le maréchal de Saxe, en lui disant : « Ce sont les gardes françaises qui doivent attaquer; la moindre perte dans ce corps ferait crier tout Paris, au lieu que demain ils seront relevés par les Suisses; nos pertes passeront plus inaperçues, car on n'entendra pas le cri de leurs montagnes ni les gémissements que pourra causer leur mort à des familles si éloignées. » Le maréchal de Saxe dit en riant : « Vous prévoyez tout, monsieur; c'est bien, à demain donc. »

Le lendemain lord Sackville, aide de camp du duc de Cumberland, arriva d'Aix-la-Chapelle pour parler à M. le maréchal, qui sur-le-champ chargea Sourdis d'aller chercher du Vernay, et moi M. de Séchelles. On tint un comité dans le cabinet du maréchal, d'où M. de Séchelles sortant m'embrassa en me disant tout bas :

« La paix est faite, et je vous félicite d'avoir échappé à tant de dangers et d'exister encore. »

Effectivement, la paix avait été signée à Aix-la-Chapelle, par M. de Saint-Séverin, et lord Sackville était venu l'annoncer au maréchal de la part du duc de Cumberland.

Le maréchal de Saxe, désirant continuer le siége, avait voulu consulter MM. de Séchelles et du Vernay sur le parti qu'il y avait à prendre ; ces deux messieurs, en qui il avait toute confiance, lui prouvèrent que ce serait perdre des hommes inutilement, car dans deux jours il recevrait de la cour l'ordre de cesser toute hostilité. Le maréchal, très-affligé, se rendit et m'envoya sur-le-champ à toutes les batteries et à la tranchée pour empêcher de tirer et ordonner une suspension ; il avisa dans Maëstricht M. d'Aylva, qui y commandait, pour qu'il en fît autant.

Deux heures après arrivèrent des officiers de la garnison autrichienne et hollandaise prétendant que la paix étant faite, tout était fini et Maëstricht libre ; le maréchal répondit avec beaucoup de hauteur et de fermeté que la ville, attaquée par l'armée du Roi et au moment d'être prise, subirait la capitulation ; les députés s'échauffant pour défendre leur droit, le maréchal leur dit en colère :

« Vous êtes les plus faibles et vaincus ; c'est à vous de recevoir la loi qu'il me plaira d'imposer, arborez immédiatement le drapeau blanc, envoyez-moi des otages, capitulez, sans quoi je n'entends rien, j'ordonne le feu, et ce soir j'attaque votre chemin couvert. »

Ces derniers mots émurent tellement les députés, qu'ils partirent pour les rapporter à M. d'Aylva. Aussitôt, et sans autre discussion, il fit partir des otages et des officiers généraux pour régler la capitulation. Les portes nous furent livrées, et le maréchal accomplit le dernier acte de guerre avec autant de dignité pour la gloire des armées du Roi qu'il avait montré de fermeté à la soutenir pendant sept campagnes [1].

En 1749, je passai quelque temps à Chambord, chez le maréchal de Saxe. Il me logea dans la chambre de Marie de Médicis, et pendant quatre jours de suite ce grand homme eut la complaisance de venir se mettre dans un fauteuil à mon chevet, tandis que j'étais dans mon lit, et de me rappeler tout le détail de ses campagnes avec la charmante simplicité qui caractérise plus particulièrement les héros.

Le château dont le Roi avait donné la jouissance au

---

[1]. M. de Valfons ne parle point ici du grade de brigadier qu'il eut enfin après le siége de Maëstricht. Voici ce pendanta llettre dont l'original se trouve parmi ses papiers.

« A Versailles, le 26 novembre 1748.

« Le Roi ayant bien voulu, monsieur, vous accorder le grade de brigadier, j'ai l'honneur de vous en informer avec plaisir et d'être très-parfaitement, monsieur, votre très-humble et obéissant serviteur.

« *Signé :* V. D'ARGENSON. »

maréchal était une résidence digne de cet hôte illustre ; il y menait un train de prince, avec plus de cent mille écus qu'il tirait de ses grades et de ses régiments. Il y avait établi une caserne de cavalerie, un haras et une ménagerie. Son activité d'esprit et de corps avait besoin d'une occupation continuelle et d'exercices variés. Aussi, tout en combinant de vastes projets et même des entreprises chimériques, il se livrait sans cesse à des divertissements énergiques, chassant à courre, surveillant ses travaux, où il mettait quelquefois la main, et par-dessus tout faisant manœuvrer son régiment que, par faveur particulière, le Roi lui avait donné en garnison et qu'il entretenait sur le pied de guerre avec tous les détails du service d'une place forte. Les canons et les drapeaux pris sur les ennemis, et qui décoraient les portes, complétaient l'illusion. Il y avait aussi très-souvent la comédie et des concerts sur l'eau ou dans les appartements.

Le chancelier titulaire, Maupeou, me faisait également l'honneur de s'asseoir à mon chevet, dès sept heures du matin, sans vouloir me permettre de quitter mon lit. Nous étions logés porte à porte dans le même corridor, et en sortant de chez lui, il venait s'entretenir avec moi. Il resta quatre jours à Chambord ; il y avait peu de monde, et nous nous promenâmes beaucoup ensemble dans le parc et les potagers. Sa conversation était pleine de traits curieux et d'anecdotes intéressantes.

Le maréchal n'avait alors que cinquante-trois ans ;

et malgré les cruelles souffrances que je lui avais vu souvent endurer avec un courage héroïque, la vigueur de son tempérament le maintenait vaillant et infatigable. A le voir ainsi robuste et actif, heureux de vivre et plein de conceptions généreuses, personne n'eût pu le croire si proche de sa fin, qui arriva cependant, à la suite d'une fièvre pernicieuse, le 30 novembre de l'année suivante. Ce fut un grand deuil pour la France, dont il faisait craindre et respecter les armes par toute l'Europe, et, si j'ose le dire, une perte bien préjudiciable pour moi.

L'amitié dont m'honorait ce héros était de celles que l'on ne peut remplacer, et avait plus de prix à mes yeux, étant née de mon zèle pour le service autant que de mon dévouement à sa personne.

X

SOMMAIRE.

1757. Madame d'Argenson. — Lettre de M. de Paulmy. — Exil de M. d'Argenson, ministre de la guerre. — Son désespoir. — État de ses affaires. — Dévouement de sa femme. — Détails sur sa disgrâce. — Billets anonymes. — Le Roi et madame de Pompadour. — Mission à Versailles. — Madame d'Argenson veut suivre son mari. — Il s'y oppose. — Pourquoi. — Son départ pour les Ormes avec madame d'Estrades. — Visite aux Ormes. — Confidences de M. d'Argenson. — Opinions sur la cause de son exil. — Son retour à Paris. — Sa maladie. — Protestations. — Promesses. — Les médecins. — Un contre six. — Le quinquina. — Mort de M. d'Argenson. — Rappel tardif de la part du Roi. — Jugement sur son caractère. — M. de Paulmy ministre de la guerre. — Motif de ce choix. — Le marché des lits militaires. — Ruse pour ruse. — Le Roi et le contrôleur général.

Le 5 février 1757, madame d'Argenson, avec qui je passais ma vie, m'envoya à dix heures du matin un valet de chambre pour me dire que je vinsse à l'instant chez elle ; je n'eus qu'à traverser le jardin du Palais-Royal, où donnait mon appartement ; en arrivant dans le sien elle me donna une lettre à lire en me disant :

« Voilà ce que Paulmy, mon neveu, m'écrit par un courrier :

« C'est par ordre de mon oncle, ma chère tante,
« que je vous écris, le désespoir dans le cœur.
« M. Rouillé vient de lui porter un ordre de la main

« du Roi, pour partir de Paris dans quarante-huit
« heures et se rendre à sa terre des Ormes, en Tou-
« raine, jusqu'à nouvel ordre. Il sera à Paris à une
« heure après-midi. Mes yeux baignés de larmes ne
« me permettent que de vous assurer de mon
« respect. »

Je fus très-affligé de cette nouvelle et dis à madame d'Argenson :

« Qu'allez-vous devenir, madame, dans un moment aussi pénible et si peu mérité?

— Monsieur, mon parti est pris, on fait mes malles, on graisse les roues de ma voiture ; je suis prête, malgré ma déplorable santé, à suivre partout mon mari : je viens de lui renvoyer le courrier avec un mot par lequel je lui marque qu'il trouvera dans sa femme une amie sûre, à l'épreuve de tous les événements. »

Notre conversation se prolongea jusqu'à midi et demi où M. d'Argenson entra dans la chambre pâle comme la mort. Je voulus sortir.

« Non, restez, me dit-il, un tiers est nécessaire dans des moments aussi funestes ; on aura surpris la bonté du Roi. Vous connaissez plus qu'un autre mon respect pour Sa Majesté: que de veilles j'ai sacrifiées à sa gloire! Mais, mieux que cela, devait-il jamais oublier Metz, où, cru mort et abandonné de tous, je le réchauffai seul dans mes bras et ne le quittai pas d'une minute! Je le répète, ce n'est ni son cœur, ni sa volonté qui m'exilent, cette malheureuse femme aura fait quelques noirceurs. »

Desfarges, son homme d'affaire, plein de zèle et de probité, était accouru.

« Allez me chercher, lui dit-il, l'état de mes affaires ; je vous ai recommandé d'avoir toujours prêt à me montrer mon bien, mes dettes et mes revenus.

— J'ai dans ma poche, répondit Desfarges, ce que monsieur le comte demande. Voici un papier écrit sur trois colonnes: la fin de chacune l'instruira. »

M. d'Argenson parcourut vivement ce tableau, et se tournant tristement vers sa femme :

« Hélas ! madame, voilà ce qui m'achève, du million que vous m'avez apporté, j'ai dépensé huit cent mille francs ; j'espérais que le temps et mon crédit me les feraient remplacer, mais tout est fini. »

Et il resta les yeux fixés sur elle. Madame d'Argenson, sans la plus petite altération, me dit :

« Donnez-moi, je vous prie, mon écritoire. »

Elle en tira une feuille de papier blanc qu'elle signa au bas, et la remettant d'un air tendre et souriant à son mari :

« Voilà mon blanc-seing, il reste encore de ma dot deux cent mille francs ; je vous conseille de vous en distraire en embellissant le château, le parc et les jardins des Ormes ; ne parlez plus de mon argent, il sera bien employé : il avait accéléré votre fortune, il fera vos amusements ; Paulmy ne m'a écrit qu'un mot, pouvez-vous m'en apprendre davantage ?

— Oui, » répondit-il. Et renvoyant Desfarges, il ordonna à ses gens de ne laisser entrer personne, à l'exception de mesdames de Berville et de la Porte, ses nièces.

M'ayant fait asseoir auprès de lui, il continua :

« Il y a trois jours, j'eus une très-grande discussion avec madame de Pompadour ; vous savez que depuis le malheureux événement du 5 janvier [1] je ne vis ni ne respire tranquillement ; mon âme inquiète redouble de soins afin d'être instruit ; on m'éveille dix fois par nuit pour me donner souvent de faux avis ; mais quand il s'agit d'une vie aussi précieuse que celle du Roi il n'y a rien à négliger : j'écoute tout et prends toutes les précautions que me dicte mon amour pour mon maître ; vous en voyez la récompense. Depuis plus de quinze jours mes gens trouvent tous les matins au pied de ma terrasse des billets abominables ; ils me les ont portés, j'ai fait placer des espions et n'ai rien pu découvrir ; le Roi, en arrivant, me questionne toujours ; il veut tout savoir, et m'a menacé de son indignation si je lui cachais la moindre chose ; je suis donc forcé, malgré moi, de répondre vrai à ce qu'il demande ; il a lui-même lu plusieurs de ces billets ; cela l'irrite : mais comment ne pas obéir à un ordre aussi précis. Cependant Madame de Pompadour me fit prier de passer chez elle, et me parlant de ces billets me dit :

— Monsieur, il serait essentiel de cacher ces abominations au Roi ; il ne dort plus et se tourmente ; continuez de veiller à sa sûreté, mais ne lui en parlez plus.

1. L'attentat de Damiens.

« Je répondis :

— Madame, personne ne le désire plus que moi ; priez le Roi, dans ces moments de bonté et de familiarité où il ne peut vous rien refuser, de ne plus me faire de questions ; je serai trop heureux et trop content de garder un silence que je crois utile et nécessaire à la santé du Roi ; mais je ne le puis toutes les fois qu'il me questionnera.

— Je le sens, reprit madame de Pompadour avec aigreur, vous aimez mieux le voir malheureux et faire le bon valet ; mais, monsieur, ces billets sont fort extraordinaires ; il est bien étonnant que Berryer, qui a toute la police à ses ordres, n'en trouve et n'en apporte aucun, et que vos gens en petit nombre, qui ne les cherchent point, en découvrent toujours.

« Je sortis aussitôt, et j'ignore quelles ont été ses manœuvres depuis ce moment ; mais croyez que ma disgrâce en est le résultat. J'étais ce matin, à huit heures, à prendre un bain d'aromates pour ma goutte, lorsqu'on m'a annoncé M. Rouillé ; je lui ai fait dire que j'avais les jambes dans l'eau ; il a insisté ; on lui a dit de ma part que j'allais dans un quart d'heure prendre ma redingote, me mettre dans ma chaise et passer chez lui, où nous causerions. Il est bon de vous dire qu'un instant auparavant, Dourlens, mon valet de chambre, m'avait dit tout bas :

— Monsieur, on déménage de l'autre côté.

« C'était M. de Machault ; je savais son exil. M. Rouillé devenant plus pressant, je l'ai fait entrer, en m'excusant de l'état où je le recevais ; il m'a remis d'un air navré et d'une main tremblante, en témoignant des regrets sincères, car c'est notre ami de tous les temps, la lettre du Roi, qui m'apprend mon malheur; j'ai fait descendre Paulmy, à qui j'ai dit de vous écrire la lettre que vous avez reçue; c'est tout ce que j'en sais; j'ai arrangé mes papiers et suis parti; croyez que la confiance que le Roi me témoigna le jour fatal en me donnant ses clefs les plus secrètes pour Trianon a irrité tous mes ennemis : en voilà la preuve.

— Vous savez, lui dis-je en l'interrompant, que le soir même je vous engageai à éloigner madame de Pompadour, dont le crédit devait vous devenir funeste.

— Eh! le pouvais-je? elle plaît au Roi, l'amuse, le captive; je n'ai point voulu l'excéder par des manéges peut-être infructueux, mais sûrement très-ennuyeux et très-embarrassants pour lui. »

On avait servi; il nous vit dîner et ne voulut pas même prendre son lait. Ses deux nièces entrèrent à ce moment, et par leurs caresses et leurs propos parurent suspendre ses tristes réflexions. M. de Paulmy arriva avec sa femme. Après une longue conversation, M. d'Argenson lui dit :

« Il est temps, mon neveu, que vous repartiez pour Versailles; le Roi peut avoir des ordres à vous donner. »

M. de Paulmy insista, et avant de sortir se précipita dans ses bras en criant qu'il n'avait plus rien à faire à Versailles, puisque son oncle n'y pouvait plus aller. M. d'Argenson lui répéta qu'il était trop heureux que le Roi eût encore voulu garder quelqu'un de la famille, et qu'il devait partir pour l'en remercier.

J'accompagnai M. de Paulmy à sa chaise et retournai ensuite auprès de M. d'Argenson, qui dit à sa nièce :

« Il faut vous trouver aussi chez la Reine ; quand le Roi passera pour le grand couvert, vous lui ferez votre révérence. »

Il nous força de jouer, nous vit souper, et au retour, me prenant en particulier :

« J'ai un service essentiel à vous demander, monsieur.

— Je suis plus à vous que jamais, lui répondis-je, mettez-moi à l'épreuve.

— Eh bien ! envoyez chercher votre chaise et des chevaux de poste ; vous arriverez encore avant que Paulmy ne soit couché, et vous lui direz de faire l'impossible pour savoir le motif de mon exil, car je l'ignore totalement ; la Reine peut le savoir : madame de Villars voudra bien le lui demander. »

Il nomma deux ou trois autres de ses amies ; je le priai de me donner un mot écrit pour M. de Paulmy :

« Je m'en garderai bien ; vous sentez que dans ce moment-ci ma maison est entourée d'espions ; on peut vous arrêter en sortant, et je serais au désespoir que la démarche que l'amitié vous dicte pût vous nuire ; n'écrivons rien ; Paulmy s'en rapportera bien à ce que vous lui direz. »

J'arrivai à minuit et demi à Versailles ; M. de Paulmy, après m'avoir écouté, courut chez madame de Luynes, où était la Reine, et chez madame de Villars, qui s'acquitta adroitement de ce qu'on exigeait d'elle ; mais la Reine ne savait rien ; M. de Paulmy alla courir dans plusieurs appartements et rentra à deux heures après minuit chez lui, où je l'attendais. N'ayant pu rien apprendre, il me dit de coucher à Versailles, et que dans le courant de la journée il serait peut-être plus heureux ; mais ce fut aussi vainement qu'il fit de nouvelles enquêtes ; il n'en fut pas plus instruit : je repartis le soir et trouvai M. d'Argenson dans la plus grande impatience, très-fâché que nous n'eussions pu rien découvrir.

Madame d'Argenson revint à la charge plusieurs fois, pressant son mari de lui permettre de le suivre ; il rejeta toujours son refus sur la faiblesse de sa santé et le besoin qu'elle avait d'être près de son médecin et des secours de Paris ; mais le véritable motif était que madame d'Estrades, sa très-bonne amie, l'accompagnait aux Ormes et qu'elle lui suffisait. Je m'offris également à partager sa disgrâce et lui répétai avec vérité que je serais très-flatté s'il me permettait de lui prouver mon inviolable attachement en allant aux Ormes ; il parut pénétré de la vivacité de mon désir et me fit mille amitiés en me disant :

« C'est impossible ; d'abord il vous faudrait la permission du Roi, et puis on va entrer en campagne, et il vous sera plus utile de continuer votre fortune militaire ; je serai fort aise de vous revoir après votre retour ; comptez sur moi et sur Paulmy ; il est votre ministre ; j'aurai soin qu'il veille sur vous pendant votre absence. »

Le lendemain matin, à huit heures, j'étais chez lui ; je le vis partir ; il trouva au sortir de Paris madame d'Estrades, qui se mit dans sa voiture et continua sa route avec lui vers les Ormes ; M. et madame de Voyer les suivaient dans une autre voiture.

Le public disait qu'une lettre très-imprudente dans ses termes, écrite par M. d'Argenson à madame d'Estrades, et interceptée par madame de Pompadour, avait été montrée au Roi, qui, dans le moment de la première indignation, exila son ministre.

Pendant le séjour involontaire de M. d'Argenson aux Ormes, j'y ai fait quatorze voyages et j'ai pu causer dans la plus grande intimité avec madame d'Estrades et M. d'Argenson, de cette croyance publique qui révoltait toujours l'ancien ministre :

« Vous connaissez, me disait-il, mon respect pour le Roi ; il ne s'est jamais démenti ; mais s'il eût cessé un moment, me croyez-vous assez imprudent pour avoir confié à une lettre cette façon de penser si dangereuse ? Qu'avais-je besoin d'écrire à une femme que je voyais quatre fois par jour ? N'est-il pas plus probable au contraire que madame de Pompadour ait fait contrefaire une lettre qu'elle aura montrée et lue elle-même à la hâte au Roi, en lui disant :

— Il ne faut pas qu'il reste vestige de pareils blasphèmes contre Votre Majesté ! et aussitôt elle l'aura jetée au feu pour éviter toute vérification; car de quoi n'est pas capable la haine d'une femme? »

On a dit depuis, et plus vraisemblablement, qu'après la conversation sur les billets trouvés, madame de Pompadour avait dit au Roi que M. Berryer, lieutenant de police, était très-étonné que quatre cents personnes employées sous ses ordres n'en eussent jamais trouvé un seul, et qu'il se pouvait que M. d'Argenson, pour faire valoir son zèle et son activité, les fît lui-même; madame de Pompadour aurait accrédité ce soupçon, et fini par déterminer le Roi à éloigner de lui un ministre qui mettait tant de noirceur dans ses démarches.

Quant à moi, je suis persuadé que M. d'Argenson a ignoré le vrai motif de sa disgrâce : madame de Pompadour, qui le haïssait, y travaillait sans cesse; en faut-il davantage?

Il obtint deux fois pendant son exil d'aller aux eaux; il a été toujours grand dans son séjour aux Ormes où l'univers accourait, surtout les militaires qu'il accablait de caresses et qui se détournaient souvent de très-loin pour lui rendre leurs hommages. Il ne vivait que de lait, et malgré les soins qu'il prenait de sa santé, elle se délabrait au point qu'il eut la permission de venir à Paris; madame de Pompadour était morte. A son arrivée, tout le monde vint se faire inscrire chez lui; les ministres y furent en personne; son retour avait l'air d'un triomphe. Il ne pouvait, dans son état, recevoir que ses amis les plus intimes ; je fus du nombre ; quand j'approchai de son lit, dont il ne sortait plus, il me tendit les bras, me prit la main, qu'il serra en me disant d'une voix très-faible :

« Je vous attendais avec impatience ; je suis charmé de vous voir ; ne me quittez plus ; madame d'Estrades vous dira plus longuement toute mon amitié et mes projets ; souhaitez que je vive, je serai reconnaissant. »

Madame d'Estrades, qui était présente, me tira près de la cheminée et me dit :

« Oui, souhaitez qu'il vive et que le Roi rende justice à son innocence opprimée ; vous ferez un beau chemin : c'est bien la moindre chose qu'on doive à ceux que nos malheurs nous ont encore plus attachés. »

On fit venir plusieurs médecins : deux de la cour, deux de Paris et trois chirurgiens ; chacun fit ses questions et ses observations, mais ils ne furent jamais d'accord ni sur la cause du mal, ni sur les remèdes. Six jours se passèrent en consultations ; enfin, le septième, trois médecins et trois chirurgiens se réunirent et ordonnèrent le quinquina pour calmer, disaient-ils, l'ardeur de la fièvre. Petit, premier médecin du duc d'Orléans, aussi habile qu'expérimenté, fut le seul d'un avis totalement opposé à celui de ses confrères, affirmant que le quinquina tuerait le malade. J'arrivai au milieu de ce débat ; madame d'Estrades me dit tout bas :

« Suivez M. Petit dans le salon et tâchez, pour notre consolation, de le déterminer à être de l'avis des autres.

— Dieu m'en préserve, madame, lui répondis-je; croyez-vous que l'ignorance profonde où je suis puisse et doive avoir la moindre influence sur le savoir reconnu et constaté de M. Petit? »

Cependant je le suivis et le priai de me dire son opinion.

« Monsieur, me dit-il, je ne veux plus rentrer dans cette chambre; je le répète en m'en allant, et vous pouvez en être assuré: si on donne du quinquina à M. d'Argenson, il est mort. »

Je le priai de rentrer; il ne voulut jamais et partit. Je rapportai son propos à madame d'Estrades et à M. de Voyer, qui tous les deux me dirent :

« Mais que faire? Six avis de même contre un seul ! »

On questionna une seconde fois toute la faculté; le premier sentiment prévalut : le quinquina fut pris. M. Petit ne fut que trop prophète; M. d'Argenson expira en trois heures. Quelques moments avant sa fin, M. de Soubise vint, de la part du Roi, pour l'assurer que Sa Majesté le recevrait avec plaisir; je crois qu'il n'a pas joui du bonheur d'entendre ces paroles; il était à l'agonie.

J'ignore les intrigues qui l'ont perdu; mais je suis sûr que pendant tout le temps de son exil et dans la plus particulière intimité, il ne lui est jamais échappé un mot d'impatience ou de critique contre le Roi ; il en a toujours parlé avec autant de respect que d'amour, rejetant tous ses malheurs sur la haine et l'adresse de madame de Pompadour. M. de Paulmy, auparavant adjoint de M. d'Argenson, lui avait succédé.

Voici le motif qui avait décidé M. d'Argenson à faire entrer son neveu dans le ministère : ce n'étaient pas ses talents ; il n'en avait aucun ; totalement inférieur à sa place, il avait tous les défauts du corps et pas une qualité de l'esprit ; M. d'Argenson le connaissait bien ; mais dans les moments où sa goutte ne lui permettait pas d'aller chez le Roi, il lui confiait son portefeuille et le travail à faire ; de plus, M. d'Argenson avait senti par un événement récent combien il pouvait être dangereux de s'éloigner. Dans sa tournée des places de Flandre, il avait laissé le Roi à Compiègne, après en avoir obtenu un bon pour une entreprise de lits de casernes et d'hôpitaux, montant par an à 900,000 francs.

A peine était-il parti que M. de Machault, qui le guettait toujours et cherchait à le perdre, se plaignit au Roi, comme contrôleur général, de la prodigalité de M. d'Argenson et du peu de soin qu'il prenait d'économiser les finances ; et tout de suite il montra une offre du même marché pour les lits, à 100,000 écus, et par conséquent avec une économie de 200,000 écus par an. Un contraste si désavantageux à la manutention de M. d'Argenson frappa le Roi, qui prit le nouveau marché signé et dit : « Attendons d'Argenson ! »

A son retour de Flandre, comme il passait par Séchelles, un homme demanda à lui parler en particulier et lui apprit que M. de Machault avait formé une compagnie de sous-fermiers, à qui il faisait les plus grands avantages à condition qu'ils prendraient sur-le-champ le marché des lits au rabais de 600,000 fr.; ils avaient accepté avec plaisir, par le profit immense qui leur reviendrait des sous-fermes et de la protection de M. de Machault. M. d'Argenson remercia beaucoup cet homme et lui demanda s'il était certain du fait, s'il le signerait et le ferait signer à plusieurs de ses confrères; il dit qu'il était sûr de quatre.

« Rassemblez-les et portez-moi tout de suite cet écrit signé à Compiègne. »

En arrivant, il y trouve son homme et reçoit le papier désiré; il va chez le Roi, qui, le faisant passer dans son cabinet, lui dit en lui montrant le second marché :

« D'Argenson, il faudrait être un peu plus attentif à mes affaires et ne pas prodiguer l'argent comme cela : qu'avez-vous à répondre ?

— Sire, il faut que Votre Majesté charge son contrôleur général de passer tous ses marchés, vu la facilité de les faire à bas prix en indemnisant les entrepreneurs par de gros intérêts dans les sous-fermes, comme il l'a fait pendant mon absence; et pour constater la vérité, voici le seing de ceux avec qui il a traité.

— Me voilà instruit, dit le Roi, j'en avais déjà quelques soupçons; les hommes seront toujours jaloux les uns des autres, et la jalousie perdra tout. »

C'est de M. d'Argenson lui-même que je tiens ces faits.

Les conversations des Ormes étaient précieuses pour moi; tout y était anecdotes intéressantes; on me levait le rideau sur mille circonstances que j'ignorais; M. d'Argenson m'expliquait avec bonté les détails très-circonstanciés de tout ce qui n'était pas secret de l'État, conservant toujours envers son Roi le plus profond respect et le plus sincère attachement.

XI

SOMMAIRE.

1757. Campagne de Prusse. — Fonctions de major général. — Plan du campement. — Chapitre de femmes. — Arrivée du maréchal d'Estrées. — Mesure compromettante. — M. de Maillebois. — L'abbaye de Corvey. — Armée de quinze hommes. — Prise de Münden. — Discussion de grade. — Conseil de guerre. — Chevert seul de son avis. — Marche. — Confiance de M. de Chevert. — Mission périlleuse. — M. d'Estrées refuse de livrer bataille. — Confidence. — Le hussard en reconnaissance. — Ordre de bataille. — Un régiment égaré. — Mécontentement de M. de Lorge. — M. de Bussi est tué. — Officiers atteints. — Prévision de M. de Chevert. — Attaque. — Erreur de M. de Lorge. — Faux ordres. — Victoire perdue. — Le château d'Hastenbeck. — Le plan de bataille livré à l'ennemi. — Pertes de l'armée. — Harangue de l'aumônier. — Reddition d'Hameln. — Le maréchal félicite M. de Valfons devant toute l'armée. — Soins aux blessés. — Rappel de M. d'Estrées. — M. de Richelieu le remplace. — Regrets de l'armée. — Discussion entre MM. de Chevert et de Lorge. — Réconciliation forcée. — Équité du duc d'Orléans. — Soumission des villes. — Dîner chez M. de Lucé. — Maladies. — Départ du maréchal d'Estrées. — Ses doléances. — Sa dignité. — Offres de M. de Richelieu. — Reddition de Hanovre. — Description de la ville. — Capitulation de Brunswick et Wolfenbuttel. — Lettre du ministre. — Injustices. — Prise de Rottenbourg. — Bretten. — Réceptions. — Fief du Roi d'Angleterre. — Lettre du duc de Richelieu au président Ogier. — Négociation. — Le comte de Linard. — Conventions. — Ses avantages. — Article supplémentaire. — Refus. — Conséquences. — Le comte d'Onnep. — Mission diplomatique. — Un sage ennemi.

Parti de Valenciennes le 21 avril 1757, j'arrivai le 21 mai à Bielefeld, que je quittai le 1ᵉʳ juillet pour rejoindre le corps de M. de Chevert, dont j'étais major général. M. le maréchal d'Estrées nous ordonna de marcher au Weser, pour faire l'avant-garde de la grande armée qu'il commandait. Dans ce même temps, on avait donné vingt mille hommes à M. le duc d'Orléans pour aller à Cassel; j'aurais pu choisir ce corps; mais le désir d'aller où la besogne serait plus vive me décida à suivre Chevert; les ennemis avaient leur gauche à Münden, la droite longeant et descendant le Weser.

Le 2 juillet nous arrivâmes à Hervorden : c'est une jolie ville appartenant au Roi de Prusse; le sang y est très-beau; il y a un chapitre dont l'abbesse est sœur du Roi de Suède; il faut être de maison souveraine pour remplir les douze premières prébendes, et fille de qualité pour les douze autres. Je rendis un service essentiel au chapitre en chargeant le receveur de m'indiquer un camp où la troupe, toujours en sûreté, ne détruisît pas la plus riche récolte de lin; c'est le pays des belles toiles; on les y fabrique, et on les envoie en Hollande pour les blanchir et les débiter.

Nous quittâmes nos charmantes Prussiennes le 8 pour marcher à Horn et nous rapprocher de M. d'Armentières qui, dans la nuit, avait jeté deux ponts sur le Weser, entre Hoxter et Corvey; il n'avait en face de lui que deux cents fantassins et trente cavaliers hanovriens qui n'y mirent nulle opposition; M. d'Estrées y était arrivé en personne, ayant laissé le gros de l'armée à Detmold avec M. de Maillebois et les chefs de son état-major; cette démarche fut le motif de la cruelle tracasserie qui suspendit nos succès d'Hastenbeck et occasionna mille manœuvres souterraines, toutes au détriment de la gloire de la nation, le rappel de M. d'Estrées, et enfin tous les malheurs de cette guerre.

Les parents et les amis du maréchal d'Estrées lui écrivaient tous les jours qu'on disait publiquement à Paris qu'il ne commandait point son armée, que M. de Maillebois y faisait tout et que sûrement, s'il avait des succès, on ne lui en donnerait pas l'honneur. Pour détruire ce propos et faire tomber des bruits aussi faux qu'injustes, il fit son passage du Weser sans M. de Maillebois; il laissa Cornillon à la grande armée, pour que cela n'eût pas l'air d'en vouloir exclure M. de Maillebois uniquement.

Le 12, M. d'Estrées fit passer un corps de troupe pour couvrir son quartier général, pris à l'abbaye de Corvey; c'est un palais immense pour un petit prince dont l'armée est de quinze hommes et les États de seize villages; il est très-dur pour ses sujets, que je vengeai autant qu'il était en moi en sauvant leur terrain et marquant le camp sur celui de l'abbé, qui me fit une réflexion très-douloureuse dans son cabinet, en me disant : « Il m'est bien pénible de voir, sur les deux lieues de pays que je possède, plus de cent mille Français qui le détruisent. »

On fit de nouveaux ponts au-dessous des premiers, où l'armée passa pour se porter le 16 juillet à Holzminden; ce sont des gorges fort difficiles et un pays très-resserré; nous y apprîmes la prise de

Münden, près de Cassel, avec trois cents Hanovriens prisonniers. Les États de Cassel sont neutres, à deux conditions fort extraordinaires : la première, qu'ils ne retireront point les douze mille Hessois au service de l'Angleterre qui devaient combattre dans peu de jours contre nous, et la seconde, qu'ils payeront toute espèce de contributions.

M. de Voyer resta avec quatre bataillons de grenadiers royaux et deux régiments de cavalerie, pour couvrir nos ponts; M. d'Estrées me rapprocha de lui, parce qu'il allait marcher aux ennemis. Le 20, je partis avec M. de Chevert, quarante compagnies de grenadiers faisant l'avant-garde de M. le duc d'Orléans, qui en avait soixante-dix, ce qui, en tout, faisait cinq mille cinq cents grenadiers. J'avais le détail de ce corps-là, mais ce ne fut pas sans difficulté. Cornillon, major général, avait amené avec lui Coupenne, aide-major des gardes, faisant les fonctions d'aide-major général; j'étais son ancien, et comme brigadier, l'ancien même de Cornillon; celui-ci, voulant favoriser un officier de son corps, l'avait présenté à M. le duc d'Orléans pour faire le détail; mes lettres portaient que j'étais premier aide-major général, avec promesse du ministre et du général de remplacer le major général, s'il lui arrivait quelque événement; je demandai, à ce titre, ce détachement, et en y arrivant, j'y trouvai Coupenne, fort surpris d'y voir un ancien; il voulut se prévaloir du prétendu privilége de son corps et dit à M. le duc d'Orléans :

« Monseigneur, il m'est impossible de faire le détail sous un autre ; je plaide pour les six bataillons des gardes que je représente ici pour le rang et le droit. »

Mais, prenant la parole, je répondis :

« Et moi, je plaide pour toute l'infanterie française, dont monseigneur a bien plus raison de soutenir les droits ; monseigneur peut un jour demander à être colonel général de l'infanterie, comme M. le duc d'Orléans, son père, mais il ne demandera jamais à être colonel des gardes françaises. »

Et tout de suite, pour fixer à mon avantage l'irrésolution de ce prince toujours bon, je dis à Coupenne :

« Je vais marcher avec M. de Chevert et vingt-huit compagnies de grenadiers à l'avant-garde ; prenez-en douze qui sont aux ordres du prince de Chimay, pour couvrir notre flanc. »

M. le duc d'Orléans dit oui, et M. de Chevert, qui avait été témoin de la discussion, me félicita de mon attitude. Nous campâmes le 21 à Oldenbourg, le 23 à Halle ; le camp y fut si mal pris, que chargé d'en distribuer le terrain à l'infanterie, j'insistai en assurant que si les ennemis paraissaient, nous serions obligés de le lever.

Pendant ce temps-là, le corps de M. d'Armentières, qui était en avant, tira quelques coups de canon et se mit sous les armes ; ce que j'avais prédit arriva ; nous fûmes forcés de marcher en avant et d'aller prendre le terrain même où nous aurions dû être et que j'indiquais. Les corps s'y portèrent sans guides, en grand ordre, et l'armée fut mise en bataille d'elle-même. Une heure après, nous rentrâmes dans notre camp; les ennemis venaient de se retirer; il y eut un conseil de guerre tenu chez le maréchal d'Estrées, composé des seuls lieutenants généraux. Tous, excepté Chevert, conclurent à ne pas donner bataille : lui seul insista et prouva à M. d'Estrées que, venant d'aussi loin avec une belle armée, c'était ne pas profiter de son audace et de sa bonne volonté que de la retarder devant les ennemis, qu'on cherchait à joindre depuis si longtemps et avec tant de peines; que toujours les retards énervaient la nation. Quelques lieutenants généraux revinrent à cet avis, et il fut résolu de marcher et d'attaquer.

L'armée se mit en mouvement le 24, ayant pour avant-garde quarante compagnies de grenadiers et douze bataillons aux ordres de MM. de Contades et d'Armentières. Nous trouvâmes un corps avancé des ennemis, d'environ six mille hommes, commandé par M. de Zastrow, qui arrêta notre avant-garde et manœuvra très-bien. Comme nous y mîmes plus de prudence que de nerf, il fit sa retraite après s'être laissé canonner quelque temps et rejoignit sa grande armée, qui était derrière lui. Le 25, à deux heures du matin, je reçus un billet de M. de Chevert qui me priait de venir le joindre pour faire le détail d'un gros corps avec lequel il marchait aux ennemis. La préférence qu'il me donnait dans un moment aussi critique et sa confiante amitié me firent partir avec le plus grand plaisir.

Nous nous mîmes en marche à cinq heures du matin avec vingt-cinq compagnies de grenadiers, trois cents dragons et le régiment de Picardie; le dessein était d'écorner l'arrière-garde des ennemis, si nous en trouvions l'occasion; notre marche fut précautionnée, mais audacieuse; nous fîmes reculer deux mille grenadiers qui couvraient la gauche de leur armée, que nous vîmes tout entière en bataille. La brigade de Navarre, commandée par M. de Vogué, vint nous renforcer; M. de Chevert me fit examiner avec la plus grande attention la position, et m'envoya à M. d'Estrées pour lui en rendre compte; je me hasardai beaucoup; j'étais seul, pour ne pas perdre un moment, et les bois que je traversai étaient farcis de petits détachements de chasseurs hanovriens qui, grimpés jusque sur les arbres, tiraient presque à bout portant.

Je trouvai M. le maréchal qui, après m'avoir écouté, me dit : « Monsieur, je ne veux point de bataille; priez M. de Chevert de se replier avec son corps, par sa gauche, sur celui que commande M. d'Armentières, et tous deux vont rentrer dans l'armée. »

J'insistai sur l'avantage perdu en abandonnant un terrain dont les ennemis s'empareraient certainement pendant la nuit; tout fut inutile, sa réponse était toujours : « Partez ! » Enfin, comptant sur sa bonté et l'amitié qu'il avait pour moi, je le tirai à part et lui dis :

« Monsieur le maréchal, mon attachement et ma reconnaissance m'enhardissent à vous représenter que vous allez vous faire le plus grand tort vis-à-vis de votre armée si vous suspendez une opération qui paraît sûre ; l'audace, vous le savez, est l'apanage du Français, mais il ne faut pas laisser refroidir son courage. »

Il m'écouta avec douceur.

« Eh bien ! vous allez m'arracher mon secret ; il est pour vous seul : mon convoi de pain est encore à quatre lieues d'ici, nous n'en avons plus ; quand on se bat, on peut être battu, et je ne veux point que l'armée se disperse faute de subsistances ; à demain matin, si le convoi est arrivé.

— Me permettez-vous de dire cette très-bonne raison à M. de Chevert ?

— Non, à personne. »

M. de Chevert fut très-vexé de rentrer à l'armée et de quitter un poste aussi utile à notre position. Il fallut obéir ; mais il avait, en bon militaire, tiré grand parti des moments où il attendait la réponse de son général.

M. de Bussi, frère du Bussi des Indes, était détaché dans les bois sur notre droite avec deux cents volontaires ; cet officier, aussi intelligent que brave et qui n'épargnait rien pour être instruit, donna de sa poche vingt louis à un hussard et lui en promit cinquante à son retour si, en tournant les ennemis, il voulait aller reconnaître le terrain de leur gauche : le hussard réussit au delà de tout ce qu'on pouvait espérer ; il pénétra partout, vit bien, ne rencontra personne et rendit compte de tout exactement, ce qui nous devint très-utile le lendemain.

Notre détachement rentra le 25 à six heures du soir. M. de Chevert, que j'accompagnai chez le maréchal, lui témoigna le regret de n'avoir pu, par son ordre, conserver une position favorable, lui fit la description du terrain qu'avait parcouru le hussard, et celle d'un plateau où avait été Bussi, l'assurant qu'on pourrait par là tourner la gauche des ennemis, qui seraient battus si on les débusquait des hauteurs dominant le centre et la droite de leur armée. La même raison tacite de l'éloignement du convoi de pain subsistait ; M. le maréchal feignit de ne point être de l'avis de Chevert, qui, très-fâché, retourna à sa division, à portée du poste qu'occupait le maréchal. Ce dernier apprit sur les sept heures du soir que le convoi n'était plus qu'à une lieue, ce qui le détermina à envoyer chercher M. de Chevert pour discuter son projet. Celui-ci demanda douze bataillons, vu qu'il serait séparé de l'armée et n'aurait d'autres secours que ses propres forces ; M. d'Estrées répondit qu'il ne pouvait en donner que huit.

Chevert crut ne pouvoir accepter avec aussi peu de troupes, et nous retournâmes encore à notre division. Enfin, à huit heures, M. le maréchal fit encore venir Chevert, qui, rebuté par tant d'incertitudes et de difficultés, m'envoya dire à M. le maréchal qu'étant très-fatigué et un peu malade, il le priait de vouloir bien trouver bon de lui faire passer ses ordres par moi : M. le maréchal me dit que, réflexion faite, il approuvait le premier projet, donnerait les douze bataillons, mais qu'il fallait se mettre en marche sur-le-champ.

Je priai M. le maréchal de me permettre d'aller chercher M. de Chevert, qui n'était qu'à six cents pas, l'affaire valant bien la peine qu'il vînt lui-même prendre les derniers ordres. Tout fut convenu entre eux, et à neuf heures du soir, par une nuit sombre, nous nous mîmes en marche guidés par Rome, lieutenant colonel de la légion de Hainaut, qui avait reconnu le terrain.

Les douze compagnies de grenadiers formaient la tête; venaient ensuite quatre pièces de canon, les quatorze bataillons de Picardie, quatre de Navarre et quatre de la Marine. Nous nous portâmes au village de Varonberg, d'où, prenant à droite, nous défilâmes par des chemins creux sous les bois occupés par les ennemis, à portée de fusil de leurs patrouilles, qui tiraient toujours quelques coups pour avertir de notre marche; elle s'accomplit à souhait, malgré les plus grandes difficultés.

J'eus une inquiétude très-vive : ayant fini de mettre en bataille le régiment de Picardie, je comptais trouver à la suite celui de Navarre; mais trompé au détour du village de Varonberg, il avait suivi le chemin droit; je courus seul, à pied, au milieu de l'obscurité la plus complète, au hasard de tomber dans quelque patrouille, et fus assez heureux pour retrouver le régiment dont la tête touchait déjà presque aux premières gardes des ennemis; je le fis rétrograder et le mis en bataille avec le régiment de la Marine à la gauche de Picardie; tout était arrivé à deux heures du matin sur le plateau reconnu la veille par MM. de Bussi et Vioménil.

Au delà du camp de M. de Chevert, quatre cents hommes des légions de Hainaut et de Flandre, commandés par Lamorlière, masquaient les bois qu'occupaient les ennemis à notre gauche; Bussi et les deux cents volontaires gardaient la lisière du bois, et devant notre front, où il y avait une petite plaine, étaient deux cents chevaux des deux légions commandés par M. de Bourgmarie. Dans cette position, nous attendîmes le jour pour attaquer.

M. de Chevert avait rassemblé près de lui les colonels, les lieutenants-colonels et les capitaines de grenadiers, pour leur expliquer son plan et prendre leur avis. Avec cette amitié qui inspire la confiance, les gagna tous et les rendit, s'il est possible, plus désireux de réussir. M. le maréchal, sentant que le succès dépendait entièrement de l'opération de la droite, voulut encore la renforcer en y joignant la brigade d'Eu, composée des deux bataillons de ce régiment et des deux de celui d'Enghien. Il envoya Menil-Durand son aide de camp, pour nous annoncer ce renfort; mais trompée et égarée dans sa marche, la brigade n'arriva qu'à huit heures du matin. Elle avait été précédée d'une heure par le comte de Lorge, qui la commandait; il aurait fort désiré que le duc de Randan, son frère, fût chargé de l'attaque, de préférence à Chevert.

De là naquirent des discussions très-préjudiciables au résultat infaillible de cette action. J'ai vu vingt fois le bien public sacrifié ainsi à de petits intérêts personnels. Chevert causa avec le comte de Lorge et voulut lui expliquer le terrain et le plan d'attaque. Celui-ci, contrarié d'être à ses ordres, l'écouta peu et très-impatiemment.

La brigade d'Eu arrivée, nous nous mîmes en mouvement; mais à peine commencions-nous à déboucher, on vint dire à Chevert que Bussi était tué; cachant ses craintes à ceux qui l'entouraient, il me dit:

« C'était notre seul guide, cela ne se peut; Valfons, allez le chercher. »

Je n'eus pas fait cent pas dans le bois que je le trouvai à pied; il est vrai que son cheval avait reçu un coup de fusil dans la bouche, s'était cabré et l'avait culbuté, mais il n'était pas blessé; je le menai à M. de Chevert, qui, feignant d'avoir quelques ordres à lui donner, fut fort aise de le montrer à nos troupes; il le renvoya ensuite à son poste, où peu de moments après il fut tué, de huit coups de fusil, à la première décharge.

A peine eûmes-nous pénétré sous le bois que les ennemis nous apparurent, au nombre de deux mille grenadiers hessois soutenus de huit bataillons hanovriens, leur droite appuyée à un rocher à pic de plus de quarante pieds de haut; cette coupure, rentrant dans le bois, assurait leur droite et leurs derrières; devant eux, de gros chênes sur pied, et entre les vides d'autres chênes couchés formant des abattis redoutables; un bois fourré à ne pouvoir pénétrer complétait leur terrain. Celui que nous pouvions occuper était une clairière, où nous étions vus jusqu'à la pointe du pied.

M. de Chevert, auprès de qui j'étais, marchait à la tête des grenadiers et leur servait de guide. A ce moment, M. du Châtelet reçut un coup de fusil dans le ventre; j'étais si près que je lui donnai mon flacon. Des onze capitaines des grenadiers, quatre furent tués dans le courant de l'action, ainsi que d'Ablancourt, du régiment de Navarre; De Camps, de la Marine; d'Ortan, du régiment d'Eu. Les blessés furent le chevalier d'Urre, d'Hallems: de Picardie, Coupenne, de Navarre; d'Harnam, Vignacourt, de la Marine; Gressian, du régiment d'Eu; Lamerville seul, du régiment d'Enghien, quoique plein de valeur, ne fut pas touché.

La mort de Bussi nous mit dans un embarras affreux qu'il fallut cacher. C'était notre guide et le seul qui connût le terrain; car le hussard envoyé la veille avait déjà été tué. Ce qui me donna le plus de confiance fut la fermeté de l'infanterie, qui, malgré la vivacité du feu, se porta audacieusement en avant pour soutenir les grenadiers.

L'habileté de Chevert et son expérience avaient prévu et préparé un mouvement si salutaire ; il m'avait dit en mettant l'infanterie en colonne, de laisser de la distance d'un bataillon à l'autre ; à la première décharge tout se porta en avant avec facilité ; le soldat crut en gagnant autant d'espace que l'ennemi fuyait ; cette idée le fit redoubler d'ardeur ; mais dans le fait ce n'était que nos vides que nous comblions en remplissant les intervalles. Tous marchèrent dans un terrain boisé et inconnu, où le désir de vaincre les fit pénétrer ; il fallut nous jeter sur la droite ; mais toutes les fois que nous quittions le fourré, nous retombions dans le bois clair, où l'ennemi nous écrasait. Je descendis de cheval et donnai ma cuirasse à deux grenadiers d'Eu qui furent tués ; j'avançai à pied pour voir en montant sur un tronc d'arbre renversé si l'abattis avait de la profondeur : je vis que non, et montrai le chemin à nos grenadiers.

Les ennemis poussés se retirèrent sur une seconde hauteur, ayant un ravin devant eux. Je me portai un peu sur notre droite avec Chevert, à la tête du régiment de Navarre ; il était au désespoir de voir que les trois colonnes de la gauche placées sur le pendant de la montagne, pour soutenir notre attaque par la leur, ne faisaient aucun mouvement, excepté la plus près de nous, commandée par M. d'Armentières et composée des régiments de Belzunce et d'Alsace, qui, s'étant trompée, au lieu de marcher parallèlement à nous, prit sur la droite et arriva derrière nous. Je prévins M. d'Armentières; il rétrograda promptement pour aller reprendre son premier poste. Chevert, qui m'avait dit à cinq heures du matin : « Nous réussirons; mais nos succès n'auront point de suite, il y a trop de jalousie, » me dit alors :

« Eh bien ! avais-je deviné ? »

J'interrompis ses cruelles mais trop justes réflexions en lui disant :

« Le régiment de Navarre attend vos ordres pour culbuter tout. »

Un officier général que je veux bien ne pas nommer représenta que c'était perdre Navarre, que les ennemis étaient là.

« Tant mieux, monsieur, lui dis-je avec vivacité; que M. d'Estrées les tourne par la plaine, ils seront prisonniers. »

Et tout de suite, par l'ordre de M. de Chevert, je formai Navarre sur plusieurs colonnes et l'attaque recommença ; ce brave régiment franchit le ravin gagnant la hauteur, et la baïonnette au bout du fusil, il culbuta et dispersa les ennemis. J'eus au sommet du plateau un spectacle admirable ; les deux armées se canonnant, notre feu, beaucoup plus vif, imposait si fort à la ligne d'infanterie opposée, que celle-ci était vacillante et fort en désordre. M. de Chevert ordonna de laisser le canon avec des piquets à la queue de la colonne, pour ne pas l'embarrasser, de descendre dans la plaine, en conservant les bois et la hauteur, et d'écraser le centre de l'armée ennemie pris en flanc.

Tout annonçait un succès aussi prompt que complet ; mais M. de Lorge ne suivit pas l'ordre, et resta avec la brigade d'Eu sur le plateau ; le soldat, fatigué, brûlé du soleil, chercha l'ombre, sortit de son rang ; plusieurs même allèrent à l'eau ; on les laissa faire. M. de Belmont, colonel de la Marine, resté à la queue de son régiment pour le faire serrer, cria à M. de Lorge, déjà averti que des troupes vêtues de rouge marchaient à lui :

« Prenez garde à vous, voilà les ennemis! »

M. de Lorge n'en crut rien, s'imaginant que c'était un régiment suisse du corps du duc de Randan qui venait d'Imbeck ; son incrédulité fut punie : c'étaient trois bataillons hanovriens de neuf cents hommes chacun, commandés par M. d'Ardenberg, qui avaient tourné la montagne par leur gauche et qui, ayant vu nos troupes en désordre, marchaient à elles en les enveloppant. La brigade d'Eu, surprise et peu nombreuse, il n'y avait pas mille hommes, se forma avec précipitation. M. de Lorge voulut faire un mouvement par la droite ; mais les ennemis ne lui en donnèrent pas le temps et culbutèrent Eu et Enghien sur le versant de la montagne. Cette brigade perdit beaucoup ; presque tous les morts avaient des coups de fusil au haut de la tête, tant le feu des ennemis était plongeant.

M. d'Ardenberg, maître du plateau, se servit du canon abandonné pour tirer sur notre droite, dans la plaine. Une centaine de cavaliers qu'il avait avec lui mirent les valets de l'armée en fuite, et suspendirent les opérations de M. d'Estrées qui, en appuyant nos succès sur la gauche des ennemis, ne leur eût plus laissé de ressources. Malheureusement, l'événement du plateau, si facile à réparer, et ce qu'on lui dit, qu'il était tourné par un très-gros corps, jeta dans les manœuvres une incertitude funeste.

Des gens malintentionnés ou peut-être mal instruits, je le souhaite, dirent à M. de Contades, qui venait de passer le ravin avec douze bataillons du centre, de le repasser, ce qu'il fit immédiatement; on porta le même ordre, que n'avait point donné M. d'Estrées, à M. de Saint-Pierre, conduisant les grenadiers de France, et à M. de Guerchy, à la tête du régiment du Roi, appuyant la gauche au village d'Hastenbeck. Ils ne voulurent pas obéir, en disant qu'il n'était pas possible que M. d'Estrées eût donné cet ordre, et qu'on ne se retirait pas devant un ennemi en fuite.

Un officier général porta lui-même l'ordre fatal à la brigade de cavalerie de Royal-Pologne, qui fermait la gauche dans la plaine et qui débouchait pour profiter du désordre de l'armée en déroute: ce même officier l'arrêta malgré ce qu'il voyait.

Cette incertitude nous fit perdre deux heures bien précieuses; l'ennemi en profita pour repasser, sur de petits et mauvais ponts, la rivière de Hamel qu'il avait derrière lui. Il était perdu, sans ressource, et forcé de mettre bas les armes, sans les coquineries abominables qu'on fit à M. d'Estrées; je ne croyais pas qu'un tel crime pût être dans la nation; ce qui avait précédé ne le prouva que trop.

On avait changé l'ordre de bataille à l'insu de M. le maréchal, en portant les carabiniers de notre gauche dans la plaine, où ils étaient en état d'agir, à la droite, derrière un ravin où ils devenaient inutiles. On avait feint un ordre pour augmenter l'escorte de notre camp de quinze cents chevaux ; mais heureusement Chabot, maréchal des logis de la cavalerie, trouva le cavalier d'ordonnance qui portait cet ordre, l'arrêta, et à la vérification, M. d'Estrées nia l'avoir donné.

———

Le château de la baronne d'Hastenbeck servait de quartier général à M. d'Estrées ; il avait été pillé pendant la bataille, et on avait jeté dans les cours les coffres ouverts des archives ; nous les fîmes ramasser et remettre en place. Pendant cette opération, on trouva sur une table de la chambre de M. d'Estrées, que le duc de Cumberland avait occupée la veille, une grande feuille de papier ; c'était l'ordre d'attaque de notre armée, dicté deux jours avant à cinq personnes seulement. Jetons le voile sur tant d'horreurs, et que jamais on n'ait le malheur de les croire, encore moins de les imiter. La perte de nos quatre brigades se monta à vingt officiers tués, soixante-quinze blessés, cinq cent quatre-vingt-quatorze soldats tués et six cent-un blessés.

Je ne veux point oublier de citer la harangue de l'aumônier des grenadiers de France ; elle est courte et militaire :

« Enfants de la guerre, malgré l'audace qui est dans vos âmes, humiliez-vous devant le Seigneur, lui seul donne la victoire. »

Il serait à souhaiter que ses confrères adoptassent ce style. En général, ces messieurs sont toujours trop longs dans des moments où il ne faut pas donner au soldat le temps de réfléchir.

M. le duc de Fitz-James fut chargé de suivre les ennemis, qui profitèrent de la nuit pour disparaître et qu'il n'atteignit pas.

La ville d'Hameln se rendit le 28; la garnison, de sept cents hommes, eut la permission de rejoindre son armée. Il y avait quarante pièces de canon dans la place, qui est bonne du côté de la plaine, mais dominée de partout dans la partie arrosée par le Weser.

Le lendemain d'Hastenbeck, M. le maréchal d'Estrées, après avoir donné l'ordre devant M. le duc d'Orléans, M. le prince de Condé, M. le comte de la Marche, les officiers généraux et l'état-major, me dit :

« Valfons, j'ai écrit pour vous au Roi et au ministre; mais la vraie récompense d'un militaire qui a aussi bien fait est d'être loué par son général devant toute l'armée : je m'acquitte de ce devoir. »

Pénétré de la plus vive reconnaissance et dans le tressaillement d'une joie aussi pure, je lui dis :

« Monsieur le maréchal, le Roi, tout puissant qu'il est, ne peut me donner une plus belle récompense; disposez de ma vie pour son service et pour le vôtre. »

Je n'ai eu jamais un moment de plus entière satisfaction.

Ce fut M. le comte de Gisors, fils du maréchal de Belle-Isle et colonel de Champagne, qui porta la nouvelle au Roi, et M. de Montmirail, neveu de M. d'Estrées, celle de la prise d'Hameln.

La guerre finissait ce jour-là si on n'eût pas troublé l'opération de M. d'Estrées.

Je m'occupai pendant trois jours à parcourir toutes les sinuosités et ravins du bois où nous avions combattu, pour faire enterrer les morts et chercher les blessés qui y étaient restés sans secours; je fus assez heureux pour voir mes soins récompensés, en sauvant beaucoup de Hanovriens, Hessois et Français qui durent la vie à mon zèle, n'ayant voulu m'en rapporter qu'à moi d'un devoir aussi précieux.

M. le maréchal reçut le 30 juillet, à sept heures du soir, l'ordre de son rappel, et apprit que M. de Richelieu venait le remplacer : qu'on juge de ses regrets et de ceux de l'armée !

L'affaire de M. de Lorge et de M. de Chevert fit beaucoup de bruit; j'avais dîné le 27 avec M. de Chevert chez M. de Lucé, intendant de l'armée, où M. de Lorge vint; au sortir de table, ils eurent une très-grande discussion et portèrent la main à la garde de leur épée; je leur dis que j'allais les mettre aux arrêts de la part de M. le maréchal et lui en rendre compte. Ils se séparèrent; M. le maréchal les envoya chercher, les fit s'embrasser, et fit partir M. de Lorge pour un corps détaché.

Je dois ici rendre hommage à la probité de M. le duc d'Orléans; surpris par une première relation, il n'avait point écrit avantageusement de Chevert à la cour et à Paris; mieux instruit, il se rétracta par une seconde lettre, et fit ce qu'il put pour réparer ce que des rapports trop précipités lui avaient inspiré.

Ce dissentiment de M. de Chevert et de M. de Lorge fut un grand dommage pour moi et pour tout le corps, qui, ayant seul combattu, avait remporté une victoire nous assurant cent lieues de terrain conquis et nous ouvrant le pays jusqu'à l'Elbe. Quatre jours après, les députés de Hanovre, de Brunswick et de Lunebourg vinrent faire leur soumission au maréchal d'Estrées.

M. de Richelieu arriva le 5 août à Oldenbourg. M. d'Estrées, que je ne quittai pas jusqu'à son départ, dîna avec son successeur chez M. de Lucé, qui me pria aussi.

Il y avait cent malades par bataillon et quatre-vingts par escadron : jamais armée n'a eu autant besoin de repos. La mauvaise eau, du pain souvent moisi et des marches trop rapides nous avaient mis dans cet état.

Le 6, M. le maréchal d'Estrées, auprès de qui j'avais passé la nuit, fit faire son encan sous ses fenêtres. Quelle déception pour un général victorieux et en plein succès! Il me dit en me menant près d'une fenêtre :

« Il est bien cruel de se voir vendre de son vivant ; on crie actuellement le beau cheval que je montais le jour d'Hastenbeck. Que de vicissitudes, mon ami ! Mais il faut être toujours aussi bon citoyen qu'obéissant aux ordres de notre maître. »

J'étais pénétré de douleur ; tous les corps de l'armée vinrent chez lui témoigner leurs regrets : le régiment du Roi, plus nombreux, mieux composé, plus connu de lui, les marqua avec plus de vivacité. Il s'attendrit, répondit à peine pour remercier et me dit :

« Rentrons ; ce spectacle est plus fort que moi, je ne puis y tenir. »

A trois heures du matin, il me dit :

« J'ai écrit très-fortement pour vous comme vous le méritez ; mais la recommandation d'un homme qui ne sait pas se soutenir lui-même est bien médiocre. »

Il fut digne jusqu'au dernier moment, donna ses cartes et la suite de ses projets à M. de Richelieu comme s'il était remplacé volontairement, et partit de l'armée le 7 août pour retourner en France.

M. de Richelieu me dit en public :

« C'est moi qui le premier vous ai mis dans le chemin de la gloire. »

Je lui répondis que j'étais très-aise de retrouver mon premier guide. Il ajouta :

« A présent nous vivrons souvent ensemble.

— Je le désire, monsieur le maréchal ; mais à la façon dont je fais mon métier, on n'est pas toujours sûr de la durée de ce bonheur-là. »

Je refusai de commander dans une place conquise; c'est beaucoup d'argent, mais on est moins utile. Le 8 août, nous fûmes à Münden ; le 11, à Hanovre. Ce devait être la terre de promission ; on feignit de forcer la ville, qui voulait se rendre ; mais cette formalité était nécessaire pour la rétribution secrète, et fut utile aux contractants.

La ville est belle et bien bâtie, le sang y est beau, les rues sont grandes, les bourgeois aisés ; on dit qu'il y a 30,000 âmes ; le palais de l'électeur est mesquin ; les maisons de ses ministres, surtout des premiers, sont admirables ; les poêles, qui chauffent de beaux appartements, sont revêtus de porcelaine de Saxe ; les tapisseries de Beauvais sont faites pour leur place ; M. de Richelieu, arrivé après une bataille gagnée par un autre, caressa tout le monde, ne parlant à des militaires pauvres et affamés que des bons quartiers d'hiver qu'il voulait leur faire donner ; le besoin les rendait attentifs.

Rochambeau, major général de l'armée de M. de Richelieu, prit et dicta l'ordre le premier jour pour constater son état, malgré la présence du major des gardes Cornillon, qui reprit ses fonctions le lendemain. Le 13, M. le duc d'Ayen marcha à Brunswick et Wolfenbuttel avec un grand détachement ; ces deux places ouvrirent leurs portes. Il y avait dans Brunswick cent soixante pièces de canon de fonte, un arsenal beau et bien tenu.

Je reçus là une lettre de M. de Paulmy, ministre de la guerre, qui me louait beaucoup sur ma-

conduite le jour d'Hastenbeck, m'assurait que les généraux en faisaient de grands éloges, et qu'il en avait déjà parlé au Roi; c'est tout ce que j'en eus [1].

Beaucoup d'autres qui étaient dans la plaine, où il ne s'était pas tiré un coup de fusil, furent récompensés, surtout Cornillon, major général, qui eut le cordon rouge.

Les jaloux de la gloire de Chevert cherchaient à la diminuer; personne n'avait osé entreprendre la besogne dont il s'était chargé, et dont l'exécution heureuse et le succès amenèrent un procès par écrit, comme si nous avions mal fait. Voilà comment on dégoûte les bons officiers et cependant les troupes du Roi seront battues, lorsqu'elles ne seront pas conduites avec cette audace si nécessaire au milieu du danger. Il y a tant d'admirables officiers, à

---

[1]. « Versailles, le 14 mars 1757.

« Dans le compte, monsieur, qui a été rendu des officiers de l'état-major de l'infanterie qui se sont distingués à la bataille d'Hastenbeck, il est fait une mention bien honorable de la façon dont vous y avez rempli les fonctions d'aide-major général; je l'ai mise sous les yeux du Roi; Sa Majesté n'a pas été surprise des éloges que l'on donne à vos talents; elle s'est rappelé que vous en avez fait paraître dans plusieurs occasions où ils ont été utiles à son service et elle a vu avec plaisir le témoignage que vous avez donné, dans la dernière action, du zèle qui vous a toujours animé; elle m'a chargé de vous en marquer sa satisfaction et de vous assurer de sa part qu'elle se souviendra dans le temps du nouveau titre qui vous met à portée de prétendre à ses grâces. Je serai sûrement très-aise de vous procurer celles dont vous continuerez de vous rendre susceptible.

« J'ai l'honneur d'être, etc.

« R. DE PAULMY. »

les entendre, la veille et le lendemain d'une bataille, et si peu en effet le jour de l'action !

———

Le 22 août, l'armée quitta le camp sous Hanovre et se porta, le 23, à Mariensburg, puis, le 27, à Rethem, sur l'Aller; les ennemis en avaient brûlé les ponts. Nous essuyâmes un orage affreux qui déracina les arbres et tua beaucoup de chevaux. Le 31, nos grenadiers prirent possession de la ville et du château de Rotenburg, abandonné par les ennemis après en avoir encloué le canon.

Le 4 septembre, j'allai avec le maréchal de Richelieu à Brême ; c'est une ville charmante, le sang y est très-beau, il n'y a pas un visage qui ne dise par sa fraîcheur : « Ni troupes, ni Français n'ont jamais habité ici. » Toutes les femmes ont les yeux francs et doux. Les maisons y sont charmantes : ce sont de vraies lanternes magiques ; tout y est vitre et peinture, même à l'extérieur. On nous y reçut avec cet air de curiosité qui ressemble presque au désir. La population est de cinquante mille âmes, tout y commerce, il y a sept cent cinquante vaisseaux marchands ; c'est une ville hanséatique, dans laquelle le roi d'Angleterre a un fief considérable dont relèvent beaucoup de maisons et une justice comme seigneur particulier, mais son ressort ne s'étend pas au delà.

———

M. de Poyonne, qui était à l'avant-garde, s'étant trop avancé, il fallut le soutenir et faire marcher la première ligne de l'armée. Je partis le 8 septembre de Klosterseven, avec un corps considérable, pour attaquer les ennemis, qui n'étaient qu'à trois lieues de nous. Mais le comte de Linard, seigneur danois, arriva chargé des pleins pouvoirs du duc de Cumberland. M. de Richelieu, devenu général de l'armée par suite du rappel du maréchal d'Estrées, avait écrit au président Ogier, notre ambassadeur à Copenhague.

Il lui mandait que le roi d'Angleterre n'ayant pas voulu que le duc de Cumberland, son fils, opérât sa retraite sur Hanovre et sur Magdebourg pour se joindre au roi de Prusse, à qui il reprochait de n'avoir pas défendu ses États contre l'invasion des Français, nos ennemis se retiraient vers Stade, et qu'il était résolu à attaquer immédiatement les Hanovriens, Hessois et Brunswickois; mais que malgré l'espérance du succès, fondée sur le nombre et l'armée déjà victorieuse, il serait charmé de ne pas hasarder ses troupes dans un pays marécageux, difficile pour les subsistances et pour les transports de l'artillerie; qu'il s'en rapportait donc à ses lumières et à sa prudence pour faire naître des expédients et finir heureusement son expédition.

M. Ogier, qui a été quatorze ans ambassadeur en Hollande et qui m'a lui-même confirmé tous ces détails en 1766, à Compiègne, crut se rendre très-utile à son maître en allant trouver M. de Bernstorf, ministre des affaires étrangères, à qui il communiqua un plan très-avantageux au roi de Danemark, qui y jouerait le rôle de pacificateur entre deux grandes puissances; le ministre danois, pénétré de cette vérité, adopta le système de notre ambassadeur et alla en parler au roi, qui consentit à tout avec empressement.

On se décida à confier cette négociation à M. de Linard, gouverneur général du Oldenbourg. C'était un Saxon ayant traité plusieurs affaires de ce genre dans différentes cours; il avait été connu de la reine mère du roi, qui gouverna le Danemark pendant vingt ans avec une entière autorité; et elle avait fixé Linard au service du royaume, en lui donnant le gouvernement de tous ses pays héréditaires.

Il vint trouver le duc de Cumberland qui, sentant sa mauvaise position, le regarda comme un ange tutélaire, et lui donna de pleins pouvoirs avec lesquels il arriva auprès du maréchal de Richelieu, déjà en marche à la tête de l'armée. Il eut une conférence avec lui; on y dressa un plan de convention dont on envoya copie en Danemark et en France. M. de Linard retourna au quartier du duc de Cumberland pour le lui montrer. Tout fut approuvé; mais, comme je l'ai dit plus haut, pendant ces allées et venues notre armée cheminait toujours.

J'étais à l'avant-garde, composée de cent cinquante compagnies de grenadiers et des carabiniers commandés par M. de Poyonne, lui-même aux ordres de M. de Saint-Pern. Je faisais les fonctions de major général. M. de Richelieu me dit dans le plus grand secret :

« Vous rencontrerez vraisemblablement M. de Linard, qui vous questionnera et vous dira de vous arrêter, que tout est arrangé ; vous lui répondrez que j'ai donné l'ordre exprès de toujours marcher et d'attaquer partout les ennemis. »

Ce que le maréchal avait prévu arriva. Comme nous étions en pleine marche, parut M. de Linard, revenant de l'armée ennemie. Très-étonné de nous voir nous tant presser, il me dit de faire halte et d'attendre de nouveaux ordres ; nous feignîmes de n'y pas consentir en continuant notre route ; mais après avoir passé un bois qui nous dérobait à sa vue, nous nous arrêtâmes, ainsi que M. de Richelieu l'avait recommandé. Il ne nous portait en avant que pour rendre M. de Linard moins exigeant et plus facile à signer les articles, ce qu'il fit le même jour.

Malheureusement on ne tira pas assez tôt le grand avantage qu'aurait dû produire la convention de Klosterseven, par laquelle il était dit que les Hessois et les Brunswickois retourneraient chacun dans leur pays, et que les Hanovriens laisseraient six mille hommes dans Stade, le reste de leurs troupes devant passer à la rive droite de l'Elbe dans le Holstein et le duché de Schleswig, où le roi de Danemark les séparerait par très-petits corps et répondrait de la fidélité comme de l'exécution du traité. Rien n'était plus heureux pour l'armée française victorieuse aux yeux de toute l'Europe : ses ennemis dispersés, hors d'état de lui nuire, maîtresse de prendre des quartiers d'hiver admirables sans avoir la peine de s'y garder, et se préparant au siége de Magdebourg dans un repos aussi utile qu'agréable.

Les Hessois et les Brunswickois se mirent sur-le-champ en marche pour se retirer chez eux et quitter les marécages de Stade, où ils étaient très-mal; mais M. de Richelieu voulut attendre la ratification de la cour, et retint les troupes ennemies ensemble jusqu'au retour de son courrier. On ne pouvait pourtant trop tôt les disperser; il en avait le droit et tout était fini.

M. de Staremberg, ambassadeur de l'empereur, qui était à Paris, apprenant la convention, craignit qu'on n'en fît une aussi avec le roi de Prusse, et que la reine de Hongrie ne se trouvât accablée par la puissance et les talents de cet ennemi si redoutable; il pressa M. l'abbé de Bernis, ministre des affaires étrangères, de ne consentir à cette convention qu'autant que les Hessois et les Brunswickois seraient désarmés. On ne sentit pas que cet article, qui n'était point stipulé dans le traité, pourrait le faire rompre ou au moins en retarder l'exécution. Le courrier revint et rapporta qu'on ne ratifierait pas sans ce préalable, qui fut rejeté.

Notre armée se retira laissant des postes avancés vis-à-vis des ennemis, avec qui on vivait tranquillement sur la foi du traité et en négociant toujours la conclusion, qu'ils demandaient avec instance. Le maréchal prit son quartier-général à Brunswick, où le comte d'Onnep, lieutenant-général hessois, l'ami et le favori du landgrave de Hesse, son maître, était resté à cause d'une goutte violente. Il avait voyagé en France, aimait la nation et avait paru flatté des soins que je lui donnai dans sa maladie.

M. le maréchal crut que ce personnage pourrait influer à faire désarmer les Hessois, près de qui la faveur de son maître le mettait en grand crédit; sachant l'amitié et toute la confiance qu'il avait en moi, il m'y envoya pour lui inspirer de conseiller le retrait des troupes de sa nation. Le comte eut assez de politesse pour ne pas me témoigner combien ma proposition était déraisonnable; mais il me répéta plusieurs fois :

« Nous nous en tenons exactement à la capitulation, qui est déjà si avantageuse pour les Français, sans y ajouter notre humiliation. »

Je lui dis que M. le maréchal, par estime et par amitié pour les Hessois, n'avait pas voulu mettre dans la convention l'article du désarmement, mais qu'il avait toujours compté le faire exécuter; il me répondit avec vivacité :

« Non, monsieur, les fusils de nos soldats ne sont pas des quenouilles; ils sauront s'en servir lorsqu'on voudra déshonorer une brave nation qui a été votre alliée pendant toute la guerre de Trente ans; mais pour vous prouver combien mes intentions sont bonnes, car d'inclination je suis Français comme vous, que M. le maréchal n'ait point de mauvaise foi à crédit, et puisqu'il veut manquer à la convention, qu'il attende de le faire sûrement et à profit; qu'on laisse arriver nos dix mille hommes en Hesse, où nous serons séparés par pelotons au milieu de vos troupes réunies et bien plus en force que nous; alors vous nous désarmerez, contre tout traité à la vérité, mais en usant de la loi du plus fort, qui n'est souvent fondée que sur l'injustice. Notre traité de subside avec l'Angleterre, qui nous donne douze millions de francs par an, tiendra toujours, parce que nous aurons été victimes de la violence; au lieu que si à présent nous mettions armes bas, pouvant nous défendre, on serait en droit de cesser le payement du subside, qui fait vivre notre prince et nos troupes; car nous ne retirons pas un sou de la Hesse, que vous occupez en entier. La France pourrait nous prendre à son service en nous rendant la Hesse et nous payant six millions par an pour douze mille hommes, au lieu des douze millions que l'Angleterre nous donne pour dix mille hommes. Rien ne serait plus avantageux pour votre maître. »

J'ai su depuis qu'on n'avait jamais voulu donner aux Hessois pour entrer à notre service que deux millions par an. Le comte d'Onnep, toujours pénétré de la même vérité, dictée par son amitié pour les Français, ajouta :

« Ne laissez pas les alliés ensemble; car vous ne pouvez nous disperser trop tôt pour vos intérêts; l'hiver approche, il est toujours rude dans ce pays, et si votre armée est obligée de se garder par des postes et des détachements, vos soldats, faibles et point assez vêtus pour nos climats, périront vraisemblablement. Nous allons changer de général; M. de Cumberland quitte l'armée; celui qui arrivera peut ne pas être observateur exact d'une convention signée par un autre, il en naîtrait de grands inconvénients pour votre armée; au lieu qu'à partir du point où le gain de la bataille d'Hastenbeck vous met, tout va continuer à être bonheur pour vous. Vous sentez combien je serais affligé si nos alliés savaient les conseils que je vous donne; croyez que le Français le plus attaché à votre maître n'en trouverait pas de plus vrais et de plus utiles. »

Je le remerciai de sa bonne foi et lui promis la plus grande discrétion. Que n'a-t-on suivi d'aussi sages avis! J'allai sur-le-champ rendre compte à M. de Richelieu de toute notre conversation; il convint que le comte d'Onnep avait raison, mais il n'était plus libre d'agir par lui-même, ayant reçu des ordres précis de la cour. Il n'aurait pas dû les attendre; ayant été le maître, à la tête de l'armée et à deux cent cinquante lieues de Versailles, de signer une convention, il l'était aussi de la faire exécuter sur-le-champ : elle était trop avantageuse à la nation pour qu'il risquât d'être blâmé, encore moins désavoué. Nos malheurs qui ont suivi n'ont que trop justifié les prédictions et les sages indications du comte d'Onnep, que je continuai de voir encore pendant quelques jours, et qui me répétait sans cesse :

« Vous perdez des moments bien précieux! »

XII

SOMMAIRE.

1757. Suspension d'armes. — Hambourg. — Description. — Organisation politique. — Le tribun du peuple. — Altona. — Zell. — Le dépôt du conseiller. — Fierté d'une jeune fille. — La duchesse de Zell-Lunebourg. — Les Saintongeois. — Retour à l'armée. — Marche. — M. de Lusignan est pris. — Halberstadt. — Les canonicats donnés à d'anciens colonels. — Neutralité offerte par le Roi de Prusse. — Refus mal avisé. — Le foudre colossal. — Protestants réfugiés à Halberstadt. — Maladies. — Défaite de Rosbach. — Comment ce désastre eût pu être évité. — Lettre du roi de Prusse à M. de Richelieu pour demander la paix. — Tentative du maréchal. — Refus de la cour. — Motifs. — Conséquences déplorables. — Réflexions.

Le 12 septembre, je profitai de la suspension d'armes pour aller à Hambourg, en traversant et remontant l'Elbe. C'est une ville admirable, très-commerçante, surtout par la pêche de la baleine. Il faut que cette pêche soit d'un grand produit, car un vaisseau monté de quarante hommes, et qui est quatre mois à la mer, a du bénéfice, outre ses frais, en prenant une seule baleine. On y compte trois cent mille âmes et quinze cents vaisseaux, dont alternativement cinq cents à la mer. Il y a quatre mille hommes de troupes, commandés par un lieutenant-général de quelque puissance étrangère qui se donne au pays. Il a un très-bel hôtel, quarante mille écus d'Allemagne d'appointements, mais ne peut nommer à aucun emploi, prend l'ordre et est entièrement subordonné aux magistrats.

La ville est gouvernée par un sénat composé de quatre bourgmestres à vie qui président trois mois chacun à tour de rôle et par vingt-quatre conseillers électifs dont douze en fonctions pour l'année. Il y a aussi un comité des anciens. Quand les affaires sont d'une plus grande importance, tout le conseil se réunit; mais s'il arrive qu'il contrevienne en quelque point aux lois, le tribun du peuple, qui est à vie, assemble les députés de tous les corps, et au nom du peuple, comme garant de ses droits et de sa liberté, il suspend tout pouvoir autre que le sien. Les troupes sont à ses ordres jusqu'à ce que le calme soit rétabli et qu'il se déclare satisfait; alors il rend au nom du peuple les fonctions à tout le monde, après avoir déposé les auteurs des infractions à la loi.

Je causai avec le tribun, en exercice depuis trente ans; c'était un vieillard sage, respectable et riche. Il me dit qu'une seule fois il s'était trouvé dans le cas de faire usage de son autorité souveraine. Il m'assura qu'il y avait à Hambourg plus de deux cents chefs de famille possédant depuis un million jusqu'à six. J'allai voir leurs manufactures de toute espèce de produits: toiles, tabacs, sucres, bougies; et malheureusement tous les chefs, aussi riches qu'intelligents, étaient de familles françaises réfugiées à la révocation de l'édit de Nantes, et qui faisaient travailler plus de cent mille ouvriers; ils me témoignèrent un regret plein de vérité de n'être plus en France.

Il y a une promenade charmante très-bien plantée autour d'une pièce d'eau en rond qui peut avoir une lieue de circonférence et formée par la rivière; les principaux bourgeois y ont les plus jolies gondoles vitrées et richement ornées, qu'ils font illuminer à la nuit. Ils y soupent et sont suivis d'autres bateaux chargés de musiciens. Cette quantité de bateaux illuminés et toujours en mouvement forme, pour ceux qui se promènent dans les allées, un spectacle très-varié et fort agréable. Ce beau bassin se dégorge dans l'Elbe et à la mer.

Les marchés publics sont nombreux et de la police la plus exacte; l'indienne est commune et peu chère; toutes les servantes en sont vêtues. Elles ont des paniers pour mettre leurs provisions, doublés en fer-blanc très-battu qui a l'air argenté, et pour les couvrir un morceau d'indienne de la couleur de leur corset et de leur jupe, ce qui donne un air de propreté que n'ont point les marchés des autres pays.

Entre autres choses assez singulières, il n'est point permis d'avoir de laquais derrière son carrosse ni de se faire suivre par un homme en public; les bourgeois ou bourgeoises qui font des visites sont attendus à la porte des maisons où ils vont par une servante qui les y a précédés pour ouvrir la portière et les annoncer. Les lois somptuaires n'exercent leur sévérité qu'à l'extérieur ; car les habitations sont bien meublées et j'y ai vu de beaux cabinets de tableaux.

———

Le 15, j'allai à Altona, gros bourg de deux lieues de long dont la moitié la plus près d'Hambourg appartient à cette ville, et le reste au roi de Danemark. La position en est admirable : sur la hauteur, du côté de l'Elbe, il y a mille maisons à des particuliers riches dont les jardins, très-ornés et construits en terrasses, arrivent jusqu'au bord de la rivière, constamment couverte de vaisseaux étrangers, ce qui forme un des plus beaux spectacles que j'aie jamais vus.

Les magistrats nous prêtèrent un yacht qui, par sa magnificence, égalait le vaisseau de Cléopâtre ; l'extérieur était doré, les cordages en soie ; il y avait douze petits canons d'argent et des matelots très-bien mis, portant la livrée avec des toques et des plaques d'argent aux armes de la république. Le magistrat qui était avec nous nous mena à bord de plusieurs navires de différentes nations et au seul vaisseau de guerre qu'ait appelé la Ville de Hambourg et qui porte son nom ; il est de soixante-quatre canons et sert d'amiral et de corps de garde au milieu du port ; car il ne va jamais à la mer.

J'espérais aller à Lubeck voir la mer Baltique, mais les mouvements des Prussiens me ramenèrent à Zell par Harbourg, qui est une petite ville avec un château entouré d'un double fossé plein d'eau et de remparts en terre.

———

Le 20 septembre, je me rendis à Zell; la ville est médiocre, avec un château, mais les faubourgs sont charmants et habités par les gens de condition du pays : c'est une grande rue très-large, sablée et plantée comme une promenade ; derrière les arbres, il y a des trottoirs pavés pour les gens de pied, bordés de jardins avec des treillages, et, derrière, des maisons joliment décorées à l'extérieur. C'est là que réside la cour souveraine du pays, composée de trente-six conseillers, dont douze sont gentilshommes, douze nobles et magistrats, et douze de l'ordre des avocats. On y rend la justice gratis; les conseillers ont chacun six mille francs de France d'appointements, le président douze mille, et le chancelier vingt-quatre ; ce dernier est toujours ministre d'État.

Un de ces conseillers, gentilhomme, me mit dans le plus grand embarras : il avait tenu des propos si imprudents contre les Français, que M. de Richelieu, après l'avoir fait avertir d'être plus modéré, fut enfin forcé de lui ordonner de passer l'Elbe et de se retirer à Hambourg jusqu'à nouvel ordre ; il vint me trouver et me dit que mon honnèteté et le secours que j'avais donné à plusieurs habitants ayant établi sa confiance en moi, il me priait de veiller pendant son absence sur sa maison où, depuis l'ordre de son exil, il avait, pendant la nuit, fait enterrer dans son écurie, par un valet très-fidèle, pour plus de quatre-vingt mille francs de vaisselle d'argent, bijoux, et même d'argent blanc. Je fus très-contrarié de sa confidence, et s'il en avait eu le temps, je l'aurais forcé de faire déterrer ces effets, craignant qu'on ne les découvrît.

Je me plaignis de son imprudence, il me répéta que ma probité le rassurait et lui porterait bonheur; je le priai du moins, en lui disant adieu, de me mander à son retour, quelque part que je fusse, s'il avait retrouvé son dépôt intact; j'en demeurai dans la plus grande inquiétude jusqu'à la fin de notre retraite sur Wezel, où je reçus tous ses remercîments par une lettre qui m'apprenait sa satisfaction d'avoir reconquis tout ce qu'il avait confié à la terre.

Les gens de condition de Zell mettent une grande partie de leurs revenus à faire élever leurs enfants, dont l'esprit et la beauté répondent bien à ces soins; il est commun d'y voir des demoiselles de dix-sept à dix-huit ans parler allemand, italien et français. Elles ont pour la plupart autant de noblesse dans les sentiments que dans la physionomie.

Je dis un jour à une de ces demoiselles qu'elle négligeait sa parure et qu'elle mettait des robes unies parce que les Français étaient à Zell : « Cela est vrai, me répondit-elle, j'ai des robes très-simples à cause de la guerre, mais je suis parée des beaux chevaux et des bonnes armes que papa a donnés à mes frères, capitaines de cavalerie, pour défendre notre pays. » Ce seraient de belles amazones !

Il y a encore à Zell beaucoup de Français saintongeois, que la duchesse, épouse du dernier duc, y avait attirés et qui s'y sont établis.

Mademoiselle d'Albreuge, jeune et jolie fille d'un gentilhomme de Saintonge, passa à la révocation de l'édit de Nantes dans le pays de Zell. Le duc de Lunebourg, qui régnait alors, la vit à sa cour, où elle était demoiselle de compagnie de la duchesse, et en devint amoureux ; mais ses empressements trouvèrent la plus grande résistance dans la sagesse de la jeune demoiselle. Quelques années après, la duchesse mourut. Le duc souverain, toujours plus épris, proposa à mademoiselle d'Albreuge de l'épouser ; celle-ci, très-instruite, sachant qu'il fallait être princesse [ou épouser de la main gauche, et que cette cérémonie priverait à jamais ses enfants, [quoique légitimés] du droit de succession, continua ses refus.

Un peu plus tard, l'empereur eut besoin de la voix du duc de Lunebourg dans une diète. Son ministre s'adressa à mademoiselle d'Albreuge pour gagner le duc, qui l'aimait ; elle accepta, à condition que le prix du succès de sa négociation serait un diplôme de princesse de l'empire. On ne tarda pas, en effet, à le lui expédier, et elle consentit dès lors à se marier avec le duc, qui l'épousa [de la main droite] comme princesse.

Ils n'eurent point d'enfants, et les duchés de Zell et de Lunebourg rentrèrent par succession dans la maison de l'électeur de Hanovre, roi d'Angleterre.

C'est de M. de Beaulieu, gentilhomme saintongeois, parent de mademoiselle d'Albreuge, appelé par elle et fait premier écuyer du duc, son mari, que je tiens cette anecdote. Un jour, pendant le dîner, le duc, voyant rire tout seul M. de Beaulieu, voulut en connaître le motif : « Monseigneur, lui répondit-il, il me paraît très-extraordinaire que Votre Altesse, de douze que nous sommes à table, soit le seul *étranger*. » Les onze autres étaient des Saintongeois huguenots que mademoiselle d'Albreuge, devenue duchesse de Lunebourg, avait fixés dans ses États.

M. de Létorière devint plus tard possesseur de la terre d'Albreuge.

La convention de Klosterseven força le roi de Prusse à se retirer ; il avait fait plusieurs marches en avant pour nous mettre entre lui et l'armée de M. de Cumberland, qui lui avait caché son traité. Je rejoignis, le 24 septembre, l'armée, qui était près de Wolfenbuttel. Le 26, je partis d'Achem, aux ordres de M. de Chevert; car on avait toujours recours à lui au moment des coups de fusil, et sa confiance et son amitié me choisissaient pour second. Le corps, composé des régiments de Navarre, Auvergne, quarante compagnies de grenadiers et deux brigades de cavalerie, marcha sur Halberstadt. M. de Voyer faisait l'avant-garde ; les premiers postes de l'armée prussienne n'étaient qu'à trois lieues ; on avait détaché de Brunswick M. de Lusignan, colonel de cavalerie, à Eglen, à huit lieues de Magdebourg, où il avait pris poste avec deux cents chevaux et cent cinquante hommes d'infanterie. Un officier général, sorti de Magdebourg, traversa des bois au loin, les tourna, et enleva le colonel avec tout son détachement.

Le 30 septembre, nous arrivâmes à Halberstadt, dont les ennemis s'étaient retirés. C'est une grande ville, au milieu d'une belle plaine riche et fertile ; Le roi de Prusse n'a pas de meilleur pays. Il y a un chapitre de douze chanoines, dont quatre catholiques, quatre luthériens et quatre calvinistes. Chaque religion y fait l'office : c'est le prince Henri de Prusse qui en est doyen. Cette place lui vaut quarante mille écus d'Allemagne. Il y avait un évêché considérable pour le revenu : le roi de Prusse s'en est emparé. Il donne les canonicats à d'anciens lieutenants-colonels qui l'ont bien servi, et qui les vendent dix mille écus à des ecclésiastiques. Ils valent de cinq à six mille livres de rente.

Le pays est si bon que pendant l'hiver le roi de Prusse proposa une neutralité jusqu'au mois de mai, dont la rivière marquerait les limites. On fournirait du pain à notre armée et du fourrage pour soixante escadrons. C'était Fischer, excellent officier, partisan plein d'expédients, qui avait proposé et obtenu cette convention. En l'acceptant, nous sauvions l'armée. Mais on craignit de déplaire à l'impératrice reine, et nous fûmes sacrifiés à cette idée.

Il y a près d'Halberstadt un château qui était de l'ancien évêché, et où l'on voit un foudre, pour le vin, qui contient trente mille bouteilles de plus que celui d'Heidelberg.

Le Roi a donné asile à Halberstadt à soixante-douze familles françaises réfugiées depuis la révocation de l'édit de Nantes. Elles y sont dirigées pour leur religion par un ministre de Genève, et pour le civil par deux avocats qu'on fait venir et remplacer de Toulouse, pour rendre la justice selon le droit écrit. Ces Français ont trouvé, à trois cents lieues de leur pays, au sein de l'Allemagne, la conservation de leurs mœurs, de leur culte, de leurs lois; le roi de Prusse les oblige à savoir toujours et à parler l'allemand. Il semble que la sagesse de ce prince ait voulu procurer à ses sujets tous les secours imaginables dans les malheurs de la guerre; ces mêmes Français ont été répartis parmi les villes et les villages du district d'Halberstadt, afin de servir d'interprètes entre les magistrats et notre armée pour les distributions, contributions, etc. Ils ont été du plus utile secours au pays et à nous; car souvent de grands désordres naissent de la différence de langue et de la difficulté de s'entendre.

Le roi avait fait retirer de tout le pays que nous parcourions les fourbisseurs et armuriers prussiens, pour qu'ils ne pussent être forcés à raccommoder nos armes. La vigilance et l'activité de ce prince lui donnaient l'immensité; on le voyait partout. Notre armée restait campée parce qu'on le supposait vis-à-vis : on le disait à Magdebourg; M. de Soubise, à vingt-cinq lieues de nous, le croyait devant lui et tout cela était vrai, parce que de sa personne il faisait trente lieues en vingt-quatre heures et se montrait à tous les corps différents que ses ordres et sa présence animaient et dirigeaient utilement.

Nous apprîmes, le 5 octobre, que le prince de Bevern, commandant vingt-deux mille Prussiens, avait été battu près de Breslau et fait prisonnier ; mais notre armée souffrait beaucoup. Dans un seul jour quarante officiers tombèrent malades ; il mourait chaque jour vingt-cinq ou trente soldats. Le roi de Prusse était à dix-huit lieues de nous, à Neubourg, sur la Saale, et aussi près de M. de Soubise, à qui on envoya de notre armée trois lieutenants-généraux, sept maréchaux de camp, vingt bataillons et dix-huit escadrons. Le 12, M. le prince de Condé et M. le comte de la Marche partirent d'Halberstadt pour retourner en France.

Le 16, le général autrichien Addick, avec six mille hussards, ayant mis Berlin et ses environs à contribution, emporta douze cent mille francs de France. Le prince Maurice d'Anhalt tâcha de l'atteindre, mais ce fut vainement. La reine et les sœurs du roi de Prusse furent obligées de se réfugier à Custrin, place forte à vingt lieues de Berlin. M. de Soubise avait placé des postes près de Leipzig, et M. de Crillon, avec des grenadiers, à Mersebourg. Le roi de Prusse y accourut et fit replier tous nos postes jusqu'à Weissenfels, où était M. de Soubise.

Notre armée fut dans l'inaction pendant trois semaines à Halberstadt; on en tira un détachement de dix-sept bataillons et quelques escadrons pour aller renforcer celle de M. de Soubise, qui était en Saxe, jointe à l'armée de l'empire, commandée par le prince de Saxe-Hildburghausen. Nous attendions le moment de prendre nos quartiers d'hiver; le 4 novembre, arriva une lettre de M. le prince de Soubise à M. de Richelieu pour lui apprendre qu'il allait se retirer; pendant ce temps-là le roi de Prusse marchait à lui. M. de Soubise avait détaché de son armée le comte de Saint-Germain avec mille hommes seulement pour aller à Leipzig.

Saint-Germain m'a assuré avoir dit, avant de partir, à M. de Soubise qu'il ferait mieux d'envoyer quatre mille hommes qui forceraient le peu de Prussiens restés dans cette ville à se retirer; que cela lui donnerait un point d'appui et le mettrait plus à portée d'être instruit des mouvements du roi de Prusse. M. de Soubise lui répondit que voulant prendre des quartiers d'hiver en arrière, il n'était pas nécessaire de s'emparer des postes trop éloignés en avant; qu'il l'envoyait seulement pour reconnaître et être averti.

Le comte de Saint-Germain, à peine arrivé à la porte de Leipzig, fut forcé de faire sa retraite très-lestement, suivi par l'avant-garde de l'armée du roi de

Prusse qui la commandait en personne. Le comte de Saint-Germain en instruisit M. de Soubise le 4 au soir, en arrivant au camp, et se retira à sa division, composée des régiments de la Marine et de Touraine. Le 5, à dix heures du matin, M. de Soubise vint le voir et lui dit qu'il le laissait avec les mêmes troupes vis-à-vis le camp du roi de Prusse pour l'observer ; qu'il marchait à lui parce que l'armée de ce prince se retirait et qu'il désirait bien pouvoir charger et entamer son arrière-garde. Le comte de Saint-Germain lui souhaita succès, et M. de Soubise joignit les colonnes déjà en marche. M. de Saint-Germain vit l'armée prussienne décamper sans attendre, feignant de diriger sa marche sur Mersebourg.

Les Français, craignant de ne pas arriver assez tôt, hâtèrent leur marche avec moins de précaution. L'avant-garde de deux mille hussards autrichiens, commandée par M. de Chetciny, fit mal la découverte et ne se porta qu'au pendant d'un monticule où notre armée dirigeait sa marche.

Le roi de Prusse, dès qu'il s'était éloigné de la vue de notre armée, avait rabattu sur sa droite et s'était posté derrière le coteau pour profiter de notre négligence ; les bataillons français étaient en colonne, les distances point observées, l'artillerie au milieu. Le régiment de Piémont, qui en avait la tête, trompé par la sécurité que lui donnait les hussards en assurant que les ennemis étaient loin et se retiraient à la hâte, fut bien surpris de voir sortir de derrière le coteau les Prussiens en bataille et en bon ordre, ayant à leur tête seize pièces de canon qui tiraient à portée de fusil ; il voulut exécuter un mouvement par sa droite pour se mettre en bataille et faire place aux trois autres bataillons, mais pendant cette manœuvre l'infanterie prussienne marcha sur lui, et le prince Ferdinand, qui commandait les escadrons prussiens, déboucha aussi sur la droite des bataillons de Piémont, qui furent écrasés sans pouvoir être soutenus.

Les régiments de deuxième ligne, qui n'étaient pas plus en ordre que ceux de la première, plièrent, et beaucoup de soldats jetèrent leurs armes chargées ; ce fut une déroute générale que la présence et la valeur de M. de Soubise ne purent arrêter ; voyant ses troupes tournées et sans nulle ressource, il ordonna la retraite, qui avait déjà commencé.

L'artillerie fut prise avec nombre de drapeaux ; notre cavalerie et les dragons firent très-bien, chargeant plusieurs fois et toujours heureusement ; mais n'étant point soutenus, ils se retirèrent aussi ; les ennemis firent beaucoup de prisonniers. Plusieurs de nos soldats, effrayés, parcoururent des distances incroyables ; l'arrière-garde se replia sur le comte de Saint-Germain et ne fut point attaquée. Le roi de Prusse ne suivit pas son armée ; celle de Soubise fut se rallier loin de son champ de bataille.

Je ne me permettrai qu'une réflexion sur cette affaire déplorable, risquée en pure perte. M. de Soubise, en sortant de son camp, devait prendre mille précautions pour marcher au roi de Prusse, prince redoutable par ses talents et la sévérité de ses manœuvres ; mais le malheur de la surprise étant arrivé, il fallait sur-le-champ détacher deux brigades de dragons, les porter au galop à deux lieues en arrière de l'armée, et en former une chaîne très-allongée avec des postes de distance en distance pour être en force et contenir les fuyards, qui, tous mauvais sujets, se répandent dans le pays et commettent les plus grands désordres, assurés de l'impunité par l'éloignement de leurs chefs.

Le comte de Saint-Germain, témoin oculaire, m'a assuré que ce funeste événement, qui a tant influé sur la suite de la guerre, n'avait duré que cinq quarts d'heure, depuis le départ du roi de Prusse de son camp jusqu'à la défaite de notre armée.

Pendant notre long et inutile séjour à Halberstadt, le roi de Prusse, pressé de partout, sentant qu'il ne lui restait plus de ressource que dans nos imprudences, et que si nous manœuvrions avec sagesse et circonspection il était perdu, s'était déterminé à écrire la lettre la plus flatteuse et la plus intéressante à M. de Richelieu. En voici les termes :

« Le conquérant de Mahon, le vainqueur de la basse Saxe, le petit-neveu du cardinal de Richelieu, héritier de son nom, l'est aussi de ses talents et doit être aussi bon négociateur que brave et heureux militaire ; il est impossible que le Roi de France désire ma perte entière ; c'est trop contre ses intérêts, et je ne puis le croire véritablement mon ennemi ; faites donc la paix, monsieur le maréchal, ce sera le plus beau moment de votre vie. Je m'en rapporte uniquement à vous en vous envoyant un homme sûr avec des pleins pouvoirs signés de moi, scellés de mon grand sceau. Il a ordre de se conformer à vos intentions ; j'y mets toute ma confiance. Si vous aviez déjà quelques instructions secrètes de votre cour sur un objet si utile et si nécessaire à l'Europe, nous entamerions sur-le-champ ; et toutes les difficultés entre votre maître et moi seraient bientôt aplanies. En attendant, je vous offre une suspension pour le repos de votre armée, qui fatigue et marche depuis si longtemps. Je me charge de vous faire fournir jusqu'à la signature du traité toutes les subsistances en fourrage et en blé qui vous seront nécessaires ; soyez le médiateur de l'Europe, et ajoutez à tant de titres et de talents celui de pacificateur : c'est le plus beau de l'humanité. »

M. de Richelieu, pénétré du même désir, flatté d'une aussi belle commission, qui terminait la guerre en couvrant sa nation de gloire, et touché des éloges du roi, lui avait répondu que n'ayant nul pouvoir qui l'autorisât à faire une paix dont il sentait les avantages, il expédiait sur-le-champ un courrier à Versailles pour demander les ordres de la cour. Le retour de son courrier et les dépêches ne furent pas selon ses vœux.

L'abbé de Bernis, ministre-des affaires étrangères, obsédé par le comte de Staremberg, ambassadeur de Vienne, qui lui représentait toujours le roi de Prusse sans nulle ressource, défendit de la part du roi à M. de Richelieu d'entrer avec lui dans nulle négociation, déclarant que le Roi emploierait jusqu'à son dernier soldat pour le réduire ; on ne lui permit pas même de profiter de la suspension et des subsistances si chères à aller chercher au loin pendant l'hiver, et qui perdirent de fatigue notre cavalerie.

Le refus d'une solution qui pouvait être si glorieusement heureuse pour la France amena la perte de Rosbach, la rupture de la convention de Klosterseven et tous nos malheurs. M. de Soubise, campé près des gorges d'Eiserach, demandait toujours à M. de Richelieu de faire deux marches en avant qui auraient sûrement empêché le roi de Prusse de venir sur lui ; mais M. de Richelieu avait un ordre si précis de ne pas dépasser Halberstadt que défense expresse était faite aux munitionnaires de le fournir de pain s'il voulait aller plus loin.

Ce ne furent pas là nos seuls embarras, et souvent les plus petits sujets occasionnent les plus grands événements.

Bernier, ancien capitaine au régiment de Noailles, avait été fait aide-major général à l'armée de Saxe à Courtray par la sollicitation de madame de Jallais, intendante des Invalides, et donné à Paris par M. Duvernay à M. de Richelieu pour le suivre en Prusse. Il n'était ni aimé ni estimé de ses camarades, qui ne vivaient point avec lui. A son arrivée à Halberstadt on le fit lieutenant de roi; il pressura et vexa les Prussiens à son seul profit, et trouvait le poste si lucratif qu'il fut au désespoir d'entendre dire qu'il fallait abandonner cette ville toute ouverte, dominée et trop voisine de Magdebourg pour faire une tête de quartier d'hiver. Il écrivit à M. Duvernay qu'Halberstadt était un poste de la plus grande utilité, ce qui était vrai pour lui, et qu'il fallait le conserver. M. Duvernay, ne jugeant que par les yeux de son protégé, insista auprès de tous ses entours à Versailles, et il fut résolu qu'on enverrait M. de Crémille, lieutenant général presque adjoint au ministère de la guerre, pour en décider.

Je lui dois la justice de dire qu'il se défendit longtemps d'une commission aussi déplacée et aussi désagréable; mais il fallut obéir. Il arriva avec tant de regret, qu'étant à table chez M. de Richelieu, près de M. de Lavauguyon, depuis duc et gouverneur des Enfants de France, il lui dit:

« Je voudrais que ma chaise, versée à dix lieues d'ici, m'eût cassé les bras et forcé d'y rester, tant je suis au désespoir d'être venu. »

Il fut pourtant résolu que nous abandonnerions Halberstadt. Nous partîmes le 7 novembre pour aller au château d'Achem, où, soupant chez M. de Richelieu, je vis un officier de Fischer apportant la fâcheuse nouvelle de la perte de la bataille de Rosbach.

Je suivis M. de Richelieu dans son cabinet, et après avoir tout écouté, je lui dis :

« Monsieur le maréchal, vous venez d'apprendre le malheur des autres, nous serons témoins de vos succès ; je me flatte d'y être acteur. »

Il m'embrassa avec la bonne grâce qu'il met toujours à ses caresses.

Dans la nuit, le courrier de M. de Soubise apporta une lettre qui confirmait nos revers et les siens. On fit partir des brigades de cavalerie et de dragons pour rejoindre et rassembler son armée, et nous poursuivîmes notre marche sur Wolfenbuttel.

Le roi de Prusse, désespéré de sa position, ne s'était décidé à hasarder un événement aussi peu sûr pour lui, si nous avions été sages et prudents, qu'après le refus bien involontaire de M. de Richelieu d'un accommodement. Quelle différence ! La France victorieuse à ce moment, maîtresse du Hanovre et d'une partie de l'Allemagne, pouvait dicter la paix, que le roi de Prusse eût signée sans discuter, tant ses affaires étaient mauvaises.

Il est bien imprudent de donner de trois cents lieues des ordres à un général qui, voyant tout par lui-même, sent la difficulté des subsistances et l'impossibilité d'une guerre d'hiver ; puisqu'on lui a confié une armée, on l'a cru capable, il faut donc s'en rapporter à lui et ne pas le gêner par des combinaisons que les circonstances qui changent à chaque instant rendent souvent inexécutables. A la guerre tout est incidents; et le général, par sa présence et ses lumières, peut seul les apprécier. L'expérience constante devrait décider à prendre le parti, aussi sage que nécessaire, de le laisser maître de faire le bien, surtout quand il y a certitude matérielle du succès. A plus forte raison faut-il ne confier une armée qu'à un chef capable de la conduire, et ne jamais perdre de vue qu'il y va du salut de tous, et, qui plus est, de l'honneur de la nation.

Lorsque le roi de Prusse eût passé la Saale sur quatre ponts avec vingt-huit mille hommes, M. de Soubise avait trente mille Français, cinq mille Autrichiens et douze mille hommes de l'armée de l'empire commandés par le prince de Saxe-Hildburghausen; il fut dans un instant battu à plate couture et perdit tout.

Soyons justes, était-il possible qu'un grand roi qui, depuis quinze ans, formait ses troupes, les menait lui-même à la guerre et combattait à leur tête, cédât devant le caprice et l'imprudente audace de jeunes courtisans sans mérite? Comme Français, je donnerais tout au monde pour que cela ne fût pas arrivé, mais comme militaire j'ai le droit de dire : La guerre est un métier, et, en toutes choses, les succès sont réservés à ceux qui savent leur métier.

Si l'on eût porté notre grande armée plus en avant, jamais le roi de Prusse n'eût attaqué M. de Soubise; mais le désir de procurer à ce général une occasion particulière de se montrer fit donner à M. de Riche-

18.

lieu l'ordre de rester dans l'inaction, et, retenus à portée de l'armée de Soubise avec quatre-vingt mille hommes, nous eûmes le regret de voir écraser trente mille Français.

Tout devrait être calculé pour la gloire du Roi et l'intérêt de la nation, sans des préférences particulières toujours nuisibles au bien général, dont il faut s'occuper uniquement au dehors comme à l'intérieur.

XIII

SOMMAIRE.

1757. — Brunswick. — Le prince Ferdinand. — Imprudences. — Rupture de la convention. — Le duc de Richelieu. — Déceptions. — Lunebourg. — Zell. — Attaque de Lunebourg. — Siége d'Harbourg. — Le duc de Richelieu est remplacé par le comte de Clermont-Prince. — Mortalité. — Les hôpitaux. — La contagion. — La peste. — Considérations sur le service sanitaire. — Soins à prendre pour les recrues. — Passage du Weser par le prince héréditaire. — Le comte de Chabot. — Capitulation généreuse. — Évacuation de Brunswick. — Le baron de Schelestadt. — Le gouverneur du prince. — Bons procédés. — Les marchés de fourrages. — 1758. — Service rendu. — Offre de rémunération. — Refus. — Déclaration honorable. — Exactions. — Exécution loyale du traité. — Recherche des blessés. — Ressources pour l'armée. — Les malades en croupe. — Bataillons prisonniers. — Canons et munitions sacrifiés. — Fautes stratégiques. — Retour en France.

Le maréchal de Richelieu reprit son quartier à Brunswick et cantonna l'armée. Le prince Ferdinand de Brunswick, au service du roi de Prusse, était venu prendre le commandement des alliés, qu'on avait laissés ensemble quand leur désir, notre sûreté et les termes de la convention s'accordaient pour qu'ils fussent dispersés. Le duc de Cumberland étant repassé en Angleterre, ce nouveau général saisit le prétexte de notre indécision et prétendit n'être plus obligé à tenir une convention que nous avions voulu rendre plus onéreuse et ne pas exécuter.

L'affaire de Rosbach et la présence d'un général prussien inspiré par le roi et aidé de ses lumières, rendit à cette armée abattue une audace et une confiance mutuelle que nos succès lui avaient fait perdre ; car avant l'arrivée du prince Ferdinand, loin d'être unis, les alliés étaient toujours prêts à s'abandonner réciproquement.

Le prince Ferdinand ranima tout ; il écrivit à M. de Richelieu d'une façon ambiguë sur la convention ; M. le maréchal crut qu'il n'y avait comme auparavant qu'à se montrer pour faire rentrer dans les lois prescrites. Il se met en route avec une partie de son armée, arrive à Zell et continue sa marche par ce pays affreux qui est entre l'Aller et l'Elbe ; arrivé à portée des ennemis, il les trouve trop bien postés pour rien entreprendre sur eux ; un froid excessif, des subsistances difficiles, la contenance des ennemis, tout le décide à se retirer. Le moment était passé et la prédiction du comte d'Onnep commençait à s'accomplir.

L'armée française rétrograda pour regagner Zell et ses quartiers ; l'armée ennemie sortit sans scrupules des limites prescrites par la convention, qu'elle avait gardées jusqu'alors, et marcha avec tant de vivacité qu'elle arriva en même temps que les Français à Zell. Il y eut dans le faubourg de Lunebourg un combat qui aurait eu des conséquences funestes sans la précaution qu'on prit de lever le pont-levis de l'Aller, qui sépare la ville du faubourg, dont les ennemis s'emparèrent ; ils y prirent poste si près, que nos sentinelles et les leurs n'étaient pas à demi-portée de pistolet. Notre armée n'était point rassemblée, celle des alliés l'était, très-instruite de notre position, ayant à elle tout le pays.

On avait déjà pris le parti de renvoyer les équipages pour gagner Hanovre. L'armée devait suivre le soir et abandonner Zell. Cependant le maréchal persista à tenir, et à attendre les différentes parties de son armée dispersées dans les quartiers d'hiver. En partant de Brunswick pour marcher sur Stade, il m'y avait laissé aux ordres du marquis d'Armentières avec vingt-huit bataillons, la tête de son infanterie, en me confiant qu'en le voyant s'éloigner de cette ville, les Prussiens, conduits par le prince Henri, frère du roi, ne manqueraient pas d'essayer une tentative pour s'assurer de cette place et tâcher de la reprendre.

M. de Richelieu, pressé à Zell par le prince Ferdinand, nous envoya l'ordre d'aller le joindre au plus vite avec une partie des vingt-huit bataillons pour le mettre en état de soutenir sa position sur l'Aller, fort chancelante vu le peu de troupes qu'il avait. Au bout de deux ou trois jours, la plus grande partie de l'armée, arrivant de tous côtés, se trouva réunie. On resta au bivouac ou dans de mauvais villages, malgré la rigueur de la saison.

Les ennemis souffraient autant que nous. Le maréchal se détermina à les forcer de se retirer en les attaquant. La disposition fut faite par M. de Maillebois, maréchal général des logis. Il y avait trois **points d'attaque :** celui de la gauche au-dessous de

Zell ; le centre en sortant de la ville pour marcher au faubourg de Lunebourg, et celui de la droite à Alten-Zell, où j'étais, faisant le détail de la première ligne aux ordres du marquis d'Armentières ; le prince Ferdinand, content de nous avoir fait lever nos quartiers et forcé de nous rassembler à un bivouac ruineux pour la cavalerie et malsain pour l'infanterie, se retira la veille de Noël.

La terre était couverte de neige ; nous passâmes l'Aller sans coup férir et après une marche et un mouvement de vingt-quatre heures, nous prîmes poste au camp abandonné du prince Ferdinand, qui regagna tranquillement Stade. M. de Richelieu retourna à Hanovre ; je restai avec M. d'Armentières et trente bataillons de troupes légères à Zell, en attendant de savoir sûrement que les ennemis étaient séparés ; malheureusement on n'avait point retiré de Harbourg le régiment de la Roche-Aymon ; car, vu la convention, nos quartiers d'hiver avaient été portés jusquelà et bordaient la rive gauche de l'Elbe.

Ce sont de bonnes villes où le soldat était à portée de se délasser des fatigues d'une campagne de onze mois. Le prince Ferdinand fit le siége d'Harbourg et ne le prit qu'après très-longtemps, quoique la place n'eût d'autre défense qu'un double fossé.

Le comte de Maillebois repartit pour la cour. Peu après qu'il y fut arrivé, le maréchal apprit que M. le comte de Clermont, prince du sang, venait prendre le commandement de l'armée et y réparer la discipline et le désordre dont on se plaignait beaucoup à la cour. Le prince arriva en effet dans la ville de Hanovre, où M. de Vogué, maréchal de camp, qui y commandait, le reçut; car M. le maréchal, ne voulant pas l'attendre, était parti la veille.

On pouvait encore, en prenant des précautions, réparer nos fautes, se resserrer dans un centre et tenir les ennemis en respect devant notre armée qui était très-forte, mais beaucoup trop étendue par la sécurité que donnait la convention. Tous les quartiers d'hiver avaient été distribués à titre de commodité, comme si on eût été en France : nulle précaution pour recevoir des ennemis qu'on ne croyait plus avoir.

M. le comte de Clermont ne connaissait point le terrain; les personnes qui l'approchaient le plus et que je ne nommerai point, n'avaient nulle intelligence et étaient peu propres à inspirer à ce prince les choses même indispensables. Lorsque nous étions maîtres de tout le pays et sans inquiétude, on aurait pu placer notre parc d'artillerie, nos pontons et tout ce qui y est attaché à Brunswick; c'était la tête de nos quartiers les plus à portée de Magdebourg; mais la convention rompue, il fallait profiter de la gelée pour faire rétrograder notre artillerie et tout le parc et établir un dépôt sur le Weser, qui assurait toujours notre retraite. Les vivres n'y devaient être réunis que successivement; les hôpitaux généraux n'auraient pas dû y rester ; il y avait de gros magasins de fourrages que nos escadrons des flancs et des derrières pouvaient et auraient dû consommer, pour ne pas faciliter la marche des ennemis qui menaçaient de se mettre en mouvement.

Le comte de Clermont savait en arrivant que s'il était attaqué, il abandonnerait cette partie-là, nos quartiers étant en l'air. Les soldats succombaient de fatigue ; les hôpitaux, faute de soins et d'argent, étaient très-mal servis, et ces beaux bataillons victorieux trois mois auparavant, couvrant cent cinquante lieues de pays qu'ils venaient de conquérir, disparaissaient sans secours sous la pelle des fossoyeurs. Nous perdions jusqu'à quatre cents hommes par jour ; la nation est trop faible et trop peu précautionnée pour faire les guerres d'hiver.

Le service des hôpitaux m'a toujours affecté ; j'y allais deux fois par jour, les entrepreneurs abusaient du droit qu'ils avaient de n'être pas payés ; au lieu de faire le bouillon avec de très-bon bœuf, ils le faisaient à leur plus grand profit avec de jeunes vaches ; la viande trop peu faite causa la dyssenterie, et le soldat, exténué, ne tint point contre ce nouvel accident.

La malpropreté amena la contagion ; le marquis de Roquépine, maréchal de camp, de qui je ne puis faire trop l'éloge, y mettait tous ses soins et y allait comme moi deux ou trois fois par jour. Nous y allions à des heures différentes pour qu'il y eût toujours quelqu'un ; un matin, la sentinelle et le sergent de garde m'arrêtèrent à la porte de l'hôpital et ne voulurent point me laisser entrer, disant que le marquis de Roquépine m'avait nommément consigné ; je crus que quelque directeur ou contrôleur, trop harcelé par mes soins, s'était plaint à lui. J'y courus, il me reçut avec amitié, m'avoua que c'était bien lui qui, pour des raisons très-graves, avait été forcé de me consigner ; qu'il me priait instamment de ne pas les lui demander et que dans la suite il me les dirait ; mais qu'en attendant, il exigeait le plus profond silence sur notre conversation.

Trois jours après nous partîmes, et il me dit alors qu'il avait fait transporter lui-même plus de vingt soldats qui, de l'aveu de plusieurs chirurgiens, avaient le bubon de la peste ; par amitié pour moi il n'avait pas voulu en m'exposant à ce danger que mon zèle et mes soins fussent trop cruellement payés ; heureusement notre départ et le grand froid arrêtèrent le progrès du mal.

Dans ces temps de calamités, j'avais causé avec le directeur de la poste aux lettres de l'armée ; il m'apprit que sa recette journalière était de trois mille à trois mille quatre cents francs ; je crus qu'un argent qui sortait de la poche des militaires devait être employé à secourir les malades qui en avaient un vrai besoin ; j'indiquai cet expédient si simple au général : il me répondit qu'on n'intervertissait point les différentes parties de la manutention ; avec ces beaux principes, nos soldats étaient dans la plus grande misère.

Je ne quitterai point l'article des hôpitaux sans me permettre quelques réflexions; c'est le salut de l'armée, et il y a autant de maladresse que de cruauté à ne pas secourir de braves gens qu'il est si difficile de former et de remplacer.

Il ne faut jamais mettre un hôpital au quartier général ni dans les villes où on rassemble des corps considérables. Les médecins et les chirurgiens opinent toujours pour qu'ils soient placés là par le désir qu'ils ont d'être à portée du général, de l'intendant et de l'état-major, ce qui leur donne des agréments personnels; mais ce choix est nuisible au soldat, qui souvent est resserré dans l'emplacement; l'air s'y corrompt, et les maladies, devenant épidémiques, se communiquent bientôt aux troupes voisines.

Il faut préférer quelque château, situé au centre des quartiers un peu éloignés des villes, sur une hauteur, en bon air, et changer de temps à autre les salles où sont les malades, pour les purifier; si on ne prend ces précautions, l'air devient à lui seul une cause de maladie, et les soldats les plus sains et les mieux portants ne résistent pas à cet inconvénient facile à prévoir.

On doit peser la viande destinée au bouillon devant un officier; personne n'est trop bon pour veiller à la conservation de citoyens devenus aussi précieux par leur utilité que dignes d'estime par le sacrifice de leur existence, qu'ils font noblement à la patrie. Il faut voir mettre cette même viande dans toute sa pesée à la marmite, où il y aura toujours en sentinelle un vieux soldat pour qu'on ne puisse commettre d'infidélité ; prêter la plus grande attention à la distribution, à la qualité des remèdes, du pain, du vin, ainsi qu'à la propreté des salles et à tous les détails du service.

Il est indispensable d'avoir un hôpital de convalescents où le soldat qui commence à se mieux porter puisse, par une augmentation d'aliments et des promenades modérées dans un air plus pur, reprendre graduellement ses forces. Je sais que les entrepreneurs, souvent trop protégés par des raisons honteuses pour les protecteurs, s'opposeront toujours à un établissement aussi salutaire : le soldat convalescent, en revenant à la santé, a plus d'appétit ; il faut lui donner la portion entière, le profit est moindre ; mais si ce même homme sort faible, à peine guéri, pour retourner tout de suite au camp, passant d'une salle chaude, surtout dans l'arrière-saison, sous une tente très-froide, il reprend la fièvre, à laquelle s'adjoint souvent une fluxion de poitrine, et revient finir à ce même hôpital, où il ne fût pas rentré si on lui eût donné le temps de se remettre entièrement dans un lieu de convalescence.

Que de braves soldats seraient rendus au Roi si on prenait ces précautions, aussi simples que faciles ! J'en ai la plus grande expérience ; toutes les fois qu'on ne l'a pas fait, l'armée a péri sans combattre.

Je ne puis encore quitter ce sujet sans parler des recrues qui arrivent pour remplacer tant de victimes.

On recrute dans le fond des provinces ; on rassemble vingt mille jeunes gens de toutes les parties du royaume, qu'on envoie à l'armée, mal vêtus et accablés d'une longue route, en février et en mars ; on leur donne sans précautions les habits des morts ; on les met en chambrée avec les vieux soldats, dont plusieurs sortent des hôpitaux ; d'autres sont soignés dans les chambres, où l'air est vicié ; les jeunes soldats, qu'une faction d'hiver fatigue, sont surpris, tombent malades, et souvent il en meurt un quart avant d'entrer en campagne. Les plus robustes tiennent jusqu'en avril ou mai, où les nuits, encore froides sous la toile, les font bientôt suivre leurs camarades.

Je voudrais qu'il y eût des dépôts de recrues dans des villes et de bons villages à une vingtaine de lieues derrière les quartiers où l'armée a passé l'hiver ; qu'on y formât des établissements où l'on enverrait deux anciens capitaines par bataillon, quatre lieutenants, un sous-aide-major, huit sergents, des caporaux, et sur le tout un aide-major très-intelligent, avec un drapeau ; qu'avant d'y vêtir le jeune soldat, on eût soin de bien faire bouillir à plusieurs eaux dans des chaudières, avec des herbes fortes, les habits venant des hôpitaux ; ils se rétréciront, mais les soldats qui arrivent sont presque toujours plus minces que les anciens.

Je voudrais encore que les recrues fussent mises à l'ordinaire avec de vieux chefs de chambrée ; qu'on leur fît faire un service léger et de simple discipline, les instruisant peu à peu avec douceur et fermeté, et qu'enfin on les fît manœuvrer ensemble modérément dans le principe. Le fusil est lourd pour eux, ils ne savent pas ce qu'on leur demande, ils sont excédés de fatigue, se dégoûtent et ne comprennent pas ; l'officier-major s'impatiente, les brusque, et tout va mal ; tandis qu'en exigeant peu à la fois, ils s'y plaisent et se forment de tout point.

Quand au commencement de la campagne l'armée se mettra en marche, il serait à désirer qu'on laissât les recrues en arrière ; généralement les premiers mouvements ne se font que pour prendre des camps de subsistances ; on n'est point encore assez près de l'ennemi pour prévoir une affaire ; le service n'est point pénible ; les anciens soldats, plus accoutumés à la fatigue, peuvent y suffire. Pendant ce temps-là les recrues se fortifieraient en s'instruisant, et au mois de juin, lorsque la saison est plus douce et les légumes arrivés, on ferait venir les recrues, pour qui le spectacle d'une armée et leur service même deviendrait un bonheur.

Avec de pareilles précautions les troupes se trouvent complètes et en état d'agir en juillet et le reste de la campagne. Je serais trop récompensé si mes réflexions, fruit d'une longue pratique, pouvaient conserver un soldat au Roi et un citoyen à l'État [1].

---

1. Ces détails paraîtront peut-être surannés, aujourd'hui que l'expérience et les progrès de l'hygiène ont donné à toutes les parties du service des armées un régime satisfaisant ; mais n'est-il pas intéressant de connaître quelles réformes et quelles améliorations un

Je reviens à notre position d'hiver : nous étions tenus dans une inaction cruelle par la rigueur de la saison, mais toujours dangereuse dans un pays où il n'y a ni places ni postes sûrs pendant la gelée des rivières.

M. le prince héréditaire de Brunswick marcha sur Verden, qui est en avant de l'Aller et que Saint-Chamans, maréchal de camp, abandonna pour se retirer derrière la rivière ; le poste n'était pas tenable. L'officier commandant l'arrière-garde, chargé de brûler le pont de l'Aller, ne le fit pas; les ennemis en profitèrent pour marcher à Ohra, où commandait le comte de Chabot-La-Fère, maréchal de camp. Pendant qu'il se défendait avec vigueur sur la chaussée en avant du Wéser, le prince héréditaire eut l'audace de passer le fleuve sur des radeaux au-dessus de la ville.

M. de Chabot avait envoyé à la rive gauche du Wéser une patrouille de cinquante dragons commandés par un capitaine qui n'alla pas assez avant pour découvrir le détachement des ennemis. M. de Chabot, très-étonné de se voir attaquer derrière lui, n'eut que le temps de se replier et de se jeter dans des masures, mais le prince, jeune et ami de la valeur, voulut bien signer une capitulation qui permettait au comte de Chabot de se retirer avec ses troupes auprès de notre armée. Le lieutenant général d'Anberg, qui commandait le gros détachement en campagne, blâma le prince héréditaire d'avoir

homme de guerre expérimenté a pu concevoir, il y a cent ans, dans sa sollicitude pour le bien-être de nos soldats? (*Note de l'Éditeur.*)

fait aussi légèrement une telle concession à un ennemi forcé de se rendre par sa position compromise; cette générosité ou ce manque d'expérience sauva le comte de Chabot et récompensa sa fermeté.

Le prince Ferdinand marcha en même temps sur notre flanc par Zell; les Prussiens, commandés par le prince Henry, débouchèrent de Magdebourg pour attaquer Brunswick et Wolfenbuttel qui faisaient la tête de nos quartiers, n'ayant qu'un bataillon en avant à Osterwick.

Notre sécurité et notre inaction d'un mois furent punies; nous levâmes nos quartiers avec la plus grande précipitation; on ne nous donna que six heures pour évacuer Brunswick, où était le parc de l'artillerie. Il aurait fallu au moins huit jours et une très-grande quantité de voitures que nous n'avions pas.

Je voulais profiter de l'amitié que me portaient M. de Schélistet et M. de Cram, ministres du duc de Brunswick, pour faire une capitulation au profit de nos malades qui, sans compter ceux que nous emmenions, étaient encore près de deux mille. M. de Villemur, lieutenant général commandant, dit que ce n'était pas l'usage et s'y opposa.

J'aurais pourtant réussi par le souvenir des bons procédés que j'avais eus pour les Brunswickois pendant notre séjour, et des conseils que je leur avais donnés. Après la bataille d'Hastenbeck, le baron de Schélistet, contrôleur général, s'était rendu dans cette ville avec un autre député pour remettre les

États de son maître sous la protection du maréchal d'Estrées et lui demander de les traiter avec bonté.

J'étais à dîner entre eux deux chez le maréchal, qui m'avait chargé d'en avoir soin. Je trouvai tant d'esprit, de douceur, de bonne foi, dans le baron de Schélistet, que je me fis un devoir de lui être agréable ainsi qu'à son pays, ayant toujours en vue néanmoins d'être encore plus utile à notre armée par les renseignements que j'en pourrais tirer. Je commençai par lui faire l'éloge des troupes et surtout du prince héréditaire, qui s'était porté partout pendant l'action et avait montré autant de valeur que d'activité. Au milieu de mon propos, je me retournai du côté de l'autre député, que je vis tout en larmes et qui, à travers ses sanglots, me dit :

« Pardonnez-moi, je pleure de joie, malgré nos malheurs, en entendant louer un prince dont j'ai été le gouverneur; oui, monsieur, il a le germe des plus grandes vertus. »

Je continuai à causer avec le baron de Schélistet, à qui je facilitai les occasions d'avoir des audiences du maréchal d'Estrées, pour finir ses affaires et retourner dans les États de son maître, où il sut empêcher par de sages mesures le grand désordre qui pouvait résulter de l'arrivée des troupes françaises.

Ayant acquis ces premiers titres à sa confiance à Hastenbeck, je les augmentai à Brunswick pendant les mois de décembre 1757 et de janvier et février 1758; étant chargé comme major général d'un détail journalier avec lui, je l'assurai en arrivant que je lui donnerais toutes les facilités pour le service, n'y mettant nulle violence mais la plus exacte discipline, tâchant toujours d'accorder le bien-être de nos soldats avec l'intérêt des habitants, et le priant de s'en fier à moi jusqu'au jour où je lui demanderais quelque avantage personnel ; ma franchise et l'épreuve qu'il en fit en suivant mes indications me le gagnèrent entièrement, au point qu'il me disait tout. Je n'en abusai jamais ; mais j'en profitai pour le bien de nos troupes et pour informer notre général des choses bonnes à savoir. Il m'a été aussi utile que je lui avais paru serviable.

Un grand service que je fus à même de rendre à son pays toucha particulièrement le baron de Schélistet.

Brunswick et les autres parties de ce petit État avaient été taxés à neuf cent mille rations de fourrage ; effrayé de cet impôt et chargé de le fournir comme ayant le district de la finance, il me confia que, dans l'impossibilité d'y satisfaire, il avait eu recours à une compagnie de nos entrepreneurs français, avec qui il avait fait marché à quarante sous la ration. Je sentis que lui, son pays et nous, serions les victimes de cet arrangement, dont le profit considérable reviendrait tout aux entrepreneurs.

Je demandai à M. de Villemur la permission de suivre et d'exécuter un autre projet ; je causai avec les majors et les colonels des régiments qui étaient à Brunswick, tels que le marquis de Bréhaut, colonel

19.

de Picardie; le marquis de Belmont, de la Marine; le commandeur de Fleury, du régiment de cavalerie de son nom; je leur persuadai sans peine que de l'argent pour nos places de fourrage valait mieux que de la mauvaise denrée ; sûr de leur consentement comme de leur désir, j'allai trouver le baron de Schélistet, à qui je prouvai, vu la cherté de son marché passé avec les entrepreneurs français, qu'il était plus simple de le rompre, et qu'au lieu de quarante sous par place à leur donner, nous nous contenterions de vingt sous pour l'infanterie, et de vingt-quatre sous pour la cavalerie.

Il fut enchanté de ma proposition, mais au désespoir de son marché signé; je le rassurai en lui disant que l'infidélité des commis du fourrage dans la qualité et le poids de leur fourniture le mettrait bientôt en devoir de le rompre, et je l'ajournai à la première distribution. Je m'y transportai avec lui, en habit gris, comme curieux; au premier régiment fourni, je fis suspendre la distribution et peser les bottes de foin et de paille déjà délivrées; il s'en fallait de moitié qu'elles fussent du poids convenu ; il devint facile d'annuler le traité.

On nous donna nos places en argent et on envoya, comme nous en étions d'accord, des ordres à tous les pays de nous porter du fourrage que nous payions dix sous aux paysans, trop contents de n'être point fourragés.

Par un expédient aussi simple, le pays ne paya que neuf cent mille francs au lieu de dix-huit; la place réduite à vingt sous diminuant de moitié la somme; de telle sorte que les paysans reçurent de nos troupes quatre cent cinquante mille francs en payement, et il resta quatre cent cinquante mille franccs de profit à nos officiers.

J'eus pour ma part la satisfaction d'avoir contribué au bonheur de tout le monde; mais le ministère du pays où nous étions crut qu'il devait m'en revenir quelque chose de plus ; on me porta une bourse dans laquelle il y avait deux mille ducats, faisant à peu près vingt mille six cents francs, argent de France, en me disant que si le duc était à Brunswick il me donnerait une épée d'or, présent digne d'un souverain à un militaire, mais qu'en son absence on me priait d'accepter cette bourse, témoignage de la reconnaissance publique; j'insistai, on me pressa, et je cédai, du moins en apparence.

A trois jours de là, le conseil de l'État assemblé, j'allai au lieu où il se tenait et demandai à être introduit dans la salle. On m'ouvrit, croyant que j'avais un ordre à porter ou un nouvel arrangement à proposer, comme cela m'arrivait souvent.

Je dis aux membres du conseil que, pénétré de la plus vive gratitude, j'avais cru devoir accepter leur présent et le garder quelques jours pour prouver tout le prix que je mettais aux marques de leur amitié, mais que je servais un trop grand maître pour recevoir une récompense de ses ennemis sans sa permission, ses officiers n'ayant d'ailleurs nul besoin de secours étrangers ; que, demeurant très-sensible à leur procédé et ne pouvant en profiter, je leur rendais les deux mille ducats, les priant de les distribuer aux pauvres paysans ayant le plus souffert du passage de nos troupes, et que désirant conserver cependant un souvenir de nos relations, j'espérais qu'ils voudraient bien me donner au nom des États une attestation de leur don et de mon refus, ce qu'ils firent en termes très-convenables dans un acte signé par un prince de la maison de Brunswick-Lunebourg[1].

Ce fut le seul trésor que je rapportai en France; et je dois cet hommage à ma femme, qu'à mon retour elle me reçut mille fois mieux que si j'avais acquis des richesses dont la source nous eût fait rougir l'un et l'autre : il faut faire le bien pour la récompense de l'avoir fait, c'est la seule manière d'être content de soi et des autres. Arrivé à la cour, je n'eus rien et je vis donner à un officier, que je veux bien ne pas nommer, dix mille francs de pen-

---

[1]. « Nous, États du duché de Lunebourg, certifions que M. de Valfons, brigadier et aide-major général de l'armée de Sa Majesté Très-Chrétienne, s'a bien voulu prêter à nos sollicitations dans différents cas pendant son séjour ici, qu'il a fait observer aux troupes le plus de discipline qu'il a dépendu de lui, n'en étant pas commandant; qu'il a même secouru nos habitants et donné main-forte pour qu'on leur rende justice. Nous ne pouvons trop nous louer de tous ses soins, d'autant plus qu'il n'a jamais rien voulu recevoir de notre vive reconnaissance que ce certificat aussi vrai que juste. En foi de quoi nous nous sommes souscrit et fait apposer notre sceau ordinaire.

« Fait à Zell, le 14 janvier 1758.

« *Signé* : J. F. DE LUNEBOURG,
« *Au nom des États du duché de Lunebourg.* »

sion : il avait pendant l'hiver traité quelque affaire à Bretten et forcé les magistrats de cette ville neutre à lui compter mille louis; je me crois plus riche que lui et mieux récompensé.

Le baron de Schélistet montra la même probité lors de notre départ trop précipité de Brunswick. Il pouvait abuser de la circonstance et de la marche des Prussiens sur nous en ne payant pas ce qui était convenu pour notre traitement d'hiver; mais il me dit que, lui ayant donné tout le temps de rassembler les fonds et m'en étant remis totalement à sa bonne foi, il me prouverait qu'il méritait ma confiance; il fit ouvrir trois bureaux dans différents quartiers de la ville, pour être à portée de tous les militaires pendant la nuit qui précéda notre départ. J'avais averti les officiers d'aller chercher ce qui leur était dû; tout fut payé avec la plus grande exactitude et notre absence ne changea rien à ces procédés.

Les Prussiens voulurent s'emparer de nos malades et les faire prisonniers de guerre; le baron de Schélistet s'y opposa, disant qu'ils l'étaient des Brunswickois, et on les rendit bien portants sans rançon. Si j'avais pu supposer cette action généreuse, j'aurais empêché une première évacuation de huit cents de nos malades que nous ramenâmes avec nous, et qui, abandonnés de tous, sont cependant arrivés par mes soins jusqu'à Hameln.

Outre l'attention continuelle que j'avais pour eux, je ne cessai de veiller pendant cette marche aux autres soldats, et après avoir marqué le camp ou les cantonnements, je prenais cent cinquante dragons qui étaient venus aux campements et, l'armée arrivée, je faisais, avec des chariots, une marche rétrograde de deux lieues, suivant la route que nous avions parcourue, et ramassant les soldats que la lassitude et le froid avaient empêché de nous joindre; chaque nuit j'en ramenais une vingtaine qui auraient été victimes des paysans ou des hussards ennemis dont nous étions suivis; j'en sauvai ainsi près de deux mille. M. de Villemur en rendit compte à la cour.

J'eus, en arrivant à Aller-Pringue, dans la même retraite, une contestation avec les chefs de l'état-major, Cornillon, major général, et le marquis de Monteynard, maréchal des logis. Nous joignîmes dans la plaine derrière ce bourg une partie de l'armée commandée par M. le comte de Clermont; on me montra de la main le terrain destiné aux vingt-huit bataillons que je menais; tout était couvert de neige, point d'abri, nul secours. Je crus qu'il serait mille fois plus avantageux de cantonner les troupes, qui avaient déjà beaucoup souffert; je plaidai leur cause devant le prince et toute l'armée, en prouvant que la position de la plaine, militairement regardée, était très-défectueuse; que le soldat, manquant de tout, se répandrait pour piller dans la campagne; qu'Aller-Pringue était un gros bourg fermant la gorge des montagnes, et nous en rendant les maîtres; j'ajoutai que si les ennemis osaient nous y attaquer, nos soldats réchauffés, nourris et reposés, seraient bien plus en état de les recevoir; enfin que je me chargeais de placer mes vingt-huit bataillons et de pourvoir à leur subsistance en pain dont l'armée manquait.

J'avais toujours eu pendant la marche un certain nombre de chariots vides pour ramasser les traînards malades; j'y faisais aussi mettre les sacs de farine, que les charretiers des vivres jetaient dans les mauvais pas pour alléger leurs voitures trop chargées par l'évacuation en partie des magasins que nous abandonnions; de plus, je fis fouiller toutes les maisons d'Aller-Pringue, où nos premiers convois de vivres avaient passé et où je savais qu'on avait vendu une quantité de farine à très-bas prix. Ces différentes ressources furent le salut des bataillons; on séjourna, le soldat se refit, et en partant tous les colonels et majors des régiments vinrent me remercier de mes soins et de mes utiles secours.

Ces détails, quelque médiocres qu'ils paraissent, sauvent une armée; mais il est plus commode de dire : « On campera dans cette plaine, » sans faire réflexion que tout y va périr.

Il fallut évacuer un hôpital de convalescents; les hommes étaient trop faibles pour aller à pied, et nous n'avions point de chariots; je proposai à deux de nos régiments de dragons de ne pas abandonner leurs camarades et de les prendre en croupe, ce qui fut accepté de la meilleure grâce. Je vis avec joie par ce touchant accord nos six cents convalescents montés chacun derrière un dragon ; mais ce qui me plut encore davantage, c'est qu'à une lieue du camp tous les dragons étaient à pied et menant leurs chevaux par la bride, trop contents d'avoir mis plus commodément en selle les soldats confiés à leurs soins, pour les ramener en France.

Si, en partant de la ville de Hanovre, M. le comte de Clermont eût voulu suivre mes conseils, passer par Minden et replier ce poste pour se rendre à Hameln, M. de Morangiès, lieutenant général, n'eût pas été pris avec nombre de bataillons. M. le comte de Clermont, arrivé à Hameln, crut les pouvoir retirer en jetant un pont soutenu d'un corps commandé par M. d'Armentières. Nous fûmes maîtres de la communication, par conséquent de faire sortir nos troupes de Minden, pendant quatre jours ; mais la cruelle inaction où nous étions toujours à Hameln donna le temps aux ennemis d'investir le corps et de le prendre prisonnier.

M. le comte de Clermont avait une espèce d'attaque, on le saignait ; dix-huit jours se passèrent sans prendre aucun parti ni précaution. Il eût été facile, pendant ce temps, de déblayer tout le parc d'artillerie, pontons, munitions, etc. On ne se réveilla d'une funeste léthargie que pour partir ; alors on brisa, on brûla tout le parc d'artillerie, et on fit jeter poudre et boulets dans le Wéser. Nous laissâmes même, en passant à Lippstadt, dix pièces de canon de fonte toutes neuves qu'on aurait pu, avec la plus grande facilité, mener à Haltern, et de là par la Lippe à Wesel.

Nous avions encore une armée nombreuse malgré la mortalité, et nous fuyions devant une poignée d'ennemis qui ne nous suivaient que de très-loin, n'osant se compromettre. Nous arrivâmes à Wesel après avoir perdu un pays immense; il nous eût été très-facile de conserver le Wéser et les places où nous voulions revenir au mois de juin; malgré ce désir, on abandonna toutes les places, avec un fonds de cent cinquante-sept mille hommes. Notre cavalerie surtout était encore admirable. Je revins en France, au mois d'avril 1758, après avoir été témoin de tant de désastres, fruits de l'incapacité et de la négligence; car jamais le nombre ni la valeur des ennemis n'ont justifié nos revers.

XIV

SOMMAIRE.

1767. — Demande du grade de lieutenant général. — M. de Beauvau. — Souvenir de Prague. — Madame de Bassompierre. — La Maison et l'infanterie. — M. du Bois. — Conseil. — Une protectrice nécessaire. — La princesse de Bauvau. — Courtoisie de M. le maréchal de Biron. — 1771. — M. de Valfons reçoit le cordon rouge. — Le comte de Provence. — Remerciments au Roi et aux princes. — Félicitations. — Lettre de M. de Lavauguyon. — Lettre du cardinal de Bernis. — M. de Valfons, lieutenant général. — Lettre du ministre de la guerre.

En 1767, je priai le prince de Beauvau, capitaine des gardes, ami de M. de Choiseul, de demander pour moi le grade de lieutenant général, auquel j'avais droit par mon ancienneté.

Lors du siége de Prague, en 1742, j'étais colonel et lui simple volontaire : le désir de remplir son devoir, même en cette qualité, le détermina à faire une sortie la nuit avec deux compagnies de grenadiers, dans les rangs desquels il s'était mêlé. Faisant les fonctions d'aide-major général, j'étais chargé des sorties et pouvais, à ce titre, disposer des compagnies de grenadiers auxiliaires, qui restaient toujours au dépôt de l'attaque en cas d'événement. Ayant vu partir M. de Beauvau, je crus devoir protéger, sans lui en rien dire, son zèle et sa bonne volonté. Je le suivis avec deux autres compagnies de grenadiers et me mis sur le flanc des deux premières qui allaient en avant, pour qu'elles ne fussent point tournées ou coupées.

A peine étais-je posté, qu'après plusieurs décharges successives de part et d'autre, j'entendis dire : « M. de Beauvau est blessé. » Je pris un lieutenant et vingt grenadiers et, marchant au milieu du feu, je trouvai M. de Beauvau atteint d'un coup de fusil à la cuisse ; je le fis emporter sous ma tente, qui était dans les fossés de Prague, très-près de l'attaque ; je l'y fis panser avec soin et au jour je le ramenai chez lui.

Depuis ce moment-là je l'avais vu souvent et surtout à la retraite de Prague, où nous avions partagé plus d'une fois la même botte de paille pour prendre un moment de repos.

Je crus pouvoir, vingt-cinq ans après, lui rappeler une circonstance où je lui avais été aussi utile et lui donner un titre pour solliciter M. de Choiseul en ma faveur ; j'avais vu passer par faveur, à une promotion précédente, beaucoup de mes cadets qui sûrement n'avaient pas tous mieux servi que moi ; et voulant lui prouver la justice de la cause qu'il avait à plaider, je lui donnai à lire l'état de mes services. Il en fut aussi surpris que pénétré, fit une démarche auprès de M. de Choiseul et s'en tint là.

La plupart des courtisans militaires, parmi lesquels je classe M. de Beauvau, voudraient qu'à l'armée les officiers se sacrifiassent pour leur obtenir le grade de maréchal de France et qu'à la cour ils eussent pour eux toute sorte de considération et de respect, ne se croyant eux-mêmes nullement obligés de faire le moindre acte de reconnaissance, en faisant valoir les services dont ils ont été témoins et en signalant la justice qu'il y aurait à les récompenser. Ils comprennent bien mal leurs intérêts, et devraient savoir que quelques paroles dites à propos leur attachent souvent de braves militaires qui contribuent à leur fortune.

J'étais très-lié avec madame de Bassompierre, sœur de M. de Beauvau ; je la voyais fréquemment, nous convînmes qu'elle demanderait à son frère une audience dont elle me ferait avertir et que j'assisterais à une conversation qui l'intéressait d'autant plus que M. de Bassompierre, son mari, beau-frère de M. de Beauvau, était dans le même cas que moi. Je fus exact. M. de Beauvau commença la conversation en me demandant :

« Qui donc a passé devant vous?

— W..., L.... et tant d'autres.

— Mais est-ce que ceux-là n'ont pas très-bien servi? »

Ceci fut dit d'un ton ricaneur si déplacé, que je répondis :

« Je me flatte, monsieur, que vous ne croyez pas parler à l'aumônier de leur régiment; au surplus, voici ce qui m'est arrivé en Bohême avec W... Chargés chacun d'un détachement à une arrière-garde très-vive, celui qu'il commandait s'enfuit, il resta seul, et vint se réfugier auprès de moi où il apprit, pendant dix heures d'une marche harcelée de partout par les ennemis, comment l'exemple et la fermeté contiennent une troupe.

« Quant au second, exempt des gardes du Roi à Fontenoy, il entendit dire tant de bien de moi à tout le monde, qu'il crut que le témoignage d'un bon militaire pouvait lui être utile. Il vint chez moi, le soir de cette journée, pour me prier de parler à M. d'Argenson en sa faveur, afin d'avoir un régiment. Je lui dis que ma protection était d'un faible poids, mais que, comme camarades, nous nous devions témoignage les uns aux autres, et que je me ferais un vrai plaisir de dire au ministre que je lui avais vu remplir son devoir. Je le fis, et il eut le régiment. Il est vrai que depuis, honteux de son peu de reconnaissance, il ne m'en a plus reparlé.

« Voilà, monsieur, ce que je puis vous dire des concurrents qui m'ont été préférés. Quant à mes services, vous les connaissez. »

Il ne sut que me répondre, et demeura honteux. Sa sœur, qui m'avait écouté avec la plus grande attention, voyant son embarras, lui dit :

« Il vous bat positivement à terre.

— Non, madame, répondis-je, je ne l'y ai trouvé qu'une fois, c'était à Prague, et je l'ai secouru. »

Et, m'adressant à lui, j'ajoutai :

« Vous venez de contribuer à faire quatre lieutenants généraux chefs de brigade; ils l'ont sûrement bien mérité. Mais vous conviendrez qu'il est impossible de comparer la riche oisiveté de la Maison dont l'un d'eux faisait partie avec le pénible et dangereux métier de l'infanterie ; les uns combattent un quart d'heure tous les vingt ans à la tête d'une troupe sûre, choisie dans l'ordre de la noblesse, à la taille et à la force, montés sur des chevaux aussi beaux que bien dressés. Ce corps, par sa seule composition, doit écraser tout ce qui se présente.

« Nous, au contraire, nous menons à la tranchée et au combat de malheureux paysans souvent engagés malgré eux ou fuyant leur village, chassés par la misère, mal vêtus, mal nourris, à qui nul préjugé comme nulle récompense ne donne le désir de bien faire ; ce sont plutôt des victimes que l'on traîne que de braves gens qui vous suivent..

« Que notre tâche est pénible, la nuit surtout, pendant les siéges, où le danger se renouvelle à chaque instant et où, dans l'obscurité la plus profonde, on n'est souvent éclairé que par les embrasements de la poudre qui, en ouvrant une mine, fait disparaître le soldat le plus courageux et le théâtre même de sa valeur. Aussi est-ce dans les rangs de cette infanterie obscure et dévouée que l'on peut, presque au hasard, semer sans crainte les récompenses. »

Je le convainquis et ne le persuadai pas. Ce n'est pas une religion commune que le désir d'étayer les autres. Je finis par lui dire que, malgré son audace, il avait été étonné des dangers où je m'étais jeté, et que, puisqu'il l'oubliait, j'avais un avis à lui donner ; c'est qu'étant destiné, par sa naissance, son grade et sa valeur à commander nos armées, il y aurait peu de succès si on connaissait son indifférence pour ceux qui servaient bien.

Je sortis. Madame de Bassompierre, furieuse, me dit en remontant dans sa voiture :

« J'en suis fâché, monsieur, mais mon frère n'a de courage que devant les ennemis. »

J'allai chez M. du Bois, à qui je rendis compte de tout. Celui-ci, touché de mes droits comme de mes services, me dit avec bonté :

« Monsieur, je vais me dépouiller de la fausseté si nécessaire à ma place, car je suis forcé, par ma position, de donner du galbanum à l'univers et vous allez voir, par ma sincérité entièrement confiante en votre probité, combien je désire vous obliger : vos services, tout anciens et reconnus qu'ils sont, et les sollicitations aussi vives que justes n'y feront rien ; cherchez quelque femme amie du ministre qui ait des droits sur lui pour faire valoir les vôtres, et le succès confirmera mes conseils ; sans cet appui vous n'aurez rien. »

Je fus bien plus humilié pour la nation que pour moi d'une démarche aussi indécente et de me voir forcé d'aller porter l'état de mes services à une toilette, entre un pot de rouge et une boîte à mouches. Je cachai les cruels mouvements qui agitaient mon âme à l'idée des moyens auxquels il fallait recourir après vingt-six siéges et six grandes batailles. Je dissimulai mon indignation et ma surprise devant une exigence aussi déplorable, et, toute réflexion faite, je ne voulus pas être le don Quichotte de ma délicatesse. Il fallut se résoudre à s'humilier pour obtenir un grade mérité si différemment à la guerre.

Je crus que la princesse de Beauvau, amie intime de M. de Choiseul et de madame de Gramont, sa sœur, toute-puissante sur l'esprit du duc, pourrait être la femme indiquée par M. du Bois. Nous étions à Fontainebleau ; je lui demandai un rendez-vous et l'obtins. Elle voulut bien écouter avec patience l'analyse de mes services et me promit d'en parler fortement à M. de Choiseul. Deux jours après, madame de Châteaurenaud, pour qui le Roi avait conservé de l'amitié, même après la mort de madame de Pompadour, et qui se conduisait bien avec l'honnêteté et la décence d'une Montmorency, se chargea de réchauffer sur mon compte madame de Beauvau, qui soupait souvent avec elle chez le Roi ainsi que madame la maréchale de Mirepoix, mesdames de Flavacourt, de Gramont et de Choiseul.

Madame de Châteaurenaud parla avec force et intérêt ; M. de Choiseul n'ayant pas répondu comme je le désirais à ses premières sollicitations, toutes justes qu'elles fussent, se rejetant toujours sur ce que le nombre des prétendants et l'insistance des recommandations rendaient la promotion très-difficile à régler d'une façon convenable, madame de Beauvau promit de ne pas discontinuer ses bons offices et de saisir toutes les circonstances favorables. Malheureusement pour moi M. du Bois, tombé en apoplexie à Tours, fut envoyé aux eaux de Bourbonne pour s'y rétablir.

Je ne puis trop me louer des bontés de madame de Châteaurenaud, j'allais tous les jours chez elle, et jouais bien avant dans la nuit avec M. le maréchal de Biron, colonel des gardes, qui m'a toujours donné des préférences, mais qui, brouillé ouvertement avec M. de Choiseul, ne pouvait m'être utile à rien près de lui ; il savait et connaissait mes services ; j'étais près de lui lorsqu'il fut blessé à la sortie de Prague, qui était une vraie bataille par le nombre et la perte des combattants de part et d'autre. Aussi cherchait-il toutes les occasions, surtout en public, de me prouver son estime ; un jour de revue du Roi, escorté par nombre d'officiers de son régiment, il m'aperçut dans mon carrosse sur le chemin où je m'étais placé pour voir rentrer tout Paris ; il vint à ma portière avec cet air d'amitié qui lui allait si bien, et me demanda comment j'avais trouvé le régiment des gardes.

« Très-bien, monsieur le maréchal, et digne d'un chef tel que vous. »

Se tournant alors vers les officiers, il leur dit :

« Voilà le militaire qu'il faut consulter, et dont le suffrage est aussi sûr que précieux. »

Je fus très-flatté de cette caresse et d'une marque de distinction aussi grande.

J'allai le lendemain dîner chez M. de Biron, et lui témoignai la plus vive reconnaissance de ses bontés de la veille ; il me dit :

« Les bons militaires, en s'honorant publiquement, doivent montrer qu'ils s'apprécient et fixer par là les hommages ; je vous aime, vous estime et serai toujours heureux de vous le prouver en toute rencontre. »

Si les grands, à l'exemple de M. le maréchal de Biron, savaient combien de pareilles attentions bien placées augmentent l'émulation pour le service du Roi, ils en donneraient plus souvent le spectacle.

Le cordon rouge fut demandé pour moi à l'instigation et par l'amitié de M. le duc de Lavauguyon, gouverneur des Enfants de France, à monseigneur le comté de Provence, le lendemain du mariage de ce jeune prince avec Marie-Joséphine-Louise de Sardaigne, célébré le 18 mai 1771.

J'eus une audience particulière du prince dans son cabinet, où M. de Lavauguyon parla avec la fermeté et la dignité d'un gouverneur, en louant et énumérant mes services ; M. le comte de Provence prit deux mémoires que je lui présentai : un très-court pour lui et un pour le marquis de Monteynard, ministre de la guerre. Deux jours après, il apostilla celui du ministre de quatre lignes de sa main qu'il signa Louis-Stanislas, et l'envoya très-recommandé à M. de Monteynard qui, en venant prendre ses ordres, l'assura que sa demande pour moi était juste, et qu'il espérait la mettre avec succès sous les yeux du Roi. Le jeune prince l'en remercia et le pressa avec un très-grand intérêt, à ce que me répéta le ministre en sortant du cabinet. Depuis, M. le comte de Provence en a souvent parlé à M. de Monteynard, surtout à Fontainebleau, où ce ministre me dit qu'il se flattait de réussir, et que nous serions contents tous deux.

Le lundi 9 décembre M. de Monteynard, après avoir travaillé à Versailles avec le Roi, porta la feuille des cordons rouges à monseigneur le comte de Provence, pour lui montrer mon nom et l'effet de sa protection. M. le duc de Lavauguyon, qui était présent, me dit que ce jeune prince ayant remercié le ministre de la meilleure grâce, en lui disant :

« J'étais sûr de mon affaire, »

M. de Monteynard avait ajouté avec déférence :

« Monseigneur sait que toutes les fois que je saurai ses ordres, je les exécuterai avec plaisir.

— Oh! ce n'est pas pour cela, dit le comte de Provence, c'est qu'avec un ministre juste comme vous, on est sûr que le mérite sera toujours récompensé. »

Le mardi 10, j'avais envoyé prier à souper la comtesse de Beaumont, nièce de l'archevêque de Paris et dame de madame la comtesse de Provence ; elle me manda qu'elle était d'autant plus fâchée de ne pouvoir venir, qu'elle m'aurait félicité du cordon rouge que le Roi venait de me donner ; c'était le chevalier de Montazet, arrivant de Versailles, qui lui en avait dit la première nouvelle, encore fort douteuse même pour moi ; et le lendemain matin, à huit heures, le facteur de la poste me porta le paquet où était le cordon rouge et la lettre du ministre.

Le vendredi 13, à l'ordre, j'en fis mes remercîments au Roi ; M. le duc de Duras me nomma. Le samedi 14, M. de Lavauguyon, premier gentilhomme de la chambre, me mena encore chez M. le Dauphin, et lui fit en ma présence un éloge détaillé et très-marqué de mes services. M. le Dauphin, me regardant avec bonté, me dit :

« Je sais que c'est une grâce très-méritée. »

De là, je me rendis chez monseigneur le comte de Provence ; le marquis de Caumont me présenta. Ce prince me dit :

« Je le désirais autant que vous, j'en ai bien remercié M. de Monteynard. »

J'allai ensuite chez M. le comte d'Artois, qui me dit :

« J'en ai été si aise que j'en ai sauté, demandez-le à M. de Fougières. »

C'était le sous-gouverneur de ce prince.

J'allai remercier également M. de Monteynard, qui me dit, avant de me quitter :

« Vous devez être content, tout le monde m'a fait compliment à votre sujet. »

M. le duc de Lavauguyon, gouverneur des Enfants de France, eut la bonté de m'écrire la lettre suivante, toute de sa main :

« C'est à vos services brillants, monsieur, et à votre mérite que vous devez la grâce que le Roi vous a bien voulu accorder ; et c'est à moi à vous remercier de m'avoir procuré une occasion de vous donner des preuves du cas infini que je fais de l'honneur de votre amitié et des sentiments inviolables avec lesquels j'ai celui d'être, pour toute ma vie, monsieur, votre très-humble et très-obéissant serviteur.

« A Versailles, 18 décembre 1771.

« Le duc DE LAVAUGUYON. »

M. le cardinal de Bernis m'écrivit aussi de sa main :

« A Rome, ce 15 janvier 1772.

« Je vous fais, monsieur, mon compliment le plus sincère sur le cordon rouge que le Roi a accordé à vos services. Vous n'avez besoin que de vous-même pour votre avancement; mais je fais des vœux pour tout ce qui peut contribuer à votre bonheur. Vous connaissez l'attachement inviolable, monsieur, que je vous ai voué.

« Le cardinal DE BERNIS. »

J'ai reçu en outre dans cette circonstance tant de félicitations et de marques d'amitié, que j'en suis au regret de n'être bientôt plus à même de justifier l'estime qu'on me témoigne. Mais si mon temps est passé, laissant en oubli mes services, il me reste du moins la conscience d'avoir été utile et dévoué le plus que je l'ai pu et d'être inviolablement demeuré fidèle à mes attachements, leur sacrifiant toujours, sans nulle hésitation, mes intérêts particuliers [1].

---

1. M. le marquis de Valfons, vicomte de Sebourg, fut promu, en 1780, au grade de lieutenant général. Cette tardive récompense lui fut annoncée par la dépêche suivante du ministre de la guerre que nous trouvons parmi ses papiers :

« A Versailles, le 1er mars 1780.

« Le Roi ayant bien voulu, monsieur, vous accorder le grade de lieutenant général, j'ai l'honneur de vous en informer et d'être, avec un très-parfait attachement, monsieur, votre très-humble et très-obéissant serviteur.

« Le prince DE MONTBARREY. »

(*Note de l'Éditeur.*)

XV

FRAGMENTS.

Mademoiselle Morphise, maîtresse de Louis XV. — Ses deux mariages. —Autre maîtresse, devenue madame de Molanda (1757).—Le Parc aux Cerfs. — Funérailles de la Reine (1768).—Le dentiste du Dauphin. — La généalogie du gouverneur. — Equité du Dauphin. — Précocité des jeunes princes. — La part du lion. — Bonté du comte de Provence. — Le manuscrit de Jean de Coligny. — Le conseiller gris sur son siége. — La duchesse de Bourgogne et le cardinal de Polignac. — Intrigue de cour. — La croix de Saint-Louis. — Bal paré pour le mariage du comte d'Artois. — Maladie du Roi (1774). — Mort du Roi.

Mademoiselle Morphise, née à Saint-Germain, fut la première fille que le Roi prit après une conversation avec M. de Richelieu, à qui il avait demandé comment, à soixante-cinq ans qu'il avait, il se trouvait les mêmes désirs et la même force qu'à vingt-cinq.

« Sire, je change souvent d'objet, la nouveauté a son effet; la beauté n'est point une illusion, puisqu'elle crée la réalité. »

Madame de Pompadour, toujours maîtresse et souvent malade, ne fit point la jalouse, contente de posséder l'esprit et les bontés du Roi; elle feignit d'ignorer les nouveaux amusements de son maître, qui garda Morphise cinq ans et en eut plusieurs enfants. Il finit par la marier à M. d'Ayat, gentilhomme auvergnat, aide-major dans le régiment de Beauvoisis;

M. de Lugeac, qui en était colonel, le proposa au Roi pour ce mariage ; elle eut cent mille écus de dot et beaucoup de diamants qu'elle avait reçus auparavant. Le Roi, voulant être sûr qu'elle était heureuse, chargea M. d'Argenson, qui me l'a dit, d'être en correspondance avec l'intendant d'Auvergne ; celui-ci allait tous les mois chez madame d'Ayat prendre une de ses lettres, qu'il adressait à M. d'Argenson pour la montrer au Roi.

D'Ayat fut fait colonel et aide-major général de l'armée de Soubise : il fut tué à Rosbach. Dix ans après, un certain Le Normand, receveur des tailles de Riom, devint amoureux de madame d'Ayat ; elle écrivit au Roi pour demander la permission de l'épouser. Par une première complaisance, le Roi le permit : la lettre arrivée, le mariage se conclut et se consomma sur-le-champ ; mais le courrier suivant, le Roi, ayant réfléchi, fit écrire qu'on le suspendît : il n'était plus temps.

———

En 1757, M. de Molanda, gentilhomme du Lyonnais, enseigne de grenadiers au régiment des gardes, épousa une demoiselle que le Roi avait beaucoup aimée, qu'il avait comblée de présents [et dont il avait eu quatre enfants.] Ennuyée de la vie qu'elle menait dans une solitude constante, elle témoigna au Roi les scrupules que lui causait sa fausse position ; l'assurant que, malgré son amour extrême pour lui, elle était très-malheureuse par la crainte de l'avenir, et le suppliant de trouver bon qu'elle cessât un commerce trop funeste à son repos, quelque doux qu'il lui parût. Le Roi, toujours bon, consentit à sa retraite; elle s'était formée quarante-deux mille livres de rentes de l'argent reçu du Roi et placé à mesure en viager. Le Roi y ajouta cent mille écus d'argent comptant. Le duc de G*** trouva M. de Molanda, qui épousa la demoiselle et reçut un brevet de colonel dans les grenadiers de France.

Lebel, valet de chambre du Roi, était chargé du détail du Parc aux Cerfs. Il y a eu jusqu'à trois pensionnaires en même temps, qui ne se connaissaient point et ne communiquaient pas ensemble. Chacune avait sa petite maison, une femme de chambre, une cuisinière, un laquais et une espèce de gouvernante ayant soin de tout. On donnait pour la dépense deux mille francs par tête. Elles avaient une loge grillée à la comédie, où elles allaient à tour de rôle. Je les y ai vues souvent. Elles ne recevaient personne, mais on leur donnait tous les maîtres qu'elles pouvaient désirer.]

Le 2 juillet 1768 eut lieu le convoi de la Reine, composé d'environ vingt carrosses à huit et six chevaux revêtus de grands caparaçons noirs traînant jusqu'à terre, sur lesquels se trouvaient les armoiries du Roi et de la Reine en broderie. Tous les carrosses étaient rassemblés dans la cour Royale. Dans celle des Ministres, qui la précède et qui est immense, étaient quatre cents gardes françaises en haie; à droite, derrière eux, cinquante gendarmes à cheval; un peu plus bas cinquante mousquetaires gris, également à cheval; à gauche et vis-à-vis, trois cents gardes suisses; derrière eux cinquante chevau-légers, et un peu plus bas cinquante mousquetaires noirs. Un peuple innombrable remplissait tous les vides; toutes les fenêtres du château étaient occupées par des dames.

La marche fut ouverte par les pauvres vêtus de gris, portant des flambeaux, suivis de cent récollets et de deux cents prêtres. Le clergé bordait la haie depuis la grille Royale jusqu'à celle des Ministres. Ces grilles étaient entièrement tapissées de noir avec des écussons armoriés. Des huissiers à cheval précédaient cinq carrosses de deuil destinés aux écuyers. Pendant ce temps, la cour était éclairée par mille flambeaux et quatre globes de feu formés par les quatre troupes à cheval, dont chaque homme avait un gros flambeau à la main.

Les mousquetaires noirs, deux à deux avec leurs flambeaux, suivaient les cinq premiers carrosses, et successivement les mousquetaires gris et les chevau-légers. Vinrent ensuite les cinq carrosses du Roi, dont trois violets occupés par quatre dames du palais; le quatrième par mademoiselle d'Orléans, deux dames du palais et sa dame d'honneur; le cinquième, plus près du corps, par madame la comtesse de la Marche, mesdames de Noailles, de

Villars et la dame d'honneur de madame de la Marche ; tous les valets de pied portaient des flambeaux, et des écuyers à cheval les entouraient.

Le corbillard suivait. Il était immense et couvert de velours noir, avec de grandes croix d'étoffe d'argent et des armoiries dans les vides ; six prêtres, tous les valets de pied de la Reine ainsi que ses pages marchaient en avant. A droite se trouvaient douze pages de la grande écurie et le chevalier d'honneur, le comte de Saulx, à cheval ; à gauche douze pages de la petite écurie, le comte de Tessé, premier écuyer, à cheval, et derrière cent gardes du Roi. Cinq carrosses noirs venaient ensuite, et cinquante gendarmes fermaient la marche.

Tous les cavaliers avaient des crêpes à leur chapeau et de grands crêpes en bandoulière sur leur habit. Les tambours et timbales de la troupe ainsi que de la garde étaient couverts de crêpe. Le défilé fut terminé à neuf heures du soir et fut rendu à Saint-Denis à quatre heures du matin, après avoir passé par le bois de Boulogne. Le corps de la Reine y resta exposé pendant quarante jours. Toute la maison fut conservée et servit à la nouvelle Dauphine.

Capreron, dentiste du Roi, ayant limé une dent à M. le Dauphin, le pria à la fin de l'opération de vouloir bien demander pour lui le cordon de Saint-Michel. M. le Dauphin, riant et lui montrant une dent très-saine, lui dit :

« Capreron, ce serait pour trop peu de chose ; mais quand celle-là se gâtera, nous verrons. »

Il n'en eut que cette plaisanterie.

———

M. le Dauphin, étant très-jeune, avait une habitude dont on désirait fort le corriger : c'était de rester trop longtemps à la garde-robe. Un jour, M. Du Muy et M. de Polastron, ses sous-gouverneurs, perdirent leur crédit pour l'en tirer, quoiqu'on lui eut déjà dit plusieurs fois qu'on était trop malheureux d'être forcé d'obéir aux besoins de l'humanité pour s'y complaire et ne pas s'en éloigner aussitôt qu'on le pouvait. Rien n'y fit : les semonces étant inutiles, ils menacèrent M. le Dauphin d'aller chercher M. de Châtillon, son gouverneur :

« Tant mieux, dit-il, j'y resterai en sa présence autant qu'il me plaira. »

Une réponse aussi peu attendue les étonna beaucoup ; on courut en rendre compte à M. de Châtillon, qui était tout près. D'abord que M. le Dauphin le vit :

« Monsieur, dites-moi, que vous était Gaucher de Châtillon, dont je lisais hier les actions avec tant de plaisir ?

— C'était un de mes aïeux, monsieur. » Et puis, commençant sa généalogie, il en énuméra les grands hommes sans songer où il était. « Eh bien, messieurs, dit M. le Dauphin à ses sous-gouverneurs, je savais bien que je resterais ici tant qu'il me plairait. »

———

M. le Dauphin, fils du précédent, est plein de justice et de fermeté. Étant à la chasse avec ses frères, le cerf se jeta à l'eau; M. le comte d'Artois criait très-vivement de prendre le plus court; le cocher allait obéir en traversant un champ plein de grain : M. le Dauphin, se mettant à la portière, ordonna au cocher de prendre le plus long pour sauver le grain, ce qui fâcha beaucoup M. le comte d'Artois.

« Mon frère, lui dit M. le Dauphin, avez-vous de l'argent pour indemniser le maître du champ de la perte que nous lui causerions? Il ne faut point détruire ce qui est si cher à faire venir. »

M. le comte d'Artois, pénétré des raisons de son frère, leva les mains au ciel en disant :

« Que la France est heureuse d'avoir un prince aussi bon que juste ! »

J'ai entendu, l'année d'auparavant, une chose que je ne pourrais croire si je n'en avais été le témoin. Les princes vinrent au camp formé par les Suisses, près du village de la Croix; M. de C..., qui commandait, n'attendant le Roi qu'à quatre heures, n'y était pas encore rendu à trois, quand les princes passèrent devant la ligne sous les armes; on en fit apercevoir M. le Dauphin et le comte de Provence, qui dit assez haut pour que je l'entendisse :

« Quand nous serons grands, nous l'en ferons repentir. »

Le comte d'Artois, qui n'avait que neuf ans, ajouta très en colère :

« Pourquoi attendre, mes frères? Ce ne sont pas les années qui nous rendent grands, c'est notre naissance ; je lui dirai dès demain que c'est très-mal. »

En apprenant la géographie, le comte d'Artois demanda comment Louis XIV avait eu la Franche-Comté : « Par droit de conquête, » répondit son maître. Une heure après, étant à table, on donna une fort belle pêche à M. le Dauphin, qui, causant un moment avec le comte de Provence, la laissa sur son assiette ; le comte d'Artois, qui n'en avait point, la prit et mordit dedans, ce qui scandalisa beaucoup M. le Dauphin. Le sous-gouverneur lui dit :

« Monseigneur, cette pêche n'est point à vous.

— Pardonnez-moi, monsieur, elle est à moi par droit de conquête. »

J'allais souvent au dîner des princes ; on apporta dans la primeur un petit saladier de fraises des serres du Roi. Le plat fut confié à M. le Dauphin pour le partager ; ce que voyant le comte d'Artois :

« Mon frère, songez à la fable du lion ; il ne fut point approuvé quoique le plus fort. »

M. le Dauphin mit la plus grande égalité dans les portions, et de son assiette tomba sur la nappe une très-belle fraise dont s'empara très-lestement le comte d'Artois en disant :

« Hélas, voilà ce qui reste à ces pauvres cadets, c'est ce qui tombe et qu'ils peuvent ramasser. »

M. le comte de Provence veut plaire et y réussit très-bien ; me voyant un jour à son manége, il me demanda si je montais bien à cheval :

« Assez pour un homme de guerre, » lui répondis-je.

« Oh ! je le sais, et M. de Lavauguyon m'a dit que vous marchiez bien aux ennemis. »

Toute la famille royale répond bien à ce ton de bonté qu'on cherche à lui inspirer : madame de Marsan me procurait quelquefois l'honneur de jouer chez elle au piquet avec Madame, qui n'avait que huit ans. J'étais près de madame de Marsan ; elle me dit en regardant mes cartes :

« Vous avez bien vilain jeu.

— C'est trop juste, il est bon que Madame ait les beaux jeux, qui l'amuseront davantage.

— Non monsieur, répondit Madame, c'est ma partie que vous faites, et je dois souhaiter que vous vous amusiez. »

Le 24 août 1768, étant chez madame de Châteaurenaud, madame la marquise de Nesle, fille du comte d'Hautefort, aussi jolie de figure qu'aimable d'esprit et de caractère, disait avoir en sa possession un manuscrit fort singulier et très-curieux de Jean de Coligny, de la maison de Châtillon, écrit sur les marges d'un gros Évangile et commençant par ces mots :

« Comme ainsi soit qu'un gros volume se perd moins que des feuilles volantes, j'ai choisi celui-ci pour écrire tout ce qui m'est arrivé et m'arrivera de personnel. »

Il y a son mariage, la naissance de ses enfants, les anecdotes de la cour qui le regardent, ses campagnes, etc.

M. le duc de Béthune, qui était aussi à cette conversation, dit avoir en original plus de trois cents lettres de la main de Henri IV sur les affaires d'État et les finances, et environ une douzaine dictées par l'amitié qu'il avait pour son ministre. J'en ai lu cinquante du même Roi que M. d'Argenson a léguées à sa mort à M. le président Hénault, son ami; une surtout, qui m'a le plus frappé, était adressée à Gabrielle d'Estrées pour lui reprocher son peu de désir de se rapprocher de lui. J'en ai retenu cette phrase :

« Vous craignez les mauvais chemins; vous dites qu'ils sont pleins de voleurs, qu'il n'y a nulle sûreté; vous ne faites pas toutes ces réflexions, et vos craintes se dissipent quand il faut aller voir Bellegarde; il est vrai qu'il est plus jeune et plus beau que moi; mais il n'est pas Roi et vous aime moins. »

Le roi de Danemark Christian VII arriva à Paris au mois d'octobre 1768. Il logea à l'hôtel d'York, rue Jacob. Il alla aux différents spectacles incognito dans de petites loges.

Le Roi le reçut à Fontainebleau dans son cabinet, et s'avança jusqu'à la porte intérieurement : on avait un peu reculé le grand bureau du conseil; en avant il y avait deux fauteuils à hauteur égale. Le Roi lui présenta celui de la droite. Le roi de Danemark ne s'assit point, et après quelques phrases se retira; le Roi l'accompagna jusqu'à la porte.

Le soir, il le fit souper avec lui dans ses cabinets, lui donna un fauteuil à sa droite, et mit à la droite du roi de Danemark madame la maréchale de Mirepoix, Beauvau en son nom, mesdames de Châteaurenaud, de Gramont, de Choiseul et de Flavacourt. Il y eut cinquante-quatre hommes nommés pour souper.

Le lendemain il fut voir M. le Dauphin; les comtes de Provence et d'Artois y étaient; il y avait quatre fauteuils; M. le Dauphin lui donna celui de sa droite.

Les Rois ni les Fils de France ne rendent pas de visite. Le Roi passa simplement en habit de chasse chez le roi de Danemark, qui l'accompagna jusqu'au palier de l'escalier, qu'il voulait descendre, mais le Roi l'en empêcha. Il fut voir Madame Adélaïde, chez qui mesdames Victoire, Sophie et Louise s'étaient rendues. Madame s'avança un peu pour le recevoir et l'accompagna deux ou trois pas dans sa chambre. Le soir il soupa avec le Roi dans ses cabinets; il n'y eut que Mesdames et les seuls princes du sang, M. le duc d'Orléans, le prince de Condé, et le comte de la Marche. Les autres dames qui soupaient ordinairement avec le Roi soupèrent à une seconde table avec les dames de Mesdames et quelques hommes; le Roi vint les voir.

Pendant le premier souper le Roi avait dit au roi de Danemark :

« J'ai fait de grandes pertes : mon fils le Dauphin, sa femme, la Reine, mes filles aînées; je vieillis, et par mon âge, je serais le père de la moitié de mes sujets; par mon affection, je le suis de tous. »

Le Roi l'appela souvent Majesté; personne ne se servit devant le Roi de France, en parlant à celui de Danemark, du mot de Sire ; on ne dit jamais que : Votre Majesté. Le Roi à la chasse lui disait quelquefois : Mon frère.

Il a envoyé à toutes les dames de la cour qui ont été le voir à son appartement des billets conçus dans ces termes :

« Sa Majesté Danoise est venue pour remercier madame (nom et qualités) de l'attention qu'elle a eue de passer chez elle.»

Sa Majesté Danoise alla voir en personne mesdames de Brionne, de Choiseul, de Gramont, de Beauvau, de Tengry.

M. le prince de Tengry, capitaine des gardes de quartier, lui présenta tous les chefs de brigade et les exempts de quartier; le roi de Danemark lui dit :

« Je serais fort aise de connaître chacun de ces messieurs en particulier ; je vous prie de me les nommer. »

Il eut une indisposition chez M. le duc de Villars, qui lui donnait une fête ; après avoir vu jouer mademoiselle Clairon, il fut forcé de se retirer avant la fin du spectacle.

Le jeudi au soir, 17, il soupa chez lui avec mesdames de Villeroy, de Duras et de La Vallière.

Le roi de Danemark est âgé de dix-neuf ans ; il a cinq pieds et quelques lignes, blond, les yeux bleus et grands, le nez arqué, la bouche petite, le teint très-blanc, point de couleurs. Il arriva à Fontainebleau pour la seconde fois, le 2 novembre, avec MM. le comte de Olchk, son favori, de Molk, grand maréchal, et Bernstorf, ministre des affaires étrangères. M. le prince de Condé lui donna à souper avec seize dames, dont mesdames de Brionne et de Gramont, M. le duc d'Orléans, le comte de la Marche et quinze hommes à la petite table.

Le 3, jour de Saint-Hubert, il fut à la chasse et partit dans un carrosse, avant le Roi, pour aller au rendez-vous à la Croix de Toulouse. Au retour il assista à la comédie : on donna l'acte d'*Érosine*, le *Devin de Village* et un ballet ; puis il soupa avec le Roi.

Le 4, je lui fus présenté par M. de Duras, chargé d'être auprès de sa personne ; le soir, comédie, *Tom Jones* et le *Tonnelier*, souper chez le duc d'Orléans et bal ; il y avait trente-neuf femmes en tout à la première table : le roi de Danemark avait à sa gauche M. le duc d'Orléans, à sa droite la duchesse de Choiseul, puis vingt autres femmes; MM. de Molk, de Olchk, de Bernstorf et de Choiseul. A la seconde table, tenue par M. le duc de Chartres, était la duchesse de Gramont, neuf autres femmes et beaucoup d'hommes. A la troisième table, tenue par M. et madame de Pons, neuf femmes et beaucoup d'hommes; il y avait ensuite bon nombre de petites tables.

Après souper, le roi de Danemark ouvrit le bal par une contredanse à huit; il prit madame d'Egmont. Il y avait vingt danseuses très-parées en diamants; il dansa avec toutes, entre autres mesdames de Mazarin, de Duras, de Chimay, de Belzunce, de Mellet. Le roi se retira à trois heures du matin.

Le samedi, le Roi lui dit qu'il ne pouvait lui donner à souper qu'en maigre; le roi de Danemark répondit que le jeûne le plus sévère, près de Sa Majesté, serait préféré au meilleur souper gras.

Il partit de Fontainebleau le dimanche 6 novembre; il fit remettre quatre-vingt louis à la livrée du Roi, et des boîtes d'or à MM. de la Source et Brusseaux, deux intendants des menus, de Fontanieux, chef du garde-meuble, et d'Alinville, maréchal des logis de la Maison; il donna une montre d'or à répétition à chacun des deux pages du Roi attachés à sa personne. Il alla voir le pavillon de M. Bouret à Croix-Fontaine, de là dîner au Coudray, chez M. de Lugeac, et coucher à Paris.

Le lundi 7, il fut chez madame de Mazarin, à

Chilly; le 8, chez madame de Villeroy, à Paris.

Le Roi lui a fait présent de la belle tapisserie des Gobelins dont le sujet est l'histoire d'Esther, en sept pièces, et a commandé un service à la manufacture de Sèvres aux armes de Danemark; sa livrée était rouge doublée de jaune, ornée de grands galons d'argent. Il logeait à Fontainebleau dans l'appartement de Madame la Dauphine.

Sur le chemin de Chilly il trouva une foule de bourgeois et de peuple rassemblés, criant : Vive le roi! Il fit arrêter sa voiture et leur dit :

« Soyez contents, je viens de voir le Roi, il se porte très-bien. »

Au mois d'octobre 1768, les chambres étant assemblées pour l'affaire du frère Boitin, religieux de Sainte-Geneviève, curé de Saint-Étienne du Mont, qui avait refusé les sacrements à M. Coistin, les différents avis se prolongèrent jusqu'à deux heures. Messieurs se séparèrent pour aller dîner, et remirent la séance à quatre heures après midi.

M. le May, conseiller de la grand'chambre, accoutumé à boire beaucoup de vin, avait doublé la dose, et ayant pris séance, s'assoupissait à sa place, tandis que ses confrères débattaient les moyens. On le réveilla pour prendre sa voix, et son voisin lui analysa ce qu'il n'avait pu entendre.. M. le May s'échauffant et criant à tue-tête, apostropha le frère Boitin des épithètes les plus fortes et le plus militairement dites :

« Comment, sacré..... comment ce b....., etc., refuser les sacrements à un sujet du Roi ! Non, messieurs, le parlement ne le souffrira pas. »

Le premier président de Maupeou se servit de tout son esprit pour faire un bon conte de cela au Roi, qui le mena tout de suite chez madame de Pompadour, où il le lui fit répéter.

Madame la duchesse de Bourgogne, aimée du cardinal de Polignac, l'avait écouté avec plaisir. M. le duc de Bourgogne, trouvant les conversations trop fréquentes, en devint inquiet au point qu'il s'en plaignit à sa femme, qui était alors très-malade ; elle se servit d'un expédient qui lui réussit et dont elle profita après sa guérison, ce fut d'ordonner au cardinal de faire son oraison funèbre. Cela attendrit M. le duc de Bourgogne et éloigna de lui toute idée. C'est le comte de Fleury qui l'a raconté à M. de Maupeou, de qui je le tiens.

Le 1ᵉʳ juillet 1772, je remerciai M. le marquis de Monteynard de la croix de Saint-Louis accordée à mon neveu, le marquis de Valfons. L'ordre fut expédié à Nimes à M. de Pierrelevée, chargé de la réception ; j'envoyai à mon neveu une très-jolie croix faite à Malte et que m'avait donnée madame la comtesse d'Argenson. Madame de Sebourg y joignit un très-beau ruban fait exprès, et madame de Tallart un superbe nœud d'épée.

BAL PARÉ DU VENDREDI 17 NOVEMBRE 1773,

POUR LE MARIAGE DE M. LE COMTE D'ARTOIS AVEC MARIE-THÉRÈSE DE SAVOIE,

à six heures du soir.

Madame la Dauphine, incommodée, était avec madame Elisabeth dans une loge à droite sur le théâtre.

Les dames d'honneur et officiers.   M. de Bouillon, capit. des gardes.   Les honneurs et atours.
Duchesse de Bourbon, madame Victoire, comte d'Artois, comte de Provence, M. le Dauphin.

LE ROI.

Comtesse de Provence, comtesse d'Artois, Madame, madame Sophie, comtesse de Bourbon, madame de Lamballe.

NEUF MENUETS.

M. le Dauphin. — Comtesse de Provence.
Comte de Provence. — Comtesse d'Artois.
Comte d'Artois. — Madame.
Duc de Bourbon. — Duchesse de Bourbon.
Duc de Liancourt. — Princesse de Lamballe.
Comte de Belsunce. — Mademoiselle de Bourbon.
M. d'Apchon, le fils. — Comtesse de Durtal.
M. de Lusignan. — Duchesse de Lauzun.
Duc de Mortemart. — Vicomtesse d'Hautefort.

Quatre contredanses à huit.

Le Roi décida et signa que les maisons de Lorraine, Bouillon et Rohan n'auraient point de prérogative sur la noblesse et ne danseraient pas devant elle.

FOND DU THÉÂTRE, VIS-A-VIS DU ROI.

PRINCES DU SANG.

Duc d'Orléans, duc de Chartres, prince de Condé, comte de la Marche, duc de Penthièvre.

Deuxième banc : duc de Biron et autres courtisans.

Plusieurs banquettes. — Courtisans présentés.

Le marquis de Valfons de Sebourg et quelques généraux.

ORCHESTRE : 120 INSTRUMENTS.

Amphithéâtre pour les dames de Paris.

Loges dans le fond pleines de femmes de Paris.

Left margin: Trois loges. — Dames de Paris. Femmes de Paris. Quatrième banc. — Dames de la cour. Troisième banc. — Dames de la cour. Deuxième banc. — Dames de Mme la Dauphine. Premier banc. — Danseuses et danseurs. Ministres.

Right margin: Trois grandes loges pour les dames de Paris. Gradins, dames de Paris. Quatrième banc. — Dames de la cour. Troisième banc. — Dames de la cour. Deuxième banc. — Dames de la cour. Premier banc. — Danseuses et danseurs. Mme Du Barry.

Le vendredi 29 avril 1774, le Roi étant à Trianon, se sentit, à sept heures du matin, des maux de tête et des envies de vomir. Vers midi, cela reprit. Il voulut partir, on s'y opposa. Enfin, à six heures du soir, il arriva à Versailles, n'ayant mis que trois minutes de Trianon; il fut saigné deux fois, prit de l'émétique, et la petite vérole parut entre onze heures et minuit.

Le 1er et le 2 mai la maladie fit des progrès. Le 3, à minuit, madame Du Barry vit le Roi. Le 4, M. d'Aiguillon prit les ordres de Sa Majesté pendant dix minutes, et de là fut causer une demi-heure avec Madame Adélaïde; il revint ensuite un instant chez le Roi, et monta à midi chez madame Du Barry avec M. de Richelieu. Madame Du Barry partit à trois heures et demie du soir pour Rueil, château de M. d'Aiguillon, avec madame d'Aiguillon, la vicomtesse Du Barry et mademoiselle Du Barry.

Le 5, M. le duc d'Orléans écrivit qu'à quatre heures les boutons s'étaient aplatis et que la suppuration n'allait plus. A six heures, on donna au Roi du vin d'Alicante qui rétablit la suppuration. M. l'archevêque de Paris était entré dans la chambre du Roi, qui avait dit uniquement : « Ah ! voilà M. l'archevêque. » L'abbé Mandoux, confesseur, entra à huit heures du soir dans le cabinet, et en sortit à dix, sans avoir vu le Roi. On le renvoya chercher à minuit; il resta dans le cabinet jusqu'à sept heures du matin, mais il ne vit pas encore le Roi.

Le 6, M. l'archevêque se présenta deux fois, on

lui dit qu'il entrerait avec tout le monde à neuf heures du soir, heure de l'ordre que le Roi a toujours donné.

Le 7, le Roi a demandé de lui-même son confesseur. A trois heures du matin il avait eu trois faiblesses ; il s'est confessé, a demandé le cardinal de la Roche-Aymon, grand aumônier, et lui a donné l'ordre pour être administré à sept heures du matin, ce qui a été exécuté. On assure que, la cérémonie terminée, il a dit : « Enfin me voilà content. »

Le 8, le Roi a été très-mal, la nature ne s'est point aidée ; ce n'est qu'à force de cordiaux qu'il a existé.

Le 9, le Roi, conservant toujours sa tête, a été très-assoupi, et si mal, qu'il a reçu l'extrême-onction entre onze heures et minuit.

Le 10, le Roi avait encore parlé à midi, et avait dit à M. de la Vrillière de lui tâter le pouls, qui a été trouvé moins fort ; le Roi a dit : « Il n'y a plus de ressource. »

Il est mort à deux heures cinquante-deux minutes après midi, ayant poussé deux hoquets.

Vers quatre heures et demie du soir, M. le duc de Bouillon, grand chambellan, sortant de la chambre du Roi, s'est avancé jusqu'à la barrière qui séparait l'Œil-de-bœuf en deux et a dit : « Messieurs, le Roi est mort. » L'huissier de la chambre a ajouté : « Passez, messieurs, » et a fait sortir tout le monde.

Les ambassadeurs ont dîné chez M. d'Aiguillon,

où était madame d'Aiguillon, revenue de Rueil, et qui n'a cessé de verser des larmes.

M. le Dauphin, devenu Roi, Madame la Dauphine, M. le comte et madame la comtesse de Provence, M. le comte et madame la comtesse d'Artois, étant descendus pour monter en carrosse, les cours pleines de monde, une voix a crié : « Vive le Roi! » Ce cri a été répété par le peuple avec transport ; toute la famille royale attendrie a versé des larmes, et est partie le 10, à cinq heures du soir, pour Choisy. Mesdames Adélaïde, Victoire, Sophie, ont suivi et logent au petit château. Madame et Madame Élisabeth, sœur du Roi, sont à Bellevue.

M. le Dauphin a donné l'ordre avant de partir.

―――――

Le 12 mai 1774, jour de l'Ascension, le corps du feu Roi Louis XV a été transporté, en passant par le bois de Boulogne et la porte Maillot, pour aller à Saint-Denis, à dix heures du soir, dans un grand carrosse à douze places, suivi d'un seul autre carrosse, tous les deux de couleur et point noirs, escortés de cinquante gardes du corps et de beaucoup de pages, en tout trois cents personnes à cheval avec des flambeaux, et allant au grand trot.

Le même jour, madame la comtesse Du Barry est partie du château de Rueil à dix heures du matin, par lettre de cachet, avec deux seules femmes de chambre, pour aller au couvent de Pont-aux-Dames, à dix lieues de Paris, près de Meaux. L'abbesse, madame de Fontenille, a reçu l'ordre de ne la laisser parler à personne, surtout de sa famille. Madame la vicomtesse Du Barry-Tournon et sa belle-sœur, mademoiselle Du Barry-Chon, ne l'ont point suivie.

La fortune actuelle de madame Du Barry consiste en quatre-vingt-quinze mille livres de rentes viagères, quarante mille livres de rentes en contrat à 4 p. 100, les boutiques de Nantes, valant vingt mille francs par an, et trois millions de diamants ou mobilier, sur quoi on dit qu'elle doit douze cent mille francs.

Le 11, le Roi a accordé les grandes entrées à ses menins et leurs appointements : ce sont MM. de Lavauguyon, de Damas, de Montmorin, de Bourbon-Busset, de la Roche-Aymon, de Beaumont, de Choiseul, Quintin, prince de Montmorency, de Belsunce, de Pons.

Le mercredi 18, le Roi quitta Choisy à cause de la petite vérole de Mesdames Adélaïde et Sophie, et vint à la Muette avec la Reine, Monsieur, Madame, M. le comte et madame la comtesse d'Artois.

———

Les lettres de cachet de M. de Praslin et du duc de Choiseul ont été levées le 10 juin.

Madame la duchesse de Praslin parut à la Muette, où était la cour. La Reine l'accueillit et la caressa beaucoup. M. le duc de Praslin ne put y aller à cause de la goutte. M. de Beauvau annonça par un courrier à M. le duc de Choiseul qu'il pouvait revenir, et il arriva à Paris le 12. Le 13 au matin il fut à la Muette au lever du Roi, qui lui dit qu'il paraissait avoir perdu de ses cheveux.

Monsieur, frère du Roi, le reçut très-sérieusement, M. le comte d'Artois beaucoup mieux, et la Reine très-bien. Toutes ses amies l'accueillirent à merveille : mesdames de Chaulnes, de Fitz-James, de Brionne, de Guémenée, de Beauvau, tout le Palais-Royal et bien d'autres. Il repartit le 14 juin 1774, à huit heures du matin, pour Chanteloup.

Le 20 juillet, M. de Boine a reçu l'ordre du Roi, par M. le duc de la Vrillière, de remettre sa démission de secrétaire d'État de la marine. M. de Turgot, intendant de Limoges, a été nommé à sa place.

Le même jour, MM. les ducs d'Orléans et de Chartres ont reçu ordre du Roi de ne pas paraître à la cour, pour s'être dédits de la promesse qu'ils avaient faite d'aller le 27 juillet, à Saint-Denis, au catafalque avec le nouveau parlement.

XVI

FRAGMENTS.

1775. L'archiduc Maximilien à Paris. — Mort du chancelier de Maupeou. — Entrée du comte d'Artois à Paris. — Distribution des loges de l'Opéra. — 1777. Séjour de l'empereur Joseph II en France. — 1778. Déclaration *in extremis* de Voltaire. — 1779. Cérémonie de l'ordre de Saint-Louis, à Versailles. — Duel du prince de Condé et du marquis d'Agout, capitaine de ses gardes. — 1780. Renvoi de M. de Sartines. — Démission de M. de Montbarrey. — Révérences à la cour à l'occasion de la mort de l'Impératrice, mère de la Reine. — 1781. Duel du comte d'Artois et du duc de Bourbon. — Bal pour le grand-duc et la grande-duchesse de Russie. — Disposition de la salle. — Opinion de M. de Roquépine sur le soldat français. — Les Ségur et les Montmorency. — M. d'Apchon et M. d'Ecqueyilly. — Il vaut mieux élever des chiens que des princes. — 1784. Bal paré à Versailles pour le roi de Suède. — 1785. Mort du duc de Choiseul. — Détails et anecdotes à son sujet. — Correspondances saisies. — Souvenirs de la cour de Russie. — Monfalcon d'Adhémar. — Madame de Marsan. — Les chevaux et les enfants. — 1786. Le ministre de la guerre. — La duchesse de Bourgogne, issue de Mathurin Gaillard, meunier à Blois. — L'hôtel des mousquetaires gris. — Les Loménie et les Jumilhac. — Produit des fermes générales. — Toilettes des femmes.

Au mois de février 1775, l'archiduc Maximilien, âgé de dix-neuf ans et frère cadet de la Reine, arriva à Paris sous le nom de comte de Burgau ; il n'alla point rendre une première visite aux princes du sang, qui, tous assemblés, délibérèrent et décidèrent qu'ils n'iraient point le voir les premiers, se fondant sur un très-ancien usage et sur l'exemple du grand Condé, brouillé avec la France et retiré à Bruxelles, où l'archiduc, frère de l'empereur, commandant ses armées et gouverneur des Pays-Bas, alla lui rendre la première visite et lui donna toujours la main.

Cet arrangement déplut beaucoup à la Reine Antoinette; mais nos princes ne changèrent point de système, et l'archiduc partit le 2 mars sans les avoir vus. Monsieur, frère du Roi, lui donna une très-belle fête à Versailles dans le manége, où les princes du sang ne furent point invités.

M. le duc de Cossé, nouvellement gouverneur de Paris par la démission de son père, le maréchal de Brissac, lui donna aussi une fête le 25 février; j'y fus invité par billet; toute la cour y assistait en femmes et en hommes; les danseurs étaient habillés à la Henri IV. La Reine y vint avec Madame et l'archiduc; elle y resta jusqu'à six heures du matin; tout se passa à merveille; Monsieur et M. le comte d'Artois y étaient.

Madame la duchesse de Cossé, dame d'atours de la Reine et fille du duc de Nivernais, fit très-bien les honneurs; elle fut obligée d'aller chez les princesses du sang, qu'elle avait invitées, pour leur dire que la Reine ne viendrait pas si elles y allaient; mesdames les duchesses de Chartres et de Bourbon, même madame de Lamballe, n'y vinrent pas, ni aucun des princes du sang.

M. le chancelier de Maupeou père, mon respectable ami, est mort le 4 mars 1775, à neuf heures du matin : il avait quatre-vingt-huit ans. Ses derniers moments ont été ceux d'un grand homme et d'un sage ; il a rempli avec fermeté tous les derniers devoirs, s'étant préparé pendant un mois. Tout a été prévu et écrit par lui-même, jusqu'à la cérémonie de son enterrement ; il me serrait encore la main quand sa voix s'éteignit.

L'homme de bien mourant a je ne sais quoi d'imposant et d'auguste : il semble qu'à mesure qu'il se détache de la terre il prend quelque chose de cette nature divine et inconnue qu'il va revêtir.

———

Le 7 mars 1775, M. le comte d'Artois, âgé de dix-huit ans, fit son entrée dans Paris ; il alla à Notre-Dame, à Sainte-Geneviève, dîna aux Tuileries avec soixante hommes de la cour qu'on avait invités, et vint à l'opéra d'*Iphigénie* du chevalier Gluck.

DISPOSITION DE LA SALLE DE L'OPÉRA.

THÉATRE.

Gardes.   Gardes d'Artois.

Balcon, côté du Roi, occupé par :

Le chevalier de la Roche-Aymon, Saint-Hermine, gentilshommes d'honneur.
De Thiange, maître de la garde-robe.
Comte de Maillé, gouverneur de la chambre.
Le maréchal de Soubise.
Le maréchal de Biron.

Au second banc :

MM. les gentilshommes d'honneur.
M. le duc de la Vrillière, près de la loge.

Loge du Roi, avec un dais et un tapis :

Au-dessous de la loge, une barrière. Dans le parterre, six Cent-Suisses, formant un cercle, et deux officiers.

M. le comte d'Artois seul dans un fauteuil. — Derrière : le chevalier de Crussol, capitaine de ses gardes. — A sa droite : M. de Bourbon-Busset, 1er gentilhomme de la chambre ; le chevalier de Monteil, capitaines des Cent-Suisses. — A sa gauche : M. de Polignac, 1er écuyer ; derrière, M. de Tourdonnet, 1er maître de la garde-robe.

Seconde loge, à côté de M. le comte d'Artois :

Duc d'Uzès.
Marquis de Brancas.   } Derrière, des pages
Comte de Rochechouart. } et écuyers.

Troisième loge :

M. de Nicolaï.
Prince de Monaco.   } Derrière, d'autres
Maréchal de Broglie. } jeunes gens de la cour.
Comte Jules de Polignac.

Quatrième loge :

M. de Guémenée.
De Durfort.
De Chimay.   } Et autres, derrière.
De Besenval.

Cinquième loge :

Les officiers aux gardes suisses et françaises de garde à l'Opéra.

Sixième loge :

L'état-major suisse et français.

Le Prince salua trois fois en arrivant et en sortant et fut très-applaudi. Le 15, il vint à la Comédie française dans le même ordre : on jouait *Tancrède*.

Comme il était fort question de la suppression des mousquetaires, M. le comte de la Chèze, lieutenant général commandant les mousquetaires gris, me montra une lettre de la main de M. le comte de Saint-Germain, ministre de la guerre, datée de Versailles, le 29 novembre, par laquelle il le remercie de vouloir bien recevoir dans sa compagnie son neveu de Sainte-Marie, espérant qu'il se rendra digne de ses bontés en remplissant ses devoirs dans une troupe aussi respectable et aussi digne de la protection du Roi. M. de la Chèze, trompé par cette lettre, suspendit ses sollicitations, et la troupe fut supprimée le 15 décembre.

Si M. de Mont-Boissier, qui commandait les mousquetaires noirs, avait secondé M. de la Chèze, on aurait conservé cinquante mousquetaires par troupe, comme on fit des gendarmes et chevau-légers; mais il voulait le cordon bleu promis par M. de Malesherbes, alors ministre de la Maison ; il sacrifia sa troupe à ses désirs, non-seulement en ne faisant aucune démarche pour aider M. de la Chèze, mais en le contrecarrant, ce qui perdit les deux troupes. Il en est resté cinquante mille francs par an de traitement à M. de la Chèze. M. de Jumilhac, son prédécesseur, eut, en se retirant, outre un gouvernement, un traitement considérable en argent, et emporta encore cent mille écus d'argent comptant, dont quatre-vingt mille de M. de la Chèze. C'est lui qui m'a donné tous ces détails le 13 avril 1783.

L'empereur Joseph II, âgé de 36 ans, est arrivé à Strasbourg le 9 avril 1777, à cinq heures du soir, sous le nom de comte de Falkenstein, qui est le seul fief de l'empire qui lui appartienne ; il est descendu au cabaret du Corbeau chez le nommé Tech, où en 1740 j'avais vu le Roi de Prusse. Un officier du génie de ses troupes avait préparé son logement. Sa Majesté était accompagnée de MM. de Cobentzel et de Colloredo, avec une suite peu nombreuse.

Le 10, l'empereur est monté à cheval pour faire le tour de la ville et de la citadelle par les dehors. Il a vu les arsenaux, la fonderie, et s'est rendu à la comédie après avoir dîné à son cabaret. C'est M. le marquis de Vogué qui l'a reçu. Il a vu défiler la parade, où se trouvait toute la garnison, n'a voulu aucune espèce d'honneurs militaires et n'a reçu de visite que celle de quelques officiers généraux employés à Strasbourg

Il est parti le vendredi 11, à dix heures du matin, pour aller souper à Nancy chez la princesse Esterhazy. Il logea à Versailles chez le nommé Tauchel, baigneur, rue du Vieux-Versailles, ne voulant pas coucher au château, où on lui préparait un cabinet pour qu'il pût causer avec la Reine. A Paris, il logea à l'hôtel de Tréville, rue de Tournon, près le Luxembourg, et rendit la visite à tous ceux et celles qui étaient venus se faire inscrire. Il leur fit remettre des billets sous le nom de comte de Falkenstein.

Il vit le 5 mai à Versailles l'opéra de *Castor et Pollux*. Toute la cour y assistait. Le Roi alla dans sa loge, au-dessus de l'amphithéâtre ; l'empereur se tenait derrière lui, toujours incognito ; la Reine y était. Le 6, il vit la revue des gardes françaises et suisses. Il était dans la foule des courtisans, derrière le Roi, en uniforme vert avec des parements et revers rouges.

Il alla voir également l'abbé de l'Épée, qui instruit les sourds-muets, puis les dépôts des gardes françaises, les Invalides, le jardin du Roi, etc.

Le 8, la Reine lui apprit très-gaiement que madame Élisabeth était grande fille ; il lui répondit qu'il vaudrait bien mieux que le Roi fût grand garçon.

Il refusa aux Quatre-Nations d'écouter la harangue d'un petit pensionnaire, et après avoir vu la bibliothèque, il aperçut en sortant un écolier tout en larmes ; il demanda ce qu'il avait ; on lui répondit : C'est le désespoir de n'avoir pas débité sa harangue. Il l'écouta alors avec bonté, lui demanda sa classe et sa place :

« Je suis empereur, dit l'enfant.

— Vous êtes donc mon camarade, car je suis empereur aussi. »

Le 18, jour de la Pentecôte, il vit la cérémonie des cordons bleus dans la chapelle, de la troisième travée à droite, avec madame la comtesse de Bucquoy et mesdames les princesses de Beauvau et de Poix. Le soir du même jour il vint au grand couvert; il était à la droite du fauteuil du Roi, debout comme un simple courtisan. Il causa un instant avec le Roi sur la cérémonie du jour, puis il se retira un peu, parla musique et peinture avec M. le duc de Croy et M. Baudouin, capitaine aux gardes, qui a un très-beau cabinet de tableaux.

Il causa aussi avec M. de Senlis, premier aumônier, et M. le maréchal de Broglie; j'étais entre ces deux derniers, très à portée de le voir et de l'entendre. Il a cinq pieds trois pouces, les cheveux blonds, le visage un peu long, le nez aquilin, la bouche jolie, les dents belles, le sourire très-agréable, aimant à parler, sachant tout, s'exprimant très-bien et avec gaieté.

Quelqu'un le félicitant de son affabilité, il répondit :

« Dieu m'a fait naître gentilhomme ; je fais le prince le moins que je peux. »

Cependant il prend quelquefois le ton et cette contenance de maître qui remettent chacun à sa place.

Il avait été, la veille de la Pentecôte, causer deux heures chez Mesdames, qui avaient envoyé d'avance chercher l'évêque de Senlis pour être de la conversation.

Il eut également un entretien avec M. Necker, qui lui dit :

« Voici la France : vingt-quatre millions d'âmes, deux milliards huit cent millions d'argent, une grande industrie et de grands moyens toujours bien employés ; il ne faut pas que le Roi veuille faire la guerre, mais qu'il ait toujours cent mille hommes prêts à marcher, trente vaisseaux à Brest et autant à Toulon. »

L'empereur est bien convaincu de la puissance de ce royaume, dont il trouve les habitants très-aimables, très-affectueux, et rendant toujours hommage à qui le mérite.

Le 2 mars 1778, Voltaire fit la déclaration que voici :

« Je soussigné, déclare qu'étant attaqué depuis quatre jours d'un vomissement de sang, à l'âge de 84 ans, et n'ayant pu me traîner à l'église, M. le curé de Saint-Sulpice ayant bien voulu ajouter à ses bonnes œuvres celle de m'envoyer M. l'abbé Gaultier, prêtre, je me suis confessé à lui, et que si Dieu dispose de moi, je meurs dans sa sainte religion catholique où je suis né, espérant de la miséricorde divine qu'elle daignera pardonner toutes mes fautes, et que si j'avais jamais scandalisé l'Église, j'en demande pardon à Dieu et à elle, en présence de M. l'abbé Mignot, mon neveu, et M. le marquis de Villevieille, mon ami. »   VOLTAIRE.

MIGNOT,   Le 2 mars 1778,
VILLEVIEILLE.   dans la maison de M. le marquis de Villette.

« M. l'abbé Gaultier, mon confesseur, m'ayant averti qu'on disait dans un certain monde que j'ai protesté contre tout ce que je ferais à la mort, je déclare que je n'ai jamais tenu ce propos, et que c'est une ancienne plaisanterie attribuée dès longtemps, très-faussement, à plusieurs savants plus éclairés que moi.

« VOLTAIRE. »

Cette déclaration, qui a été écrite en entier de la propre main de M. de Voltaire, est en original dans les mains de M. l'abbé Gaultier. M. le curé de Saint-Sulpice m'a assuré qu'il avait légalisé lui-même cette pièce sur l'original, de la main de Voltaire.

Le 27 mai, l'abbé Gaultier et le curé de Saint-Sulpice vinrent chez lui. Il commençait à avoir moins sa tête. Le curé, de qui je tiens ces détails, lui dit son état et lui demanda encore une abjuration plus précise en réparation du scandale. Voltaire tergiversa :

« Prenez votre parti, dit le prêtre : finissez avec fermeté dans l'incrédulité où vous avez vécu, sinon résignez vous à fixer aux yeux du public votre croyance chrétienne. »

Voltaire ne répondit et ne fit rien. Le curé dit aux parents qu'il ne porterait point le viatique et qu'il ne l'enterrerait pas, mais il conseilla qu'on s'abstînt de le présenter à sa paroisse et que, mort, on le transportât incognito à Ferney, renonçant pour sa part à tous les honoraires curiaux.

Voltaire est mort le samedi 30 mai, à neuf heures du soir, chez M. de Villette, quai des Théatins, et le dimanche 31, à quatre heures du soir, on mit son corps tout habillé dans sa voiture, avec son valet de chambre, pour le transporter à Scellières, abbaye du diocèse de Troyes dont M. l'abbé Mignot, son neveu, était abbé.

La cérémonie de l'ordre royal et militaire de Saint-Louis eut lieu à Versailles le 25 août 1779. Trois ours auparavant, tous les grands-croix et commandeurs, dont je faisais partie, avaient reçu une lettre d'invitation pour se rendre à Versailles le jour de Saint-Louis, et y accompagner le Roi à la chapelle dans l'habit uniforme de leur grade. Le Roi avait le cordon rouge sur son habit, ainsi que les deux plaques, et le cordon bleu sur sa veste. Le jour de la fête, à onze heures et demie du matin, nous étions tous dans la première chambre du lit.

La porte du cabinet s'ouvrit et l'huissier appela sept commandeurs à qui le Roi remit successivement la grand'croix, qu'il prenait de la main du prince de Montbarrey, ministre de la guerre. Ce furent MM. d'Espagnac, d'Archiac, de Diesbach, le duc de Laval, d'Affry, de Montazet, de Marbeuf et de Flavigny, absent. M. de Larochefoucauld, lieutenant général des armées navales, en reçut également une que M. de Sartines donna au Roi. Ensuite on appela ceux qui étaient désignés pour être commandeurs; le Roi leur passa lui-même le cordon : ce furent MM. de Choiseul-Beaupré, de Traisnel, d'Invilliers, d'Entraigues, de Sommièvre, de Langeron, de la Roque, de Molac, d'Autichamp, de Balleroy, de Panat, de Mazancourt, de Poulharies, de Prysie; les cinq derniers brigadiers.

Ensuite l'huissier prit la liste générale des grands-croix et commandeurs de l'ordre, et lut successivement les noms par rang d'ancienneté. Ceux qui étaient présents prirent leur rang, à mesure qu'ils étaient nommés, hors de la porte du cabinet du Roi, en commençant par les grands-croix. D'abord le maréchal de Soubise, à droite; d'Affry, lieutenant général, à gauche; de Besenval, à droite; le duc de Laval, à gauche; M. de la Chèze, à droite; d'Espagnac, à gauche; le chevalier de Montbarrey, à droite, et successivement les commandeurs lieutenants généraux.

Je fus appelé, comme le premier des maréchaux de camp, à côté du chevalier de Saint-Sauveur, dernier lieutenant général, et ainsi de suite jusqu'aux derniers, qui étaient brigadiers; nous traversâmes alors en colonne renversée, deux à deux, l'Œil-de-bœuf, la grande galerie, tous les appartements et descendîmes, par le petit escalier, à la chapelle, nous plaçant à droite et à gauche sur des banquettes dans l'ordre où nous arrivions. Le Roi, que nous précédions, se mit à son prie-Dieu ayant à ses côtés M. le duc de Chartres, le prince de Condé, le prince de Conti, le duc de Penthièvre; derrière lui se tenait M. de Villeroy, capitaine des gardes; à droite du fauteuil était le prince de Guémenée, grand chambellan; à gauche le maréchal de Biron, colonel des gardes; en avant, à droite du prie-Dieu, le duc de Cossé, colonel des Cent-Suisses.

On dit la grand'messe en musique. Un prêtre porta un louis à M. le duc de Chartres, comme premier prince du sang présent. A l'offrande il accompagna le Roi et lui donna le louis d'or. Le duc de Coigny, comme premier écuyer, était au côté droit du Roi, prêt à lui donner la main. La messe finie, on ressortit de la chapelle comme on y était arrivé, deux à deux, les moins anciens marchant les premiers : c'étaient MM. le chevalier de Balleroy et le baron de Bachmann, major des gardes suisses.

La Reine, qui avait entendu la messe dans la tribune avec Monsieur, frère du Roi, se plaça dans le salon d'Hercule, à gauche en entrant, ayant avec elle, sur la même ligne, Madame, madame la comtesse d'Artois, madame Élisabeth, et derrière elles toutes leurs dames en demi-cercle, depuis la première porte jusqu'à la dernière du salon. Elle vit défiler les commandeurs qui, observant le même ordre de marche que les cordons bleus, retraversèrent les appartements et reconduisirent le Roi jusqu'à son cabinet, se rangeant, à mesure qu'ils arrivaient, sur deux haies pour le laisser passer. Tout se termina là. Nous étions quarante grands-croix ou commandeurs et fûmes priés à dîner chez M. de Montbarrey.

———

Le 18 décembre 1779, M. le prince de Condé, mécontent des propos tenus par M. le marquis d'Agout, capitaine de ses gardes, le fit appeler pour exiger sa démission dans les termes les plus mesurés. M. d'Agout répondit qu'il la donnait malgré lui et par force, et qu'étant né gentilhomme, il lui demandait raison de cette insulte. M. le prince de Condé consentit, et le samedi 19, à huit heures du matin, il se trouva avec un seul valet de chambre dans une allée du Champ de Mars où était M. d'Agout, suivi de son frère le chevalier d'Agout, aide-major des gardes du corps.

Le prince et M. d'Agout mirent l'épée à la main; M. le prince de Condé fut blessé légèrement au poignet et le long du bras. On les sépara, et sur-le-champ M. le prince de Condé partit pour Versailles, rendit compte au Roi de ce qui s'était passé, et revint à Paris. M. d'Agout, dont il sollicita la grâce, partit pour Bruxelles, croyant que M. le prince de Condé avait tenu des propos très-vifs contre lui; M. de Belmont, très-ami de M. le prince de Condé, lui demanda si cela était vrai : il l'assura que non.

La discussion était venue au sujet de madame la comtesse de Courtebonne, dame d'honneur de madame la duchesse de Bourbon, que M. d'Agout espérait épouser. Dans un moment d'incertitude, il la menaça d'aller demander raison à M. le prince de Condé si elle n'assurait pas son sort en lui faisant une promesse de mariage que la frayeur lui arracha. En racontant cet événement à une femme de la cour, on lui demanda comment elle trouvait l'histoire de M. le prince de Condé; elle répondit : *Courte et bonne*, faisant allusion au nom qui l'avait occasionnée.

M. de Sartines, ministre d'État, secrétaire d'État de la marine, a été renvoyé le vendredi 13 octobre 1780.

Le Roi, revenant de Compiègne le 12, descendit à Paris chez M. de Maurepas, qui avait la goutte, fit venir M. Necker, et eut une conversation d'une heure et un quart avec ses deux ministres, après quoi le Roi alla coucher à Marly.

Le lendemain 13, M. Amelot, ayant le département de Paris, arriva à deux heures après midi chez M. de Sartines, à Paris, et lui remit l'ordre du Roi qui lui demandait sa démission et son portefeuille. Il lui donna aussi une lettre du Roi, pleine de bonté, qui lui promettait une protection particulière pour les grâces dont sa famille pouvait se rendre susceptible.

On dit que ce ministre est peu riche, n'ayant en tout que la dot de sa femme, de trois cent soixante mille francs, avec des dettes. Le Roi lui a accordé cent cinquante mille francs pour s'acquitter, et soixante mille francs de pension. On assure que son renvoi a été occasionné par la demande de douze millions de plus que les fonds de l'année, à M. Necker, ayant, outre cela, permis à M. de Saint-James de faire des lettres de change pour vingt-deux millions.

Le dimanche 17 décembre 1780, M. le prince de Montbarrey, voyant que le Roi ne mettait plus la même bonté à travailler avec lui, crut prudent de donner sa démission de secrétaire d'État à M. de Maurepas, qui la remit au Roi. Sa Majesté dit qu'elle y répondrait dans vingt-quatre heures.

Le lundi 18, à huit heures du soir, M. de Maurepas envoya chercher M. de Montbarrey, à qui il dit que le Roi avait accepté sa démission. Ce ministre partit à dix heures du soir pour venir chez lui, à l'Arsenal, dans une superbe maison avec de très-beaux jardins que le Roi lui a donnée à vie pour lui et son fils, le prince de Saint-Mauris, capitaine des Cent-Suisses de Monsieur.

Il y avait longtemps que le public annonçait cette chute. M. de Montbarrey entretenait une fille nommée mademoiselle Renard, qui négociait de tout; reconnaissant enfin le tort qu'elle lui faisait, il la renvoya à Bruxelles; mais il était trop tard, l'impression était produite et le coup porté. M. de Montbarrey n'en aura pas moins tiré parti de sa position : en deux ans il a été fait secrétaire d'État de la guerre, ministre, cordon bleu, grand d'Espagne; il a marié sa fille au jeune prince de Nassau-Saarbruck, et son fils à mademoiselle d'Halville, d'une grande richesse. Le Roi lui donne quarante mille livres de traitement; on assure d'ailleurs que ses affaires sont très-bonnes.

Ce ministre traitait le militaire beaucoup trop légèrement, et était plus à ses plaisirs et à l'intrigue qu'à ses devoirs. Il avait, au mois de mars 1780, compris dans une promotion de lieutenants généraux une foule de maréchaux de camp ayant quitté le service et même donné leur démission, ce qui découragea les bons officiers, dont plusieurs avaient fait toutes les guerres, et leur fit penser qu'il n'y avait plus de dis tinction entre l'activité utile et l'inaction oisive. Il en fut de même des brigadiers faits maréchaux de camp.

J'avais été très-bien avec M. de Montbarrey avant son ministère ; mais du jour qu'il y arriva, il ne m'en resta que son indifférence et ses distractions désagréables.

Le mardi 5 décembre j'avais mené le marquis de Valfons, lieutenant-colonel du régiment de Flandre, à son audience à l'Arsenal ; il vint à moi, à qui il n'avait dit un mot depuis deux ans, et me parla de la façon la plus aimable ; je lui demandai une audience particulière pour mon neveu, à qui il la donna sur-le-champ dans son cabinet. Il avait vécu intimement avec lui pendant six mois à Cambrai ; il lui promit tout ; mon neveu en fut enchanté ; mais plus instruit par une longue expérience, je lui dis :

« M. de Montbarrey sait qu'il ne sera pas en place dans quinze jours. »

Je n'ai jamais pu concevoir cette basse politique des ministres, qui vous négligent et ne daignent même pas vous regarder lorsqu'ils se croient sûrs du pouvoir, mais qui, voyant leur étoile pâlir, cherchent vainement à plaire à ceux qu'ils ont outragé par une contenance hautaine et un silence affecté.

Le mardi 19 décembre tout le public fut instruit de la chute longtemps prédite de M. de Montbarrey, qui peut jouir de la réalisation d'un rêve à laquelle il n'aurait jamais dû s'attendre. Outre les quarante mille livres de pension, il obtint par

M. de Maurepas la survivance du bailliage d'Haguenau, venu à M. le duc de Choiseul, et après lui à son frère, M. de Stainville, par la mort du duc de Châtillon, gouverneur du Dauphin, père de Louis XVI. Il vaut cent mille livres et passe aux enfants mâles comme fief de l'empire.

Le samedi 23 décembre 1780 eurent lieu les révérences pour la mort de l'Impératrice, mère de la Reine, morte le 29 novembre.

A midi, le Roi étant dans le cabinet du conseil, reçut d'abord les maisons de Monsieur, de M. le comte d'Artois et des princes du sang, qui se rangèrent à droite et à gauche, en demi-cercle, auprès de Sa Majesté. Vinrent ensuite les courtisans en grand manteau de drap noir avec des cravates, les cheveux épars, les cordons sur l'habit, les croix sur le manteau, marchant un à un, à trois pas de distance, et sans nulle espèce de rang pour les titrés ou les maréchaux de France : M. le maréchal de Soubise et M. de Biron étaient presque au centre de la file qui, commençant dans l'Œil-de-bœuf, passa par la chambre du lit du Roi et de là dans le cabinet du conseil, où, lorsqu'on était arrivé devant le Roi, à quatre pas, on s'arrêtait pour lui faire une profonde révérence ; on continuait marchant de côté, face au Roi, et on sortait par la porte de glace qui donne dans la grande galerie.

A la fin des révérences faites au Roi, les maisons

et les princes du sang les recommencèrent à une heure après midi à la Reine, entrant de la galerie au salon de la Paix, passant par la chambre de la Reine, et allant dans la pièce suivante, où la Reine était assise au fond de la chambre, dans un fauteuil, sur une estrade, ayant d'un côté Madame, de l'autre madame la comtesse d'Artois, Monsieur, M. le comte d'Artois et les princes du sang ; derrière, ses dames du palais et ses officiers. On défila comme chez le Roi, un par un, sans distinction de rang, s'arrêtant devant la Reine pour faire une révérence. Tout était fini à deux heures et demie. Le soir, les maisons et les princes du sang furent encore conduits à six heures chez le Roi, et de là chez la Reine : les femmes étaient en grande mante ; il y en avait deux cent soixante, et trois cent douze hommes ; j'y étais avec le marquis de Valfons, mon neveu.

Le jour du bal de l'Opéra, M. le comte d'Artois, démasqué et suivi du chevalier de Crussol, son capitaine des gardes, eut une discussion fort vive avec une femme masquée, au point que M. le comte d'Artois porta la main sur le masque de la femme, le pressa vivement sur son nez, et en l'arrachant reconnut madame la duchesse de Bourbon, fille du duc d'Orléans, sœur du duc de Chartres.

Cette aventure fit le plus grand bruit ; le lendemain, le chevalier de Crussol demanda une audience au Roi ; il resta tête à tête avec lui trois quart d'heure, qui furent employés à rendre un compte très-circonstancié de tout, et à chercher les moyens de parer aux suites inévitables de l'événement. Le chevalier de Crussol proposa au Roi de lui donner deux ordres écrits et signés de sa main pour défendre, sous peine de désobéissance, à M. le comte d'Artois et à M. le duc de Bourbon toutes voies de fait.

Le Roi dit : « Nous verrons demain. » Sa Majesté en causa avec la Reine et avec Monsieur, son frère ; il fut résolu dans la famille royale qu'on laisserait tomber cela et qu'on n'en parlerait plus. Mais c'était la conversation de tout Paris, et M. le duc de Bourbon disait hautement en public qu'il vengerait l'honneur de sa femme. Quatorze jours se passèrent ; enfin, le chevalier de Crussol ayant su que M. le duc de Bourbon devait se trouver le lendemain au bois de Boulogne, espérant y rencontrer le comte d'Artois, proposa à ce prince d'aller en voiture au même lieu où il pourrait chasser le daim, ce qui lui arrivait souvent.

Le lendemain, ils prirent chacun un couteau de chasse et se mirent tête à tête dans la voiture du chevalier de Crussol. Au tournant de la grande avenue de Versailles, M. le comte d'Artois aperçut une épée sur le devant du carrosse à sa gauche ; il demanda ce que c'était :

« C'est mon épée, dit le chevalier.

— Et pourquoi en avez-vous une ici ?

— C'est qu'il y a huit jours j'ai eu une discussion

très-vive avec quelqu'un qui peut vouloir m'en demander raison, et je ne veux pas être sans armes. »

M. le comte d'Artois regardant à sa droite, y aperçut une autre épée.

« Et celle-là, à qui est-elle ?

— A vous, monseigneur.

— Et pourquoi ?

— C'est que vous avez aussi une affaire avec M. le duc de Bourbon qui vous cherche, et s'il vous trouve, il faut avoir de quoi lui répondre. »

Et tout de suite il lui raconte les propos publics et lui dit combien il est nécessaire qu'il se prête à une réparation que M. le duc de Bourbon veut et est en droit de lui demander.

M. le comte d'Artois, instruit, répondit gaiement :
« Sûrement, je ne m'y refuserai pas. »

A peine entré au bois de Boulogne, ils remarquèrent du monde à cheval, et le chevalier de Crussol dit :

« C'est la livrée de Condé, peut-être M. le duc de Bourbon y est-il.

— Oui, dit M. le comte d'Artois, je l'aperçois. » et sautant à bas de la voiture, il va au-devant de lui; ils s'écartent aussitôt tous deux. M. de Vibraye était derrière M. le duc de Bourbon, à dix pas; le chevalier de Crussol tout à côté du comte d'Artois, à qui il avait donné son épée, que le prince mit à la main, vis-à-vis de M. le duc de Bourbon, poussant très-vigoureusement; mais le duc parait avec adresse. Au bout de deux minutes, M. le chevalier de Crussol se mit entre eux, leur disant que c'était assez et que la satisfaction était complète. M. le comte d'Artois monta à cheval et vint au galop au Palais-Bourbon voir madame la duchesse, il lui fit une sorte d'excuse, et retourna dîner chez M. de Besenval à Paris.

Ces détails m'ont été racontés chez M. de Vergennes, à Versailles, le 17 juin 1781, par M. le chevalier de Crussol, capitaine des gardes de M. le comte d'Artois.

Le samedi 8 juin 1782 eut lieu le bal offert au grand-duc et à la grande-duchesse de Russie. A six heures du soir, tout le monde placé, la salle éclairée de huit mille bougies, madame la grande-duchesse de Russie, sous le nom de comtesse du Nord, précéda d'un demi-quart d'heure la Reine; M. de Fleury la reçut à l'entrée de la salle et lui donna la main jusqu'au rang des pliants destinés à la famille royale; elle salua tout le monde, qui était debout, et s'assit au deuxième pliant, laissant le premier à sa droite.

M. le comte du Nord l'avait suivie avec son ministre le prince Bariatinsky; Madame se mit près d'elle et au-dessus; madame la comtesse d'Artois était à sa gauche; ensuite madame Élisabeth, mademoiselle de Condé, madame la duchesse de Bourbon, madame la duchesse de Chartres, madame de Lamballe; derrière ces dames étaient trois banquettes occupées par des dames du palais ou de compagnie.

Derrière l'orchestre, où il y avait cent instruments, se trouvaient quatre rangs de banquettes en gradins, et en fer à cheval; dans chacune cinquante femmes de

Paris ; derrière et au-dessus, des loges pleines de femmes. A la droite de la comtesse du Nord, et en gradins, douze dames russes de sa suite ; derrière, des dames de la cour ne dansant pas, et derrière ces dames et en gradins, les gens présentés entrant sans billet. C'étaient les gentilshommes de la chambre, MM. de Fleury, de Duras, de Fronsac, de Villequier, qui plaçaient.

La Reine, en arrivant, alla droit à la comtesse du Nord, lui offrit de danser, ce qu'elle refusa, ainsi que M. le comte du Nord. La Reine ouvrit le bal par une contredanse à huit avec M. le comte d'Artois, la vicomtesse de Clermont et deux autres femmes.

On commença une seconde contredanse ; les deux en même temps continuèrent depuis six heures jusqu'à neuf du soir ; la Reine en dansa quatre, dont deux avec le marquis de La Fayette et des Américains à qui le Roi parla très-souvent, et que la Reine traita avec une bonté et une préférence marquées.

La Reine prit indifféremment plusieurs places sur différentes banquettes ; le Roi se promena par toute la salle et s'assit plusieurs fois ; mais au retour de madame la comtesse du Nord, il alla se placer auprès d'elle.

La comtesse de Nord, en sortant, convint qu'il n'y avait rien de si beau et qu'il ne fallait plus voyager quand on avait vu une aussi brillante cour. Elle est Wurtembergeoise, a vingt-trois ans, grande, bien faite, un peu grasse, mais la tête bien posée, un beau visage, un joli nez, un beau teint et de très-beaux cheveux blonds. Le comte du Nord a vingt-huit ans, il est petit mais bien fait, a bonne grâce, la taille légère, peu de couleurs, marqué de petite vérole, la physionomie de l'esprit qu'il a et la plus grande politesse, naïve, aimable et sans fadeur. Ils logeaient à l'appartement de MM. les princes de Condé et de Conti.

Les rafraîchissements dans la salle furent offerts par les pages du Roi des deux écuries, en surtout bleu galonné d'or, et les pages de la chambre en grand habit; on donna des glaces, des liqueurs fraîches, des oranges, etc. Il y avait deux mille femmes, dont quatre cents de la cour, toutes en robes de chambre, coiffées avec des plumes.

La Reine était habillée dans le costume de Gabrielle d'Estrées; un chapeau noir avec des plumes blanches, une masse de plumes de héron, rattachées par quatre diamants et une ganse de diamant, ayant pour bouton le diamant nommé Pitt, valant deux millions; un devant de corps tout en diamants, une ceinture de diamants sur une robe de gaze d'argent, blanche, semée de paillettes, avec des bouillons en or rattachés par des diamants.

A neuf heures, le Roi, la Reine et leur suite sortirent, et furent suivis de M. le comte et de madame la comtesse du Nord, que M. de Fronsac ramena à son appartement en lui donnant la main.

BAL PARÉ DU SAMEDI 8 JUIN 1782,

OU ÉTAIENT MONSEIGNEUR LE GRAND-DUC ET MADAME LA GRANDE-DUCHESSE DE RUSSIE,
sous le nom de comte et comtesse du Nord.

Les hommes présentés au Roi y entraient sans billets : c'étaient les quatre gentilshommes de la chambre qui plaçaient : MM. de Fleury, de Duras, de Fronsac, de Villequier.

PORTE D'ENTRÉE.

Amphithéâtre en gradins pour les femmes et hommes de Paris par billets.

Amphithéâtre en gradins pour les femmes et hommes de Paris par billets.

Demi-cercle dans la salle pour des femmes.

En même temps { 2ᵉ contredanse. / 1ʳᵉ contredanse.

Mᵐᵉ de Lamballe, la duchesse de Chartres, la duchesse de Bourbon, Mˡˡᵉ de Condé, Mᵐᵉ Elisabeth, la comtesse d'Artois, Mᵐᵉ la comtesse du Nord, Madame.

Rangs de pliants.

Trois banquettes pour les dames du palais et des princesses.

ORCHESTRE : 100 INSTRUMENTS.

4 rangs de femmes de Paris en demi-cercle, 50 femmes à chaque rang.

Loges remplies de femmes.

Dames de la cour. Prince de Hesse, M. de Valfons de Sebourg. Gradins des hommes. Loge 1.

Banquettes de danseuses.

Banquettes de danseuses.

Le comte du Nord. — L'ambassadeur.

Banquettes où étaient 12 dames russes. Femmes de la cour. Gradins pour les hommes de la cour. Loge 1.

On voulait faire raser les soldats et leur donner des casques : le marquis de Roquépine, lieutenant général, dit que les Français n'étaient pas des hommes vulgaires, mais des guerriers semblables aux Francs sous Clovis, et qu'après la victoire ils voulaient pouvoir se décoiffer, peigner leurs longs cheveux, [et aller courtiser les belles filles pour s'en faire aimer.]

A la promotion de 1782. M. le duc de Montmorency-Fosseuse n'y fut pas compris, quoiqu'à son rang. Madame la duchesse de Montmorency, sa femme, petite-fille du maréchal de Luxembourg, écrivit à M. de Ségur, ministre de la guerre, que s'il y eût eu des Ségur du temps de Philippe-Auguste ils eussent appris qu'il était plus aisé à cette époque de faire un Montmorency connétable que de le faire aujourd'hui lieutenant général. M. de Ségur lui répondit que non-seulement il avait lu l'histoire de Philippe-Auguste, mais encore celle des siècles suivants, et qu'il y avait toujours vu les Montmorency là où ils devaient être.

M. d'Apchon, lieutenant général, ancien gouverneur de M. le duc de Bourbon, excellent officier et très-estimable, avait obtenu un bon de Louis XV pour le cordon bleu ; à la nomination de la Pentecôte 1783, le 8 juin, où Louis XVI en a fait vingt-deux, il ne fut point nommé, et y voyant figurer M. d'Ecquevilly, qui avait quitté le service tandis que lui-même avait fait les plus belles actions à la guerre de 1757, à la tête de son régiment de dragons, il dit qu'il eût été plus utile pour sa fortune à la cour d'élever des chiens que des princes, faisant allusion à l'équipage du sanglier qu'on appelle vautrait et dont M. d'Ecquevilly était commandant. Il avait été oublié à toutes les promotions pendant dix-huit ans, et ce fut le chevalier de Montbarrey, qui avait été lieutenant-colonel de Royal-cavalerie, dont M. d'Apchon était colonel, qui détermina son neveu, le prince de Montbarrey, ministre de la guerre, à le faire lieutenant général en 1780.

Le Roi, par un nouveau règlement, ne comprit plus dans le nombre des cordons bleus, fixé à cent, les princes de la maison de Bourbon en Espagne, à Naples, à Parme, ni les cordons donnés aux ambassadeurs étrangers ou autres grands seigneurs de l'Europe, au nombre de six; l'ordre resta fixé pour les Français à la famille royale, aux princes du sang, aux huit ecclésiastiques, aux quatre grandes charges; en tout cent, le Roi compris.

Les chevaliers de la nomination du 8 juin 1783 furent MM. les ducs de Lavauguyon, de Béthune, de Guines, de Chabot; MM. de la Salle, d'Affry, Montmorin, Langeron, Clermont-d'Amboise, d'Ecquevilly, Rochambeau, chevalier de Crussol, Bouillé,

Esterhazy, Tavannes, d'Escars, Jaucourt, Damas-Crux, Montesquiou, Vaudreuil, Vintimille et Guiche.

Le vendredi 18 juin 1784, bal paré à Versailles pour le roi de Suède; la fête était absolument comme celle pour le comte et la comtesse du Nord; les présentés y entrèrent sans billet; j'étais de ce nombre avec mes deux neveux : le marquis de Valfons, lieutenant-colonel du régiment de Flandre, et le comte de Valfons, capitaine dans Royal-Champagne-cavalerie.

Le Roi, pendant le bal, parla à beaucoup de dames, et à trois différentes fois s'assit à côté du roi de Suède, derrière les dames, et causa avec lui en particulier très-amicalement; M. le duc de Fleury plaçait; la Reine ne dansa pas; le duc d'Enghien dansa; les dames étaient, ainsi que la Reine, en robe de chambre, mais très-parées.

La mort du duc de Choiseul, arrivée le 7 mai 1785, fut cachée pendant vingt-quatre heures, afin de trier et brûler ses papiers. M. de Polignac, qui se trouvait à Versailles le 8, fut averti à midi par un page de la Reine que M. de Choiseul vivait encore, et à une heure et demie, M. de Calonne, contrôleur général, chez qui j'étais et qui m'avait prié à dîner, me fit lire en public un billet porté par son courrier, et annonçant que le duc n'était pas encore mort; c'était un coup joué, il était bien mort dès la veille, mais il ne le fut véritablement pour le public que le dimanche 8, à midi un quart. C'est la multiplicité et la contradiction des médecins qui l'ont tué.

Il y a eu tout le temps de sa maladie, qui a duré six jours, dix femmes de la cour du plus haut parage qui couchaient chez lui dans des lits de veille pour être plus à portée de le soigner. On dit, et je ne le crois pas, qu'il laisse sept millions de dettes. Par un testament très-court il prie sa femme de récompenser ses gens et de payer ce qu'elle pourra; il veut être enterré dans le cimetière de la terre de Chanteloup en Touraine, avec un cyprès sur sa tombe, et ses armes attachées au cyprès; il désire que sa femme vive longtemps, mais qu'elle se fasse enterrer auprès de lui. Il n'a point reçu les sacrements. Son corps a été présenté le 10 mai à Saint-Eustache, sa paroisse, et transporté à Chanteloup. Il devait partir le 12 pour aller voir à Vienne M. de Kaunitz et l'empereur, à qui, comme Lorrain, il a été toujours très-dévoué.

C'est lui qui avait fait le mariage du Dauphin, depuis Louis XVI, avec Antoinette d'Autriche, ce qui lui valait une protection particulière de cette princesse, devenue reine.

Il est mort à soixante-six ans, étant né le 28 juin 1719. Aucun ministre n'a eu autant d'autorité. Pendant quatorze ans, il a été successivement ministre de la marine, des affaires étrangères, de la guerre, surintendant des postes et maître du monde.

M. le maréchal de Stainville, son frère, hérite du duché-pairie, qui passera après lui à M. de Choiseul-la-Baume, parent éloigné, et du bailliage de Haguenau, vacant; cent mille francs de rente passent à M. de Montbarrey et à ses enfants mâles.

M. le duc de Choiseul laisse dix-sept millions de biens; sa femme, née Croisar du Châtel, pleine de vertus, respectée du public, estimée de Louis XV, s'est chargée de tout, et très-peu de temps après elle est entrée au couvent des récollettes, rue du Bac, avec quatre domestiques seulement, pour s'occuper de ses regrets et payer les dettes du mari le plus volage et le plus prodigue, qui avait eu et payé toutes les femmes, même les plus grandes dames de la cour, qui se vendaient honteusement à lui à prix d'argent.

La duchesse de Gramont, haute et impérieuse, l'avait toujours subjugué en voulant le perdre auprès du Roi et pensa empêcher le succès de madame Dubarry. Louis XV, irrité, lui dit un jour :

« Choiseul, dites à votre sœur d'être plus prudente, sans quoi je l'exilerai.

— Sire, je n'en suis plus le maître, ni elle de son cœur et de tous ses mouvements; elle aime votre Majesté et déteste toutes les femmes qui en approchent; c'est dommage qu'elle ne soit ni assez jeune ni assez jolie pour plaire à Votre Majesté; mais les femmes ne calculent que leurs désirs et jamais leurs moyens; elle est folle de Louis et voudrait qu'il ne fût pas Roi pour s'en faire aimer plus facilement. »

Le Roi pardonna les extravagances de la duchesse en faveur du goût qu'elle avait pour sa personne.

M. de Choiseul, se sentant mal, dit à sa sœur :

« Envoyez chercher ma cassette qui est à Chanteloup.

— Mon frère, point de ridicules frayeurs; vous êtes trop bien pour tant de précautions. »

Deux jours après il demanda :

« Le courrier est-il venu de Chanteloup ?

— Non.

— Envoyez-y donc sur-le-champ.

— Eh bien ! dit madame de Gramont, que M. du Châtelet parte.

— Cela ferait une esclandre, ajouta M. du Châtelet; mais j'ai un homme sûr et je vais le faire partir. »

M. de Vergennes, instruit de cette expédition, fit saisir le courrier et s'empara de la cassette. Il y trouva des correspondances très-vives avec la cour de Vienne. Celle-ci avait gagné le grand visir Hamil-Ali-Pacha pour l'empêcher de faire la guerre à la czarine, qui soutenait l'empereur, maître, au moyen de ces deux alliances, d'agir à sa volonté en Europe. M. de Vergennes, pendant son ambassade à Constantinople, ayant conservé des relations au sérail, fit déplacer le visir, qu'on feignit d'envoyer dans son gouvernement de Jeddah dépouillé de toutes ses richesses; un capigi-bachi le rejoignit en chemin, lui présenta le cordon, l'étrangla et rapporta sa tête, qui fut exposée à la porte du sérail.

[Rozomousky, (amant et] mari de l'impératrice Élisabeth, est un homme de la figure et de la taille du maréchal de Saxe, mais plus beau. Il a eu de l'impératrice quatre filles, qui ont été demoiselles d'honneur. Quand il se vit moins jeune et moins aimé de sa souveraine, il lui demanda pour toute grâce de lui confier la feuille des bénéfices, ce qu'il obtint sur-le-champ; il fit venir alors le confesseur, dont il était déjà sûr, et lui promit les plus grandes dignités de l'Église s'il persuadait à l'impératrice, toujours faible pour la religion, de l'épouser clandestinement; il en vint à bout en peu de temps. Elle a toujours très-bien vécu avec lui, même pendant sa passion pour le jeune Schouvalof, son page, à qui elle avait fait donner un appartement près du sien.

On a proposé souvent à celui-ci d'être ministre; il a refusé constamment, parce que les ministres ne peuvent point loger dans le palais impérial. Il est beau, poli, très-aimable, et ne s'est jamais mêlé que de plaire à l'impératrice et de protéger les arts.]

Le grand-duc, depuis Pierre III, était brusque, sans esprit, grand et sec, adonné aux liqueurs, menant avec lui quatre régiments holsteinois, méprisant les Russes, ayant l'imprudence de le dire tout haut, et idolâtrant le roi de Prusse, qui voulant maladroitement en tirer un parti trop avantageux, l'a mal conseillé et l'a perdu ; il est mort sept jours après son emprisonnement, ayant abdiqué l'empire. L'impératrice est morte à cinquante-deux ans d'une inflammation d'entrailles.

La grande-duchesse avait déjà plus anciennement tramé une conspiration contre l'impératrice, qui, l'ayant découverte, fit venir la coupable dans son appartement; elle se jeta à ses pieds pour demander grâce :

« Je vous l'accorde, madame, dit l'impératrice, et ne vous laisse vivre que pour vous livrer à votre honte et à tout mon mépris. »

Les Anglais lui servaient une pension, ainsi qu'à son favori Poniatowsky.

La princesse d'Aschoff, la générale Biturlin et la frêle Woronzoff sont sœurs; cette dernière était maîtresse de Pierre III, détrôné par sa femme Anhalt-Zerbst. C'est elle à qui le vieux Bestucheff, chancelier de l'empire, conseilla adroitement d'avoir un enfant, malgré l'impuissance de son mari. Il fit mettre un jeune et beau Russe, valet de pied de l'impératrice Élisabeth, à la sortie de son appartement; au bout de quelque temps la grande duchesse admira sa beauté; le ministre, qui s'en aperçut, lui dit dans un moment de gaieté :

« Madame, si vous étiez de l'autre côté de la Néva poursuivie par les ennemis, n'ayant point de yacht, et ne trouvant qu'une simple nacelle de pêcheur pour vous sauver, hésiteriez-vous ?

— Non, assurément, monsieur.

— Eh bien! vous avez vu la nacelle. »

Deux mois après, la grande-duchesse fut grosse;

on n'a jamais entendu depuis parler du beau jeune homme.

Causant à un grand dîner devant les ambassadeurs, sur une chute de cheval qu'avait fait son amant Poniatowsky, elle dit qu'étant jeune princesse à Zerbst, elle se plaisait à monter les chevaux qui lui paraissaient les moins domptés; que souvent elle tombait, mais en courait toujours les hasards sans frayeur. M. de l'Hôpital lui dit :

« Madame, vous ne deviez point exposer une vie aussi précieuse ; ce n'est ni de votre état ni de votre sexe.

— Monsieur l'ambassadeur, connaissez-moi ; j'aurais le plus grand mépris de moi-même si je croyais un homme plus audacieux que moi; rien ne m'effrayera jamais, et je suis sûre d'entreprendre froidement les plus grandes choses. »

Le jeune Monfalcon a pris le nom d'Adhémar. Il aimait à lire les anciens titres, et avait eu la permission de compulser à Foix ceux de la maison d'Adhémar ou Azémar. Son véritable nom était Azémat, et un jour il me dit aux Invalides, chez M. de la Serre, son parent, qui en était gouverneur :

« Il me serait très-facile de faire d'Azémat Azémar, en accommodant le *t* en *r*. »

Je l'engageai, tout en tirant le meilleur parti possible des titres qu'il possédait, à ne rien gratter ni altérer. Il me crut et porta ses papiers à Chérin. Une lettre du comte de Noailles, aujourd'hui maréchal de Mouchy, qui l'adoptait pour parent, fit le plus grand effet sur l'esprit de Chérin ; il lui dressa et signa une généalogie qui le fit monter dans les carrosses et contribua à lui faire épouser mademoiselle de Pont-Chavigny, veuve de M. de Valbelle, dame du palais fort riche et qui lui avait dit :

« Si vous me parlez de mariage, je vous ferai fermer ma porte. »

Elle l'épousa deux jours après, lui donna la plus grande consistance, le fit nommer par M. le duc d'Aiguillon, ministre des affaires étrangères, envoyé à Bruxelles, et de là, par un second miracle, ambassadeur en Hollande, en remplacement de M. de Lavauguyon.

Celui-ci, ayant eu une discussion avec le chevalier York, ambassadeur d'Angleterre en Hollande, lorsqu'à la paix on nomma M. de Lavauguyon pour aller à Londres, le roi d'Angleterre, vu la première dispute avec son ambassadeur, n'en voulut pas, et l'heureuse étoile de d'Adhémar l'y fit nommer à sa place.

En arrivant à Paris, il alla voir madame la marquise de S***, très-jolie femme, à qui il témoigna ses désirs :

« Je vous sais gré, lui dit-elle, de me donner la préférence ; j'ai une inclination depuis douze ans et rien ne peut me séparer de mon amant, mais je vous serai utile. »

Elle le lia avec la marquise de B***, et ce ne fut pas tout : un soir, à souper au Palais-Royal, on parlait du renvoi de M. le duc de Choiseul, ministre tout-puissant; d'Adhémar tira sa bourse, où il y avait cinquante louis, et dit :

« Je les parie, que tant que nous vivrons, nous verrons M. de Choiseul ministre. »

Tout le monde se tut. Madame de S*** saisit la circonstance, partit pour Versailles, et raconta le fait à M. de Choiseul, en ajoutant :

« Il faut connaître et récompenser ceux qui nous sont dévoués. »

Le ministre répondit qu'il n'oublierait pas ce trait. La conversation durait encore lorsque M. le duc d'Orléans arriva dans le cabinet et demanda un gouvernement vacant pour un de ses protégés.

« Très-volontiers, dit M. de Choiseul, à condition que vous me donnerez votre régiment de Chartres pour d'Adhémar. »

M. le duc d'Orléans y consentit, et madame de S*** fut en porter la nouvelle à d'Adhémar, qui vint me l'apprendre en me demandant une partie de la somme nécessaire pour payer son régiment; je la lui prêtai avec plaisir, et huit jours après il me la rendit, ayant trouvé une ressource auprès d'un fermier général par son cousin Cambis.

L'affection et l'accointance de M. de Vaudreuil, ami de la comtesse, depuis duchesse de Polignac, favorite de la Reine et gouvernante des Enfants de France, l'ont extrêmement étayé. Il a fait comme tant d'autres, oubliant mes utiles conseils à son arrivée à Paris, mes bons propos à la cour et l'offre et le don de mon argent, qu'il m'a rendu, je le répète. Mais sa fortune lui a fait mille ennemis et occasionné bien des contrariétés.

Madame de Marsan, nommée pour être gouvernante, dit qu'il fallait envoyer à Vienne pour qu'elle eût la permission d'accepter. On lui répondit que M. de Lambesc, prince de Lorraine comme feu son mari, ayant soin des chevaux du Roi, elle pouvait bien avoir soin des enfants.

Lorsque le comte Du Muy fut nommé ministre de la guerre, un vieil officier pauvre l'appela monseigneur en lui donnant son mémoire :

« Point de monseigneur ; j'ai l'honneur d'être militaire, et, à ce titre, votre camarade ; la seule différence qu'il y a, c'est l'autorité que le Roi m'a confiée pour vous rendre justice ; vous allez avoir ce que vous demandez, à condition que vous m'appellerez monsieur. »

Si tous les ministres avaient cette bonne grâce et cette noble simplicité, ils se feraient beaucoup d'amis, même parmi ceux qu'ils ne peuvent contenter.

Mathurin Gaillard, meunier à Blois, eut une fille très-jolie, qui épousa un Babou de la Bourdaisière, gentilhomme tourangeau. De ce mariage naquit une fille, mariée au comte d'Estrées, père de la belle Gabrielle d'Estrées, maîtresse d'Henri IV, mère des bâtards de Vendôme et d'une fille du même Roi qui épousa un prince de la maison de Lorraine, d'où est venue une fille mariée à un duc de Savoie, d'où madame la duchesse de Bourgogne.

M. de Boulainvilliers a acheté 700,000 francs l'hôtel des mousquetaires gris, rue du Bac, dont il a fait un marché public; il en tire 80,000 francs par an.

M. l'abbé d'Escars, grand vicaire de l'évêque de Soissons, et son neveu, premier maître d'hôtel du Roi, m'ont dit que M. Loménie était d'un petit village en vue du château d'Escars, en Périgord, et secrétaire d'un de leurs ancêtres sous Henri III. Ce prince, voulant consulter le comte d'Escars, alors en Périgord, lui écrivit de se rendre près de sa personne. M. d'Escars, très-malade, s'excusa sur son état, et manda au Roi que ne pouvant l'aller trouver, il lui envoyait son secrétaire Loménie, qu'il avait instruit à fond de l'affaire et qui lui répéterait sa façon de penser. Henri III goûta si fort l'esprit de Loménie qu'il le fit secrétaire d'État. C'est le même qui épousa mademoiselle de Brienne, fille de la maison de Luxembourg, dont les Loménie ont pris le nom. Il était fils cadet d'un notaire du Périgord, et la branche aînée subsiste encore dans la même étude.

L'auteur des Chapelle de Jumilhac était, sous Henri III, valet de chambre du cardinal d'Escars, qui avait le prieuré de Chalard; ce valet de chambre, favori de son maître, lui demandant une récompense, le cardinal d'Escars lui donna l'usufruit du prieuré de Notre-Dame de Chalard. M. Chapelle le mit en valeur, et, faisant flotter du bois du prieuré sur une petite rivière, il gagna assez d'argent pour acheter la moitié de la terre et de la seigneurie de Jumilhac; sa fortune augmentant, il acheta toute la terre, dont il prit le nom.

M. l'abbé d'Escars, de qui je tiens ces détails, s'est trouvé à Versailles, en 1772, à dîner chez le cardinal de la Roche-Aymon, grand aumônier, entre M. de Loménie de Brienne, archevêque de Toulouse, et M. de Jumilhac, archevêque d'Arles.

M. Masières, fermier général, m'a dit que ses places valaient l'intérêt de 1,400,000 francs, qu'ils avaient dans les mains du Roi, à 5 pour cent; outre cela, 70,000 francs de revenu pour présences et autres droits, et, à la fin du bail de six ans, environ 200,000 francs de bénéfice, ce qui peut faire en tout 100,000 francs de rente. Le tabac rapporte net au Roi 26 millions, et le sel 57 millions.

1786. Les dames se coiffent très-haut, les toupets en avant et les cheveux coupés en vergette. Le point que le toupet fait sur le front s'appelle *physionomie;* les boucles qui accompagnent le toupet sont très-grosses et séparées de celles du bas, qui doivent être pendantes; on les appelle *attentions marquées.* Elles mettent des bonnets fort grands, garnis de fleurs et de rubans anglais; derrière le bonnet est un assemblage de panaches de différentes couleurs, soutenus par un anneau de diamants, et c'est le seul endroit de la tête où l'on en mette. Le nombre des bonnets est très-considérable; on en compte deux cents de différente espèce, coûtant depuis dix francs jusqu'à cent francs. Les panaches sont d'une grandeur prodigieuse, et, lorsqu'ils sont blancs, on y ajoute une plume de la couleur de la robe, ou bien noire.

La robe la plus à la mode est couleur *des cheveux de la reine;* après cela vient la couleur *puce.* On compte deux cent cinquante façons de garnir les robes; les satins paille garnis à boyaux sont fort en vogue; après cela, les satins brochés et peints, qui ont chacun leur nom; les plus élégants sont ceux qu'on appelle *couleur de soupirs étouffés.* Les verts de pomme rayés en blanc ont aussi un grand succès; on les nomme *vive bergère.* Voici le nom de quelques garnitures : *plaintes indiscrètes, grande réputation, insensibilité, désir marqué, préférence, vapeurs, doux sourires, agitation, regrets, composition honnête*, etc... Les paniers sont petits, mais épais et larges d'en haut.

Les souliers sont constamment *puce* ou *cheveux de la reine*. C'est surtout sur ce point que les femmes concentrent leur magnificence, ils sont brodés en diamants et elles n'en portent guère que là; aussi rien n'est si beau que le pied d'une femme quand même elle ne serait point jolie. Les dames aujourd'hui n'osent se montrer que lorsqu'elles ont le pied comme un écrin. Les souliers sont étroits et longs; la raie de derrière est garnie d'émeraudes, on l'appelle la *venez-y-voir*.

Les manteaux sont bannis; on porte pour fichu une palatine de duvet de cygne qu'on appelle un *chat;* sur les épaules, on met une machine de dentelles, de gaze ou de blonde fort plissée qu'on appelle : *Archiduchesse, Médicis, Henri-quatre* ou *collet monté*.

Les rubans les plus à la mode s'intitulent : *attentions marquées, désespoir, œil abattu, un instant, une conviction*.

Mademoiselle Duthé était dernièrement à l'Opéra avec une robe *soupirs étouffés*, ornée de *regrets superflus*, un point au milieu de *candeur parfaite*, garnie en *plaintes indiscrètes*, des rubans en *attentions marquées*, des souliers *cheveux de la reine*, brodés en diamants en *coups perfides*, et les *venez-y-*

voir en émeraudes ; frisée en *sentiments soutenus*, avec un bonnet de *conquête assurée*, garni de plumes *volages* et de rubans d'*œil abattu*, un *chat* sur le col, couleur de *gueux nouvellement arrivé ;* et sur les épaules une *Médicis* montée en *bienséance*, et son manchon d'*agitation momentanée*.

FIN.

TABLE

I

1710. Premières années. — 1719. Arrivée à Paris. — Le collége des jésuites.— 1721. Lieutenance dans la cavalerie. — 1727. Entrée au régiment de Piémont.—M. de Maulevrier, colonel. — Angers. — Aventures galantes. — 1729. Lille. — Fête pour le mariage du Dauphin. — 1731. Gravelines.— Leçon de discipline militaire. — M. de Flaccourt. — Calais. — 1732. Verdun. — Aventures galantes.— Le mariage mystérieux.— Le fils de famille postillon. — Le maréchal de Berwick.—1733. Siége de Kehl. — La tranchée. — Le duc de Noailles. — Le chocolat. — L'opération du Saint-Esprit. — Fredlingen. — Les pillards déguisés. — Le jardinier du couvent. — Le dragon à cheval sur une vache.— Campagne au bord du Rhin. — 1734. Commission de capitaine. — Levée d'une compagnie à Nimes. — Belfort. — Odieuse séduction. — L'amant substitué. — Semestre. — Mort du père de l'auteur. — Derniers soins. — L'humanité récompensée. — Les Camisards. — Entrevue du maréchal de Villars et de Jean Cavalier. — Mort de Rolland. — Le château de Castelnau............. 1

II

1735. — Voyage de Nimes à Spire avec une compagnie recrutée. — L'aubergiste récalcitrant. — Bergensheim. — Les Russes sur le Rhin. — La fille du bailli de Spire. — 1736. Valenciennes. — Voltaire et madame du Châtelet. — M. de Saint-Maurice et le Roi colonel. — Mademoiselle de Sebourg.

— Promesse de mariage.— Longwy. — M. de Visé. — Anecdote sur Louis XIV. — Bal masqué à Valenciennes. — 1739. Metz. — M. de Belle-Isle. — Réflexion d'une comédienne. — Retour en Languedoc. — M. de Richelieu. — Sa réception à Montpellier. — Ressemblance de l'auteur avec le duc de la Trémouille. — Bénéfices de ce hasard. — Voyage de Montpellier à Paris avec le duc de Richelieu.— Séjour à Lyon pour sa maladie. — 1740. Landau. — Strasbourg. — Le comte de Broglie. — Amitié de la comtesse. — Inquiétude et précautions de la maréchale de Villars, sa mère. — Le kalender.— Le comte Dufour, prince royal de Prusse — Son séjour incognito à Strasbourg. — Aventures galantes. — Les deux sœurs. — Le château de Saverne. — Hospitalité du cardinal de Rohan. — Sept cents lits. — La dame et l'officier. — Les chasses. — L'abbé de Ravennes. — Le pied sous la table. — M. de Brau, intendant d'Alsace. — Organisation de campagne. — Occasion perdue. — 1741. Départ pour la Bohème.............. 31

III

1743. Versailles. — La comédie. — Le cardinal de Rohan. — Les dames de la cour. — Présentation au Roi. — Entrée à la cour.— Liaison avec la princesse de R***.—Premier rendez-vous.— La toilette. — La nuit. — Le duc d'Ayen.— Le grand couvert du Roi. — Questions de Sa Majesté. — Témoignages d'intérêt — Indiscrétions. — Second rendez-vous — Le portrait. — Le peintre Pénel. — Offres repoussées. — Cadeaux.— Jalousie d'un camarade. — Petite vengeance. — 1744. Siége de Menin.— Fonctions de major général. — Attaque d'Alwin. —Le comte de Clermont.—Capitulation de la place.—Compte rendu au Roi. — Siége d'Ypres. — Attaque. — Le marquis de Beauvau tué. — Promotion au grade de colonel, sur le rapport du comte de Clermont. — Lettre de M. d'Argenson.... 69

IV

1744. Siége de Furnes. — Conseil d'un gentilhomme du pays pour diriger l'attaque.— Son patriotisme. — Capitulation du prince de Schwartzemberg. — Séjour du roi à Dunkerque. —

Le marquis de Mirepoix fait à lui seul trois bataillons prisonniers. — Service rendu à madame de Châteauroux par un officier. — Récompense. — Économies sur les frais du siège. — Conversation avec M. d'Argenson. — Plan de campagne. — Le maréchal de Belle-Isle. — Maladie du Roi. — Ses médecins. — Sa guérison. — Le prince Charles. — Le maréchal de Noailles. — Ses hésitations. — Ses fautes. — Occasion manquée. — L'armée à la poursuite d'un lièvre. — Rocherac. — Siége de Fribourg. — Arrivée du Roi au camp. — Réception qui lui fut faite à Strasbourg. — Continuation du siége. — Compte rendu au Roi. — Attaque repoussée. — Succès coûteux. — Les officiers du gobelet. — Le prince de Soubise a un bras cassé. — Visite du Roi. — Attaque du chemin couvert. — M. de Lowendal est blessé. — Strasbourg. — M. de Richelieu et M. d'Ayen. — Compte rendu au Roi. — Son opinion bienveillante. — Le passage du pont. — Compte rendu au Roi. — Question insidieuse. — M. de Richelieu. — Confidences. — Assaut de Fribourg. — Échec. — Héroïsme d'un grenadier. — Conseil de guerre. — Anxiété générale de l'armée. — Capitulation inespérée. — Entrée à Fribourg. — Démolition des remparts. — Reddition des châteaux. — Départ pour Versailles. — Cent vingt lieues en quarante-deux heures. — M. d'Argenson et son fils. — La princesse de R... — Renouement des relations. — Moments d'alarme. — Refroidissement. — Folle ambition. — Séparation. — Déception.............. 101

V

1745. Bal à l'hôtel de ville de Paris. — Le Roi et madame d'Étioles. — Madame de Pompadour à Versailles. — Aventure galante. — Madame d'***. — Le docteur Helvétius. — Consultation. — Le mari. — La petite maison. — Bataille de Fontenoy. — Le maréchal de Saxe. — Un cheval tué. — Lord Charles Hay et le comte d'Auteroche. — Nous ne tirons jamais les premiers. — Résultat. — Le régiment de Courtin ramené par M. de Valfons sous les yeux du Roi. — Succès compromis. — Victoire. — Courage du Roi. — Bravoure du Dauphin. — Mot de M. de Séchelles. — L'aide-major blessé. — Une balle en pleine cuirasse. — Cruelle déception. — Confusion de

noms.—Récompense perdue. — Regrets du maréchal de Saxe.
— Compte rendu par intermédiaire au roi de Prusse. — Le
comte de Chazelle. — Ruse d'un officier anglais. — Conseil
chez le Roi. — Fautes commises à Fontenoy. — Tableau
synoptique ; ordre de bataille de l'armée française.......... 132

VI

1746. Fonctions de major général. — Brouille du comte de
Clermont et du maréchal de Saxe. — Rapprochement. — Réconciliation. — Deux lettres du maréchal.—Siége de Namur.
—Attaque de l'ouvrage à cornes.—Responsabilité.—Précautions.—Ruse de guerre.—Passage à trois reprises de la Meuse
grossie. — Comment on entraîne une troupe. — Succès. —
Promesse du comte de Clermont pour porter la nouvelle au
Roi. — Manque de parole. — La ville ouvre ses portes. —
Siége des châteaux. — La tranchée. — Dispositions pour
moins exposer les travailleurs. — Proposition d'un charpentier de Namur pour l'escalade du château.—Elle est acceptée.
— Propos flatteur d'un capitaine. — Escalade. — Alerte. —
Expédition manquée.— Capitulation. — Nouvelle déception.
— Protestation du comte de Clermont. — Réclamation. —
Demande de passer au corps d'armée du maréchal de Saxe.
— Autorisation. — Changement de position. — Accueil du
maréchal. — Bataille de Rocoux. — Exploration nocturne. —
Déjeuner avec le maréchal. —Confidence.—Mission délicate.
—Rapport au maréchal. —Doute d'un officier général. — Le
Hessois blessé. — M. de Maubourg. — M. de Lugeac. — Le
duc de Luxembourg.—Ralliement de ses troupes. — Le duc
de Boufflers et son fils. — Les prisonniers nus. — Le prince
d'Hembourg.—Opinion du maréchal de Saxe sur l'infanterie
française. — Victoire de Rocoux. — Le maréchal de Saxe,
triomphant, charge M. de Valfons de porter au Roi le détail
de l'affaire. — Témoignage du Hessois mort. — M. le chevalier de Belle-Isle. — Le comte de Clermont reconnaît les services que lui a rendus M. de Valfons...................... 156

VII

1746. Départ du camp. — Arrivée à Fontainebleau. — Rapport à M. d'Argenson.—Compte rendu au Roi. — M. le duc d'Orléans. — Leçon d'étiquette donnée à M. de Maurepas. —Mot de M. de L'Espine à ses officiers. — Bienveillance du Roi. — Audience de la Reine. — Compliment de Sa Majesté. — Madame de Pompadour.— Son accueil. —Souvenir d'avant ses grandeurs. — Le grand couvert.—Questions du Roi.— Remerciment des personnes de la cour.—Madame de Boufflers. —M. de Valfons est nommé gouverneur du fort de l'Écluse. — Pauvre brigadier et brigadier pauvre. — Lettre au maréchal. — M. d'Argenson retenu au lit. — Départ pour Paris. — Rencontre du maréchal de Saxe. — Retour à Fontainebleau. — Le maréchal chez madame de Pompadour. — Griefs du maréchal.— Il refuse de voir le ministre.—Mission de M. d'Argenson pour cet objet.— La cour des Fontaines après minuit. —Le maréchal sort de chez madame de Pompadour.— Obsessions prolongées. — Il cède enfin. — Joie et reconnaissance de M. d'Argenson. — Le maréchal de Saxe est fait maréchal général des armées du Roi.— On copie les patentes de M. de Turenne. — Bénéfices de la franchise et de l'honnêteté..... . 187

VIII

1747. Bataille de Lawfeld. — Reconnaissance. — Mission auprès du Roi. — Question de Sa Majesté. — Ordre d'attaquer. — Un aide de camp déguisé. — Mauvaise disposition. — Attaque manquée.— Inquiétude du maréchal de Saxe. — Incendie du village. — M. de Ligonier, prisonnier, conduit au Roi. — Le régiment du Roi-cavalerie.—M. de Valfons a un cheval blessé et deux tués. — Le Roi lui en fait donner un. — Un coup de collier.— Conseil au comte de Clermont.— Le cheval donné par le Roi est tué. — Soixante officiers tués ou blessés sur soixante et dix. — Le maréchal de Saxe fait donner son plus beau cheval à M. de Valfons. — Aujourd'hui toi, c'est moi.— Charge à la tête des Cravates. — Lawfeld est pris.— Le maréchal ne veut gagner qu'à demi les batailles, pour ne pas finir la guerre.—L'officier anglais épargné.—Panique des hussards de Berchiny. — Bonne volonté du maréchal de Saxe. — Scrupule maladroit.—Occasion perdue. —Danger couru.—Soupé seul avec le maréchal. — Conseil donné à M. de Soubise. — Mission auprès du Roi. — A propos du cheval de Sa Majesté, tué. — Le maréchal fait au Roi l'éloge de M. de Valfons. — Note à M. d'Argenson. — Passe-droit. — Demande du ministre pour son fils. — Petite vengeance du maréchal. — Repartie de M. de Ligonier. — Entre deux feux. — Pression et discrétion. — Lettre du maréchal de Saxe. — Siége de Berg-op-Zoom.—Difficultés. — Tentative de M. d'Argenson. — La ville est prise d'assaut. — Rapport au Roi. — Le maréchal de Saxe obtient le maréchalat pour M. de Lowendal.— Réclamation des généraux. — Duplicité de M. d'Argenson..... 205

IX

1748. Retour à Paris.—Aventure de la comtesse d'***.—L'amant indiscret.— Le choix forcé.—Le mal réparé. —Question d'argent. —Châtiment d'un fripon. — Faux départ.—Scène d'intérieur. — Les vingt mille écus. — Les dettes payées. — Départ pour l'armée. — Maëstricht. — Le chemin couvert. — L'officier hollandais épargné. — Les gardes françaises.— Le choix des morts.— Paix d'Aix la Chapelle. —Le maréchal de Saxe veut continuer le siége. — Il exige la capitulation de la ville. — Les portes sont ouvertes.—M. de Valfons est fait brigadier.— Chambord. — Visite au maréchal de Saxe......... 235

X

1757. Madame d'Argenson. —Lettre de M. de Paulmy. — Exil de M. d'Argenson, ministre de la guerre.—Son désespoir. — État de ses affaires. — Dévouement de sa femme. — Détails sur sa disgrâce. —Billets anonymes. — Le Roi et madame de Pompadour.—Mission à Versailles.—Madame d'Argenson veut suivre son mari. — Il s'y oppose. — Pourquoi. — Son départ pour les Ormes avec madame d'Estrades.— Visite aux Ormes. — Confidences de M. d'Argenson. — Opinions sur la cause de son exil.— Son retour à Paris.— Sa maladie. — Protestations.

— Promesses. — Les médecins. — Un contre six.— Le quinquina. — Mort de M. d'Argenson. — Rappel tardif de la part du Roi. — Jugement sur son caractère. — M. de Paulmy ministre de la guerre. — Motif de ce choix. — Le marché des lits militaires. — Ruse pour ruse. — Le Roi et le contrôleur général.. 251

XI

1757. Campagne de Prusse. — Fonctions de major général. — Plan du campement. — Chapitre de femmes. — Arrivée du maréchal d'Estrées. — Mesure compromettante. — M. de Maillebois. — L'abbaye de Corvey. — Armée de quinze hommes. — Prise de Minden. — Discussion de grade. — Conseil de guerre.— Chevert seul de son avis.— Marche.— Confiance de M. de Chevert. — Mission périlleuse. — M. d'Estrées refuse de livrer bataille. — Confidence. — Le hussard en reconnaissance. — Ordre de bataille. — Un régiment égaré. — Mécontentement de M. de Lorge.— M. de Bussi est tué.— Officiers atteints. — Prévision de M. de Chevert. — Attaque.— Erreur de M. de Lorge.—Faux ordres. — Victoire perdue. — Le château d'Hastenbeck. — Le plan de bataille livré à l'ennemi. — Pertes de l'armée. — Harangue de l'aumônier. — Reddition d'Hameln.— Le maréchal félicite M. de Valfons devant toute l'armée. — Soins aux blessés. — Rappel de M. d'Estrées.— M. de Richelieu le remplace. — Regrets de l'armée. — Discussion entre MM. de Chevert et de Lorge. — Réconciliation forcée. — Équité du duc d'Orléans. — Soumission des villes. —Dîner chez M. de Lucé. — Maladies.— Départ du maréchal d'Estrées. — Ses doléances. — Sa dignité. — Offres de M. de Richelieu. —Reddition de Hanovre. — Description de la ville. — Capitulation de Brunswick et Wolfenbuttel. — Lettre du ministre. — Injustices. — Prise de Rottenbourg. — Bretten. — Réceptions. — Fief du roi d'Angleterre. — Lettre du duc de Richelieu au président Ogier. — Négociation. — Le comte de Linard. — Conventions. — Ses avantages. — Article supplémentaire. —Refus.—Conséquences. — Le comte d'Onnep. — Mission diplomatique. — Un sage ennemi............... 266

XII

1757. Suspension d'armes. — Hambourg.— Description. — Organisation politique. — Le tribun du peuple. — Altona. — Zell. — Le dépôt du conseiller. — Fierté d'une jeune fille. — La duchesse de Zell-Lunebourg.— Les Saintongeois.—Retour à l'armée.—Marche.—M. de Lusignan est pris.—Halberstadt. — Les canonicats donnés à d'anciens colonels. — Neutralité offerte par le roi de Prusse. — Refus malavisé. — Le foudre colossal. — Protestants réfugiés à Halberstadt. — Maladies.— Défaite de Rosbach. —Comment ce désastre eût pu être évité. — Lettre du roi de Prusse à M. de Richelieu pour demander la paix.—Tentative du maréchal.—Refus de la cour. — Motifs. — Conséquences déplorables. — Réflexions............... 298

XIII

1757. — Brunswick. — Le prince Ferdinand. —Imprudences. — Rupture de la convention. — Le duc de Richelieu. — Déceptions. — Lunebourg. — Zell. — Attaque de Lunebourg. — Siége d'Harbourg. — Le duc de Richelieu est remplacé par le comte de Clermont-Prince.— Mortalité.— Les hôpitaux.—. La contagion. — La peste. — Considérations sur le service sanitaire. — Soins à prendre pour les recrues. — Passage du Weser par le prince héréditaire. — Le comte de Chabot. — Capitulation généreuse. — Évacuation de Brunswick. — Le baron de Schelestadt.—Le gouverneur du prince.— Bons procédés. — Les marchés de fourrages.—1758. — Service rendu. —Offre de rémunération. — Refus. — Déclaration honorable. — Exactions.— Exécution loyale du traité. — Recherche des blessés.—Ressources pour l'armée.—Les malades en croupe. — Bataillons prisonniers.— Canons et munitions sacrifiés. — Fautes stratégiques. — Retour en France................ 319

XIV

1767. —Demande du grade de lieutenant général. — M. de Beauvau. — Souvenir de Prague. — Madame de Bassompierre. —

La Maison et l'infanterie. — M. du Bois. — Conseil. — Une protectrice nécessaire. — La princesse de Beauvau. — Courtoisie de M. le maréchal de Biron. — 1771. — M. de Valfons reçoit le cordon rouge. — Le comte de Provence. — Remerciments au Roi et aux princes. — Félicitations. — Lettre de M. de Lavauguyon. — Lettre du cardinal de Bernis. — M. de Valfons, lieutenant général.—Lettre du ministre de la guerre. 342

XV

Mademoiselle Morphise, maîtresse de Louis XV. — Ses deux mariages. — Autre maîtresse, devenue madame de Molanda (1757).— Le Parc aux Cerfs.—Funérailles de la Reine (1768). — Le dentiste du Dauphin. — La généalogie du gouverneur. — Équité du Dauphin. — Précocité des jeunes princes. — La part du lion. — Bonté du comte de Provence. — Le manuscrit de Jean de Coligny.— Le conseiller gris sur son siége.— La duchesse de Bourgogne et le cardinal de Polignac. — Intrigue de cour. — La croix de Saint-Louis. — Bal paré pour le mariage du comte d'Artois. — Maladie du Roi (1774). — Mort du Roi.. 354

XVI

1775. L'archiduc Maximilien à Paris. — Mort du chancelier de Meaupou. — Entrée du comte d'Artois à Paris. — Distribution des loges à l'Opéra. — 1777. Séjour de l'empereur Joseph II en France. — 1778. Déclaration *in extremis* de Voltaire. — 1779. Cérémonie de l'ordre de Saint-Louis, à Versailles.—Duel du prince de Condé et du marquis d'Agout, capitaine de ses gardes. — 1780. Renvoi de M. de Sartines. — Démission de M. de Montbarrey.— Révérences à la cour à l'occasion de la mort de l'Impératrice mère de la Reine. — 1781. Duel du comte d'Artois et du duc de Bourbon. — Bal pour le grand-duc et la grande-duchesse de Russie. — Disposition de la salle. — Opinion de M. de Rocquépine sur le soldat français. — Les Ségur et les Montmorency. — M. d'Apchon et M. d'Ecquevilly. — Il vaut mieux élever des chiens que des princes. — 1784. Bal paré à Versailles pour le Roi de Suède. — 1785. Mort du duc de Choiseul. — Détails et anecdotes à son sujet. — Correspondances saisies. — Souvenirs de la cour de Russie. — Montfalcon d'Adhémar. — Madame de Marsan. — Les chevaux et les enfants. — 1786. Le ministre de la guerre. — La duchesse de Bourgogne, issue de Mathurin Gaillard, meunier à Blois. — L'hôtel des mousquetaires gris. — Les Loménie et les Jumilhac. — Produit des fermes générales. — Toilette des femmes.......... 376

www.ingramcontent.com/pod-product-compliance
Lightning Source LLC
Chambersburg PA
CBHW050903230426
43666CB00010B/2001